国家出版基金项目
NATIONAL PUBLICATION FOUNDATION

● 生态文明法律制度建设研究丛书

困境与突破：
生态损害司法救济路径之完善

KUNJING YU TUPO
SHENGTAI SUNHAI SIFA JIUJI LUJING ZHI WANSHAN

谢 玲 ● 著

重庆大学出版社

图书在版编目（CIP）数据

困境与突破：生态损害司法救济路径之完善 / 谢玲
著. --重庆：重庆大学出版社，2023.1
（生态文明法律制度建设研究丛书）
ISBN 978-7-5689-3764-1

Ⅰ.①困… Ⅱ.①谢… Ⅲ.①生态环境—环境污染—
赔偿—司法制度—研究—中国 Ⅳ.①D922.683.4

中国国家版本馆CIP数据核字（2023）第031788号

困境与突破：生态损害司法救济路径之完善

谢 玲 著

策划编辑：孙英姿 张慧梓 许 璐
责任编辑：张锦涛 版式设计：许 璐
责任校对：邹 忌 责任印制：张 策

*

重庆大学出版社出版发行
出版人：饶帮华
社址：重庆市沙坪坝区大学城西路 21 号
邮编：401331
电话：（023）88617190 88617185（中小学）
传真：（023）88617186 88617166
网址：http://www.cqup.com.cn
邮箱：fxk@cqup.com.cn（营销中心）
全国新华书店经销
重庆升光电力印务有限公司印刷

*

开本：720mm×960mm 1/16 印张：15 字数：213 千
2023 年 1 月第 1 版 2023 年 1 月第 1 次印刷
ISBN 978-7-5689-3764-1 定价：88.00 元

丛书编委会

主　任：黄锡生

副主任：史玉成　　施志源　　落志筠

委　员（按姓氏拼音排序）：

邓　禾　　邓可祝　　龚　微　　关　慧

韩英夫　　何　江　　卢　锟　　任洪涛

宋志琼　　谢　玲　　叶　轶　　曾彩琳

张天泽　　张真源　　周海华

作者简介

谢玲，湖南岳阳人，法学博士。现为广东海洋大学法政学院副教授，硕士生导师，兼任中国自然资源学会资源法学专业委员会常务理事、广东省法学会环境资源法学研究会常务理事。主要从事环境法基础理论、海洋环境保护法的教学与研究。主持和参与国家社科基金重大项目、教育部人文社科项目等课题多项，参写、参编著作、教材多部，在《现代法学》《中国人口·资源与环境》《湖南师范大学社会科学学报》《中国地质大学学报（社会科学版）》《重庆大学学报（社会科学版）》等学术期刊发表论文二十余篇。

总　序

　　"生态兴则文明兴，生态衰则文明衰。"良好的生态环境是人类生存和发展的基础。《联合国人类环境会议宣言》中写道："环境给予人以维持生存的东西，并给他提供了在智力、道德、社会和精神等方面获得发展的机会。"一部人类文明的发展史，就是一部人与自然的关系史。细数人类历史上的四大古文明，无一不发源于水量丰沛、沃野千里、生态良好的地区。生态可载文明之舟，亦可覆舟。随着发源地环境的恶化，几大古文明几近消失。恩格斯在《自然辩证法》中曾有描述："美索不达米亚、希腊、小亚细亚以及其他各地的居民，为了得到耕地，毁灭了森林，但是他们做梦也想不到，这些地方今天竟因此成了不毛之地。"过度放牧、过度伐木、过度垦荒和盲目灌溉等，让植被锐减、洪水泛滥、河渠淤塞、气候失调、土地沙化……生态惨遭破坏，它所支持的生活和生产也难以为继，并最终导致文明的衰落或中心的转移。

　　作为唯一从未间断传承下来的古文明，中华文明始终关心人与自然的关系。早在5000多年前，伟大的中华民族就已经进入了农耕文明时代。长期的农耕文化所形成的天人合一、相生相克、阴阳五行等观念包含着丰富的生态文明思想。儒家形成了以仁爱为核心的人与自然和谐发展的思想体系，主要表现为和谐共生的顺应生态思想、仁民爱物的保护生态思想、取物有节的尊重生态思想。道家以"道法自然"的生态观为核心，强调万物平等的公平观和自然无为的行为观，认为道是世间万物的本源，人也由道产生，是自然的组成部分。墨家在长期的发展中形成"兼相爱，交相利""天志""爱无差等"的生态思想，对当代我们共同努力探寻的环境危机解决方案具有较高的实用价值。正是古贤的智慧，让中华民族形成了"敬畏自然、行有所止"的自然观，使中华民族能够生生不息、繁荣壮大。

中华人民共和国成立以来，党中央历代领导集体从我国的实际国情出发，深刻把握人类社会发展规律，持续关注人与自然关系，着眼于不同历史时期社会主要矛盾的发展变化，总结我国发展实践经验，从提出"对自然不能只讲索取不讲投入、只讲利用不讲建设"到认识到"人与自然和谐相处"，从"协调发展"到"可持续发展"，从"科学发展观"到"新发展理念"和坚持"绿色发展"，都表明我国环境保护和生态文明建设作为一种执政理念和实践形态，贯穿于中国共产党带领全国各族人民实现全面建成小康社会的奋斗目标过程中，贯穿于实现中华民族伟大复兴的中国梦的历史愿景中。党的十八大以来，以习近平同志为核心的党中央高度重视生态文明建设，把推进生态文明建设纳入国家发展大计，并提出美丽中国建设的目标。习近平总书记在党的十九大报告中，就生态文明建设提出新论断，坚持人与自然和谐共生成为新时代坚持和发展中国特色社会主义基本方略的重要组成部分，并专门用一部分内容论述"加快生态文明体制改革，建设美丽中国"。习近平总书记就生态文明建设提出的一系列新理念新思想新战略，深刻回答了为什么建设生态文明、建设什么样的生态文明、怎样建设生态文明等重大问题，形成了系统完整的生态文明思想，成为习近平新时代中国特色社会主义思想的重要组成部分。

生态文明是在传统的发展模式出现了严重弊病之后，为寻求与自然和谐相处、适应生态平衡的客观要求，在物质、精神、行为、观念与制度等诸多方面以及人与人、人与自然良性互动关系上所取得的进步和相应的指引。生态文明以可持续发展原则为指导，树立人与自然的平等观，把发展和生态保护紧密结合起来，在发展的基础上改善生态环境。因此，生态文明的本质就是要重新梳理人与自然的关系，实现人类社会的可持续发展。它既是对中华优秀传统文化的继承和发扬，也为未来人类社会的发展指明了方向。

党的十八大以来，"生态文明建设"相继被写入《中国共产党章程》和《中华人民共和国宪法》，这标志着生态文明建设在新时代的背景下日益规范化、制度化和法治化。党的十八大提出，大力推进生态文明建设，把生态文明建设放在突出地位，融入经济建设、政治建设、文化建设、社会建设各方面和全过程，努力建设美丽中国，实现中华民族永续发展。党的十八届三中全会提出，必须建立系统完整的"生态文明制度体系"，用制度保护生态环境。党的十八届四中全会将生态文明建设置于"依法治国"的大背景下，进一步提出"用严格的法律制度保护生态环境"。可见，生态文明法律制度建设的脚步不断加快。为此，本人于2014年牵头成立了"生态文明法律制度建设研究"课题组，并成功中标2014年度国家社科基金重大项目，本套丛书即是该项目的研究成果。

本套丛书包含19本专著，即《生态文明法律制度建设研究》《监管与自治：乡村振兴视域下农村环保监管模式法治构建》《保护与利用：自然资源制度完善的进路》《管理与变革：生态文明视野下矿业用地法律制度研究》《保护与分配：新时代中国矿产资源法的重构与前瞻》《过程与管控：我国核能安全法律制度研究》《补偿与发展：生态补偿制度建设研究》《冲突与衡平：国际河流生态补偿制度的构建与中国应对》《激励与约束：环境空气质量生态补偿法律机制》《控制与救济：我国农业用地土壤污染防治制度建设》《多元与合作：环境规制创新研究》《协同与治理：区域环境治理法律制度研究》《互制与互动：民众参与环境风险管制的法治表达》《指导与管控：国土空间规划制度价值意蕴》《矛盾与协调：中国环境监测预警制度研究》《协商与共识：环境行政决策的治理规则》《主导或参与：自然保护地社区协调发展之模式选择》《困境与突破：生态损害司法救济路径之完善》《疏离与统合：环境公益诉讼程序协调论》，主要从"生态文明法治建设研究总论""资源法制研究""环境法制研究""相关诉讼法制研究"四大板块，探讨了生态文明法律制度建设的相关议题。本套丛书的出版契合了当下生态文明建设的实践需求和理论供给，具有重要的时代意义，也希望本套丛书的出版能为我国法治理论创新和学术繁荣做出贡献。

2022 年 9 月 于山城重庆

前　言

　　这是一个需要对美好生活重新进行定义的时代。处于满足温饱尚且艰难的 20 世纪六七十年代的中国人，是不可能对生态环境有过多要求的。时代在变迁，经历了举世瞩目的高速发展之后，中国社会已经步入新机遇与新挑战并存的新时代。环境污染和生态破坏的强度和广度所带来的挑战无疑已成为制约当前中国社会持续健康发展的瓶颈。同时，环境保护的议题也前所未有地受到了人们的普遍关注，甚至可以说，人们对这一议题的关注因其与每个人的切身感受和自身健康息息相关而超过了其他议题。时至今日，人们对美好生活的界定中就包含了对良好生态环境的需求与渴望。

　　这一无论财产多寡和身份高低的人们所共有的需求和渴望，将会成为一道光，虽然可能是微弱的一道光，但也可能会照亮我们社会制度的未来之一角。因为，作为"共同之善"的生态利益，虽然不归属于某一个人，却与每个人的利益存在或强或弱的关联。对不同于传统环境侵权损害的生态损害之救济，或许能形成更多的共识，体现更多参与主体的意愿，最大限度地在不同主体间（在传统环境行政管理关系中甚至处于对立面的主体间）形成合作，真正凝聚多方主体的力量来共同应对。毕竟，在公益、私益分野下的传统二元保护机制中，生态损害之救济主要是由代表公益的行政主体通过环境行政权的运行来实现的。这种传统行政手段在对生态损害行为的预防、制止与惩罚发挥基础性功能的同时，也遭遇了其功能限度。尤其是随着当前生态损害后果的日益严重与新型生态损害问题的不断出现，单一的行政矫正已无法实现对生态损害的充分救济。

强化环境司法权以弥补生态损害救济中行政矫正手段之不足，充分发挥生态损害司法救济之独特功能，构建和完善生态损害行政矫正与司法救济协同的多元化救济机制成为必然选择。

生态损害的司法救济是我长期关注的议题，但本书的写作还存在着更直接的动因。2011年渤海湾发生了生态损害后果特别巨大的"康菲溢油案"，但案件的处理过程，肇事方态度的敷衍与傲慢，行政监管的迟缓与乏力，涉案渔民养殖户进行环境侵权诉讼的艰难，公益诉讼的无疾而终，刑事追责的缺失以及生态损害国家索赔所带来的种种迷雾，一度深深地刺激了我。可以说，该案集中暴露了生态损害行政矫正的功能限度与生态损害司法救济所遭遇的尴尬。因此，笔者重拾此案，作为剖析生态损害法律救济中存在的问题并导入本书研究主题之切入点。

本书的研究旨趣在于：通过厘定生态损害、环境侵权损害与环境侵害的概念及各自损害的客体，为生态损害不同救济路径中利益主体的诉求明确实体法上的应然依据；从实践层面考察生态损害行政矫正制度、生态损害司法救济制度在制度运行中的当与不当，重新审视生态损害行政矫正制度、司法救济制度及国家索赔制度[1]各自的性质、功能定位及其功能的限度，以实现生态损害行政矫正、生态损害司法救济以及生态损害不同救济制度之间的协调与对接，为构建一个事前预防与事后救济并重、显性与隐性生态损害行为全面规制、多元参与的生态损害法律救济机制奠定基础。笔者希望通过该研究，对实现以下目的有所裨益。其一，为生态损害救济制度构建提供理论支持。本书将对私益与公益交织的环境侵害中的多方利益进行类型化梳理，理清生态利益、国家资源利益与环境私益的关系并厘定与之相对应的生态损害、国家利益损害与环境侵权的概

---

[1] 笔者认为，应将生态损害国家索赔诉讼界定为以国家所有权代表主体身份提起的能兼顾生态损害救济之私益诉讼（具体论述详见结语部分），此处将其与生态损害司法救济并列，并非否定生态损害司法救济与生态损害国家索赔诉讼之间的包含与被包含的关系，而是为了强调明确这一救济制度在性质与功能定位上的特殊性。

念内涵，将生态利益衡平理论、风险预防理论、多元共治理念作为
生态损害司法救济的理论基础，从生态损害的行政矫正机制的运行
现状和功能限度的视角出发，深入研究生态损害司法救济的性质与
功能定位，从而夯实生态损害司法救济制度构建研究的理论基石，
为生态损害行政矫正与司法救济机制之间的协调统一提供逻辑起点
和理论依据。其二，界定生态损害司法救济的性质和独特功能。生
态损害是对生态利益这一"共同之善"的侵害，以公益维护为己任
的公权力主体在生态损害救济中发挥着基础性作用。生态损害行政
矫正机制具有预防、制止、惩罚生态损害行政违法行为之功能，但
生态损害行政矫正机制有其功能限度。司法救济可以弥补生态损害
行政矫正之不足，发挥着填补和监督之主要功能。当前对环境公益
诉讼制度的认识和制度设计存在偏差，本研究将有助于实现对环境
公益诉讼制度的性质与功能定位认识的回归。其三，促进生态损害
行政矫正机制与司法救济机制的协调。本书将通过明确检察机关、
行政机关、社会团体和社会公众在生态损害救济制度中各自的地位，
试图科学界定生态损害救济中环境行政权与环境司法权各自的作用
范围并明晰其权力边界，厘清生态损害国家索赔机制、公权力主体
提起的环境公益诉讼、环境侵权诉讼以及其他主体提起的环境公益
诉讼之间的关系。本书欲通过合理的制度设计，做到既尊重行政权
在生态损害救济中的"专业特长优势"，贯彻"行政权优先原则"，
同时又能有效实现司法的独特功能，从而促进行政权与司法权的良
性互动，以及生态损害行政矫正机制与生态损害司法救济机制之间、
不同生态损害司法救济机制之间的协调与对接。

　　为实现上述研究目的，本书主要围绕以下基本内容进行了研究
和探讨：

　　第一，厘定了生态损害司法救济相关概念。作为环境法上的利
益，环境利益可依利益归属主体不同而界分为环境私益、生态利益

和国家资源利益。环境私益为传统环境侵权救济的客体，是人们因开发、利用环境与自然资源过程中产生的人身利益和财产利益；生态利益为不特定主体所共有之公共利益；国家资源利益是归国家所有的国有资源利益，国家资源利益有明确的利益代表主体并可划归具体的个体排他性地使用，并已纳入传统民法的保护之下，因而不同于生态利益。环境侵害是包括环境侵权损害和生态损害在内的环境法上的损害，其侵害对象为环境利益；生态损害是以生态利益为对象对环境与生态系统本身之损害，生态损害概念应当成为环境法学研究的元概念。对产生或可能产生生态损害行为之矫正是为生态损害法律救济，法益理论将"救济"之范围从特定化的权利拓展至受法律保护之利益，生态法益概念为尚未被完全权利化的生态利益之法律救济提供了法理依据。生态损害的特征决定了生态损害法律救济以行政矫正与司法救济等公力救济为核心。生态损害司法救济相关概念之界定为厘清生态损害司法救济中不同利益主体之请求权基础提供逻辑起点。

第二，明确了生态损害司法救济的应然路径和应贯彻的基本理念。行政失灵意味着传统公益、私益分野下的二元保护机制无法有效应对当前的生态损害救济问题，单一救济机制应向多元化救济机制拓展。环境法学界在生态损害的私权化救济路径与行政权主导救济路径的对峙中，开始反思不同救济制度本身的功能与限度。行政矫正在生态损害救济中具有明显制度优势并发挥着预防和惩罚等基本功能，囿于行政矫正固有之缺陷和我国环境行政监管之现状，行政矫正制度的功能扩张有其边界，需要生态损害司法救济充分发挥其监督和填补功能，以弥补行政矫正之不足。生态损害司法救济的应然路径包括：生态损害之环境侵权诉讼救济、生态损害之民事公益诉讼救济、生态损害之行政公益诉讼救济和生态损害之刑事司法救济。生态损害司法救济应贯彻利益衡平理念、风险预防理念与多元共治理念。

第三，考察了生态损害不同救济制度的功能及运行实效。在特定条件下，环境侵权诉讼救济可以在救济传统私益损害的同时兼顾生态损害之救济，但侵权责任的生态化对生态损害的间接救济功能有限。环境公益诉讼专门以生态利益为救济对象，其原告是以"凡市民"中一分子的身份诉诸司法之诉讼；环境公益诉讼的基本功能是通过"监管监管者"，而非通过与环境行政监管者结盟从而为环境行政监管补强，来实现生态利益之维护；环境公益与私人利益的内在关联是环境公益转化为私主体诉诸司法之权利的最终根据，而"利益归属主体"与"利益代表主体"的疏离为环境公益诉讼提供了诉讼法基础。环境公益诉讼制度的构建重心为环境行政公益诉讼而非环境民事公益诉讼，目前环境公益诉讼制度的设置不仅背离了环境公益诉讼之功能预设，也成为环境民事公益诉讼运行中出现民事责任与环境行政责任混同乱象之原因。唯有明确环境民事法律责任的承担方式、放宽起诉主体资格、完善环境行政公益诉讼制度，环境公益诉讼制度方可在正确的轨道上运行。作为生态利益维护的最后一道屏障，生态损害刑事司法救济在立法上不断被强化。但在环境刑事法网日趋严密的情况下，刑事司法在惩治环境污染犯罪中未能将环境刑罚一体适用以实现环境犯罪的必罚性问题凸显，环境刑事司法功能不彰，司法公平遭受考验。行政部门缺乏案件移送动力是影响环境犯罪必罚性的深层次原因，一味强调扩大犯罪圈的入罪化思维可能会进一步加剧案件的选择性移送和环境刑罚适用的不公。应坚守刑法谦抑主义、强化环境"刑罚必定性"理念，并优化生态法益保护刑事立法技术、完善环境行政执法与刑事司法的对接机制。

第四，指明了生态损害不同救济制度的协调路径。生态损害司法救济可以监督生态损害行政行为并弥补行政矫正功能之不足，环境行政监督权的运行状况又直接影响着生态损害司法救济的实效，不同救济制度之间内在关联的背后，隐藏的是生态损害救济中行政权与司法权的制衡与协作。在预防与惩罚性生态损害救济中，需遵循"行政权优先"原则；而在填补性生态损害救济中，宜优先发挥生态损害司法救济之功能。行政主体作为国家所有权代表主体就自然资源损害提起的诉讼属于可能兼顾生态损害救济之私益诉讼，生态损害赔偿中的行政磋商，是行政主体以自然资源国家所有权代表主体的身份与责任主体进行协商的一种民事行为，而非行政行为；在国家资源利益与生态利益同时受损的情况下，行政主体可以不同利益代表身份一并提起诉讼并同时实现国家利益与生态利益救济。在行政主体提起的诉讼或与责任主体达成的行政磋商不能充分实现对受损生态利益之充分救济时，不能阻却其他适格主体提起的环境公益诉讼。在明确不同救济方式的制度优势、功能限度以及它们之间的内在联系之基础上，应促进生态损害不同司法救济制度之间和生态损害行政矫正与司法救济机制之间的对接与协同，以发挥制度的整体功能。

除了前言之外，本书的整体结构安排遵循总—分—总的基本架构。第一、二、三部分从提出问题、相关概念界定、生态损害司法救济的功能定位来逐层递进地从整体上描绘生态损害司法救济，第四、五、六、七部分则分别对生态损害的环境侵权诉讼救济、民事公益诉讼救济、行政公益诉讼救济和刑事司法救济等四个不同的救济途径进行了考察，结语部分则总揽全书，明确了生态损害法律救济多元路径的协调路径。

第一章从司法实践的案件出发，以"康菲溢油案"为切入点，集中分析了该案所暴露的生态损害法律救济困境，并通过对这一困境在其他典型案件中的呈现进行了回溯和延伸，说明"康菲溢油案"中生态损害法律救济之痛绝非止于个案，而且至今仍未得到较好的解决，从而提出当前生态损害的司法救济机制需要进行完善这一问题。

第二章从法学的视角对生态损害司法救济的相关概念进行了界定，并分析了生态损害司法救济应遵循的基本理念。本书将环境侵害作为涵摄生态损害与环境侵权损害的上位概念，将生态损害界定为人为的活动已经造成或者可能造成环境、生态系统及其组成部分的结构或功能发生严重不利变化的法律事实，从而与环境侵权损害区别开来。环境利益可依利益归属主体不同而界分为环境私益、生态利益和国家资源利益，不同损害所侵害的利益类型不同。在立法和司法实践中，目前关于生态损害国家索赔制度与环境公益诉讼制度的困惑主要源于不同利益主体所遭受侵害的利益类型未能清晰地界分。法益理论将"救济"之范围从特定化的权利拓展至受法律保护之利益，生态法益概念为尚未被完全权利化的生态利益之法律救济提供了法理依据。生态损害司法救济指当人为的活动已经造成或者可能造成生态利益的损害之时，法律规定的有关主体向人民法院提起诉讼，实现生态利益之维护的诉讼活动。无论是以生态利益的维护为直接目的的诉讼还是客观上兼顾了生态利益之维护的诉讼均属于生态损害司法救济的制度范围。由于生态损害为人之利益损害，其原因行为具有价值性，同时，生态损害具有损害后果的严重性甚至不可逆性，因此，生态损害司法救济制度的构建和完善应当在充分考虑生态损害的特征基础上，贯彻利益衡平理念、风险预防理念与多元共治理念。

第三章梳理了我国探索生态损害法律救济路径的历程，将当前生态损害法律救济的路径选择类型化为：一是探索以损害填补为中心寻求生态损害民事责任之追究的制度构建；二是尝试以创新与完善生态损害环境行政法律制度充分发挥环境行政权的主导作用来实现救济之路径。环境法学界在生态损害的私权化救济路径与行政权主导救济路径的对峙中，已经开始反思不同救济制度本身的功能与限度。本章在研究中发现，环境法学界所称的生态损害"行政救济"一词，在行政法学界具有不可通约性，应将运用行政权救济生态损害的这一方式界定为生态损害行政矫正。生态损害行政矫正在生态损害救济中具有明显制度优势并发挥着预防和惩罚等基本功能，但是，囿于行政矫正固有之缺陷和我国环境行政监管之现状，生态损害行政矫正制度的功能扩张有其限度。本章正是从生态损害行政矫正的功能限度出发，驳斥了学界主张以创新与完善生态损害环境行政法律制度，充分发挥环境行政权的主导作用来实现填补救济的似是而非的观点，着重论证了生态损害司法救济独特的监督和填补功能。

第四章探讨了生态损害环境侵权救济的路径选择。赋予环境和生态要素主体资格模式虽然可以将生态损害转化为传统损害，但由于这一做法彻底颠覆了现行法关于法律主体与客体的界分，因而被主流观点所抛弃；环境和生态系统客体化模式与相邻权、地役权、人格权修正模式，均能通过侵权责任法在一定程度上对生态损害进行间接救济，但其救济的范围和责任承担方式均存在局限。这种通过救济传统环境侵权损害而兼顾生态损害救济的救济方式，因需特定的适用条件而备受限制，生态损害的充分救济呼唤着专门以生态损害救济为目的的环境公益诉讼制度。

第五章聚焦于环境民事公益诉讼制度。该章首先反驳了环境公益诉讼为特殊的诉讼类型之观点，并在此基础上剖析了环境公益诉讼的本质属性为基于"凡市民"身份而提起的诉讼，其基本功能为"监管监管者"之制度，其诉讼主体安排并未突破传统的诉讼框架，只是对诉讼法中已有的"诉权与实体权利主体相分离"制度的一种延伸。然后考察了环境民事公益诉讼的规范基础和实践面向。最后从起诉主体资格、责任承担方式和配套的起诉激励和诉讼过滤机制等方面，着重分析了后《中华人民共和国环境保护法》（以下简称《环境保护法》）时代环境民事公益诉讼完善的方向。

第六章转向生态损害行政公益诉讼救济。本章首先从环境公益诉讼的制度生成背景之预设、环境公益诉讼之理论基础、环境公益诉讼价值取向之逻辑演绎和环境公益诉讼功能实现之具体路径等四个方面，论证行政公益诉讼应为环境公益诉讼制度之构建重点。然后对当前检察机关提起环境行政公益诉讼热进行了冷思考，直面检察机关提起环境行政公益诉讼所遭遇的身份尴尬这一问题，并提出检察机关在环境公益诉讼中的最佳定位应当为"引导者"而非"行动者"。最后对行政公益诉讼的完善提出了自己的设想。

第七章论述的是作为法益保障最后一道屏障的生态损害刑事司法救济。在梳理生态损害刑事司法救济立法演进的基础上，该部分指出，当前生态损害刑事司法救济的问题重心，已由环境刑事法网不严密而转化为司法在惩治环境犯罪中未能将环境刑罚一体适用以实现环境犯罪的必罚性问题，并从入罪化思维模式下环境犯罪立法理念之偏差、立法技术缺陷影响环境犯罪"刑法必定性"之实现、"两法"衔接不畅对环境刑事法律规制功能之消解以及环境犯罪道德可责难性较低的认知偏差等四个方面，对上述问题产生的原因进行了探讨。然后针对性提出了谦抑主义坚守下环境"刑法必定性"理念之强化、生态法益保护刑事立法技术之优化、环境行政执法与刑事司法对接机制之健全以及环境犯罪伦理可责难性较低认知之转变等完善建议。

在第四、五、六、七章明确了生态损害不同救济制度各自的制度优势、功能定位及其功能限度的前提下，结语部分试图从遵循"行政权优先"原则、协调好生态损害国家索赔机制与其他生态损害司法救济方式之间的关系、促进生态损害行政矫正与生态损害司法救济之间的协调等方面，理顺生态损害不同救济制度之间的关系，以实现生态损害多元化救济制度之间的有效对接与功能互补。

本书的初稿是我的博士论文，虽然到目前为止我已经做了两次较大修改，但基本内容还是形成于五年前。五年过去，当初看起来正逢其时的选题和比较有新意的观点，现在可能会面临"时效性"的质疑，我也为此有些忐忑。两次修改都尽可能地反映最近几年的立法、司法实践以及本人的一些新的认识。初稿写作和后续修改也是本着踏踏实实、认认真真的态度来完成的，虽然限于本人的学识能力和研究精力，现在的内容看起来还是显得粗浅，有些观点也有些幼稚，但这毕竟凝聚了我这几年的努力和心血，尽力而为之后是坦然吧。当前，环境法学界正在热火朝天地讨论环境法典的编纂。作为环境法法律责任制度构建的生态损害司法救济制度，无疑是需要慎重考虑如何对其进行法典化表达的重要部分。重新整理本书，我感觉至少有部分观点对目前环境法学界关于生态损害司法救济相关制度的争议化解，还是能提供一些不同的思考视角。这也给了我让其正式出版的一点勇气。

感谢我的恩师黄锡生教授。不管在读博期间还是在毕业之后的这些年，黄老师对我谆谆教导，鼓励有加，没有老师的勉励，我将难以在坎坷不平的学术道路上勇敢前行。不仅如此，老师的为人处世之师表风范和对万物运行之"道"的体悟，教会了我以豁达、真诚和感恩的态度来面对生活。感谢我的硕士导师李爱年教授，承蒙老师垂爱，在离开老师身边多年后，仍享受着李老师的关心与帮助，让我一直觉得受之有愧、感恩不已。感谢重庆大学法学院的程燎原教授、王本存教授、秦鹏教授、唐绍均教授以及西南政法大学的徐以祥教授，他们对本书提出的修改建议让我备受启发。感谢重庆大学法学院同门博士研究生曾彩琳、任洪涛、蒋春华、刘茜、周海华、韩英夫、易崇艳、落志筠、何江、陈先根、郭甜、杨睿等各位同学，与你们相处的每一个日子、每一次切磋论辩，都将成为我人生中感怀于心的记忆。特别感谢师兄史玉成教授和我的同学李奇伟博士、彭本利博士对我学业上的无私帮助。感谢我的先生曹望华博士，感谢他二十多年如一日，对我的包容和对我取得的每一点进步所给予的夸大其词的肯定；感谢他为这个家一直在无怨无悔地默默付出；感谢他在我迷茫时所给予的鼓励与帮助，有位亦师亦友的伴侣与我同行，我是何其有幸！感谢我家的四位老人，在完成书稿期间，他们承担了本应由我承担的繁重家务，并始终在我身后给予我一如既往的信任与理解。感谢我亲爱的孩子，岁月匆匆，转眼间你们从顽皮的孩童成为翩翩少年。透过你们，我看见了自己，是你们让我获得了重新成长的动力和机会。我想，这大概是养育孩子的真正意义。

2023 年 1 月于湛江

目　录

第二章　生态损害司法救济的相关概念厘定

第三章　生态损害司法救济的功能定位

第一章 问题与反思：以"康菲溢油案"[1]为切入点所引发的追问

第一节 "康菲溢油案"所呈现的生态损害法律救济之困

一、为何重拾"康菲溢油案"

近年来，随着开发利用活动的剧增，一系列重大污染事件频发、生态环境退化、自然资源枯竭等问题凸显，我国正遭受着日益严重的生态损害，党的十八届三中全会明确提出对造成生态损害的责任者严格实行赔偿制度，党的十九届四中全会进一步提出落实生态环境损害赔偿制度，实行生态环境损害责任终身追究制。生态损害突破了单纯人身、财产利益等私益损害的范畴，侵害的是不特定多数人所享有的生态利益这一"共同之善"。在公益、私益分野下的传统二元保护机制中，生态损害之救济是由代表公益的行政主体通过环境行政权的运行来实现的。随着当前生态损害后果的日益严重与新型生态损害问题的不断出现，生态损害行政矫正的功能限度凸显，仅仅依靠单一的环境行政监管已经无法实现对生态损害之充分救济。强化环境司法权以弥补生态损害救济中行政矫正手段之不足，充分发挥生态损害司法救济之独特功能，构建和完善生态损害行政矫正

---

1 蓬莱 19-3 油田溢油事故联合调查组关于事故调查处理报告［EB/OL］.（2012-06-12）［2023-02-14］.https://www.mnr.gov.cn/dt/hy/201206/t20120626_2329986.htmlt

与司法救济协同的多元化救济机制，是及时阻遏生态损害行为、保障生态利益的迫切需求和必然选择。

2011 年渤海湾发生了康菲溢油事件，该事故所造成的巨大损害及其引发的事后法律救济问题曾一度成为社会关注的热点。随着时间的推移和后续一系列标志性公益诉讼案件（如泰州"天价赔偿案"、常州毒地案）的出现，"康菲溢油案"已经逐渐淡出公众视野，甚至不再引起环境法学研究者的兴趣。然而，笔者认为，"康菲溢油案"损害后果严重，涉及多方利益的纠葛[1]，后续引发的多种纠纷解决方式[2]，集中暴露了生态损害救济中不同利益诉求的协调和多元救济方式之间的冲突与衔接问题，而且这些问题至今未能得到妥善解决。

二、"康菲溢油案"之案情回顾

位于渤海湾的蓬莱 19-3 油田是中国目前最大的海上油气田，它是由中国海洋石油集团有限公司（以下简称"中海油"）和美国康菲石油欧诺公司的全资子公司康菲石油中国有限公司（以下简称"康菲公司"）合作开发的项目，康菲公司作为作业方负责该油田的生产、开发。2011 年 6 月 4 日和 17 日，蓬莱 19-3 油田 B 平台、C 平台先后发生两起溢油事故，导致大量石油原油和混有原油的油基泥浆排入海水里。6 月 30 日，国家海洋局介入调查。7 月 3 日，中海油称渗漏点得到控制。7 月 5 日，国家海洋局召开第一次新闻发布会，就事故原因、处置情况和对环境的影响等问题进行通报，并初步认定溢油所造成的海水污染面积和被污染浓度，并认定应对此次溢油事故负全责的是作业者康菲公司。国家海洋局称到 8 月 3 日，康菲公司未查明 B 平台附近海域溢油点的详细情况以及 C 平台是否还存在溢油隐患；对切断溢

1　既造成了对渔民的私益损害，又造成了对归国家所有的海域本身的损害，还造成了对天然渔业资源等的损害。

2　既有国家海洋局与康菲公司的行政协商，又有渔民以个人名义提起的私益诉讼，还有环保组织和公民个人提起的公益诉讼。

油源采取的只是临时性措施，始终没有拿出详细可靠的封堵措施，溢油一直未得到完全控制。8月7日，康菲公司向国家海洋局北海分局承认之前并未尽力排除溢油风险点。2011年8月12日康菲首次披露漏油事故油基泥浆总量远超预期，中海油就漏油事故道歉。8月31日康菲公司称已彻底封堵渤海溢油源，但9月2日国家海洋局认定康菲公司未完成堵漏并对其执行停产决定。其后，"康菲溢油案"被事故联合调查组认定为因违规作业所致的中国迄今最严重的海洋生态事故和漏油事故。

三、"康菲溢油案"中生态损害法律救济之困局

国家海洋局公布的数据显示，康菲溢油事故共造成蓬莱19-3油田周边及其北部海域约6200平方千米海水受到污染，其中870平方千米海域海水受到严重污染，石油类含量劣于第四类海水水质标准；海水中石油类含量最高为1280微克/升，超背景值高达53倍。[1]此次事故对渔民养殖户、渤海的天然渔业资源、海洋生态系统均造成了重大损害。然而，受损渔民的利益诉求未能得到充分表达和保障，渔民养殖户的维权之路漫长而艰辛，海洋生态损害的法律救济更是显得苍白与无力。早在2013年国家海洋局就已经批复康菲公司恢复生产，但时至今日，渤海的生态修复却难言有效。

1.渔民养殖户的数次环境侵权诉讼——私益诉讼救济几无成效

2011年11月18日，贺业才等山东牟平30名受损渔民，委托律师贾方义分别向天津海事法院、青岛海事法院提起诉讼，向康菲、中海油两公司索赔2000多万元，被天津海事法院、青岛海事法院以民事诉讼举证不足为由驳回。2011年12月13日，河北省乐亭县养殖经营者几名代表和律师团人员，代表107位水产养殖农民向天津海事法

---

1 国家海洋局.2011年中国海洋环境状况公报［Z］.北京：国家海洋局，2012.

院提起诉讼，以海上、通海水域养殖损害责任纠纷为由向渤海湾溢油事故责任方康菲石油中国有限公司提出环境污染损害赔偿，要求康菲停止侵权、消除危险并赔偿经济损失 4.9 亿余元。天津海事法院未立案。2013 年 7 月 2 日，山东近 500 名因渤海蓬莱 19-3 油田漏油事故而受到物质损害的渔民及其代表，在 2011 年提起诉讼未被立案的情况下再次向青岛海事法院递交索赔诉状，要求康菲、中海油两家公司对渤海溢油污染承担损害赔偿责任。2015 年案件被正式受理，2017 年一审判决原告败诉。[1]

受损的大部分渔民在感到诉讼无望的情况下无奈地接受了政府的行政调解，从而拿到数额不等的赔偿金。但没有参与行政协调赔偿补偿的栾树海等 21 名养殖户，曾在 2011 年 12 月 7 日向天津海事法院提起诉讼，请求赔偿养殖损失总额为 1.4 亿余元，并要求被告承担 703.72 万元鉴定费及诉讼费用。天津海事法院于 2011 年 12 月 30 日立案受理该案。直到 2015 年 10 月 30 日，天津海事法院才作出宣判，判决康菲石油中国有限公司赔偿 21 名中国养殖户 168 万余元。21 名养殖户不满判决结果，提起上诉，2016 年 9 月天津市高级人民法院对此案进行了二审宣判，判决驳回上诉，维持原判。21 名养殖户仍然不服二审判决，提起再审，2017 年 3 月最高人民法院裁定驳回其再审申请。[2] 此外，因康菲溢油事件而受到影响的其他环境侵权诉讼案件经历了一审、二审和再审程序，这些私益诉讼案件一直持续到 2019 年。[3]

此次事故中私益损害的赔偿主要是由当时的农业部代表受损渔民

---

1 赵乐海与康菲石油中国有限公司、中国海洋石油总公司海上、通海水域污染损害责任纠纷一审民事判决书（2015）青海法海事初字第 440 号。

2 之前有学者质疑：私益未能被有效保护的情形下谈公益保护是不是过于奢侈？从渔民养殖户数次维权诉讼几无成效的结果来看，似乎印证了这一质疑。然而私益救济与公益救济本身应当是并行不悖的，更主要的是，运行良好的公益救济反过来可以对私益救济提供支持。本案中利益损害相关人的诉求表达渠道不畅通是私益救济与公益救济共同存在的问题。

3 杨绍国、康菲石油中国有限公司海上、通海水域污染损害责任纠纷再审审查与审判监督民事裁定书（2019）最高法民申 1997 号；张伯川、康菲石油中国有限公司海上、通海水域污染损害责任纠纷再审审查与审判监督民事裁定书（2019）最高法民申 1976 号；唐山曹妃甸区益发农业生态园有限公司、康菲石油中国有限公司海上、通海水域污染损害责任纠纷再审审查与审判监督民事裁定书（2019）最高法民申 1995 号。

与责任方通过协商达成的，仍然遵循的是政府包揽的传统模式，受害者作为直接的利益主体既没有充分的选择权[1]，也谈不上实质性的参与，其利益诉求的确难以保证被充分加以考虑。从诉讼程序的启动和诉讼结果来看，渔民养殖户的数次环境侵权诉讼困难重重。从诉讼请求的类型来看，请求私益损害赔偿的诉讼也无法实现对海洋生态损害的间接救济。

2. 海洋行政监管与行政处罚——生态损害行政矫正乏力

与墨西哥湾海上漏油事件发生后第四天责任方就给出了漏油相关数据的迅速反应相比，“康菲溢油案”发生后，作为污染者的康菲公司披露信息迟延，反应迟缓，甚至还存在隐瞒信息的情形，却未被要求承担相应的迟延披露信息之行政责任。而且，事发后有关部门声称曾多次约谈康菲公司负责人并三令五申责令肇事者“彻底查找溢油风险点、彻底封堵溢油源”，然而，存在违规作业的责任方却在落实“两个彻底”方面进展缓慢。在溢油事件发生三个月后溢油源仍未被彻底封堵的情况下国家海洋局才作出责令停产的行政处罚。对康菲公司做出的 20 万元行政罚款，于实力雄厚的康菲公司而言威慑力亦极其有限。[2]

2012 年 10 月 24 日，国家海洋局下达《国家海洋局关于蓬莱19-3 油田开发生产整改及调整工程环境影响报告书核准意见的批复》（简称“716 号批复”），但并未向当事人及社会公开。2013 年 2 月16 日，国家海洋局称，康菲公司“经过排液泄压、维护治理等一系列整改措施，蓬莱 19-3 油田已恢复正常状态，具备正常作业的条件。国家海洋局同意康菲公司逐步实施恢复生产相关作业”。然而，康菲公司整改的过程、整改后的现状以及是否可以预防类似的损害不再发

1　按正常的事故处理程序，受损的渔民养殖户应该有两种选择，接受行政调解和走诉讼途径，但是从提起诉讼的案件处理结果来看，渔民几乎没有自由选择诉讼的余地。

2　2017 年通过修正后的《中华人民共和国海洋环境保护法》（以下简称《海洋环境保护法》）第七十三条第四款规定："因发生事故或者其他突发性事件，造成海洋环境污染事故，不立即采取处理措施的"可以采取按日计罚等更严厉的措施。第九十条规定："对造成一般或者较大海洋环境污染事故的，按照直接损失的百分之二十计算罚款；对造成重大或者特大海洋环境污染事故的，按照直接损失的百分之三十计算罚款。"处罚幅度的确大大增强。

生等情况，国家海洋局都未予以说明，公众无从知晓。蓬莱 19-3 油田复产理由的充分性备受质疑。

3. 生态损害民事公益诉讼救济——举步维艰

首先，公民个人提起的海洋生态损害救济受阻。2011 年 8 月 12 日，北京律师贾方义以个人名义向青岛海事法院、天津海事法院以及海南省高级人民法院提起对中海油、康菲公司的公益诉讼申请；同时向北京市第一中级人民法院提出诉讼，状告国家海洋局行政不作为。对康菲公司的诉讼请求包括：判令康菲公司立即停止环境污染侵害，消除污染；依法向公众通报污染情况和补救措施的进展情况，向中国公众公开道歉。针对"康菲溢油案"由公民个人发起环境民事公益诉讼未获立案。[1]

其次，国家机关代表国家提起海洋生态损害的诉讼救济胎死腹中。2011 年 8 月 16 日，国家海洋局北海分局公开表示将代表国家依据相关法律法规，向溢油事故责任方提起海洋生态损害索赔诉讼。并通过对外发布公告且公开选拔的方式，选定四家律师事务所作为提起海洋生态损害索赔诉讼的法律服务机构。然而国家海洋局北海分局最终并未启动生态损害索赔的诉讼程序。

最后，2015 年 7 月中国生物多样性保护与绿色发展基金会接到青岛海事法院的立案通知书，以中国生物多样性保护与绿色发展基金会为原告方、康菲公司和中海油为被告的"康菲溢油案"环境公益诉讼正式立案。这是"康菲溢油案"事发四年以后首个正式立案的环境公益诉讼，是我国第一个由社会组织提起并得到受理的海洋环境类公益诉讼案件。该案的正式受理似乎让人们看到了希望的曙光，然而，在历经两年多时间的等待之后，2017 年青岛海事法院以原告主体不适格为由裁定驳回起诉。

---

1 钟晶晶.个人诉讼蓬莱溢油海南高院拒绝立案.新京报，2011-08-24.

4. 行政行为监管——监管监管者之环境行政公益诉讼无望

在整个事件的处理过程中，行政监管部门是否存在失职或不当行为？从事故初始的 2011 年 6 月 4 日到发布事故通报的 7 月 5 日，长达一个月之久的信息"真空"让公众颇有疑惑，为什么时隔一个月之久才向公众通报？《中华人民共和国政府信息公开条例》第十条规定突发公共事件属于政府主动公开信息的重点，《环境信息公开办法（试行）》第十一条亦有类似的规定。因此，在"康菲溢油事故"发生后，有关部门应该及时主动地披露应对该事件的应急预案、预警信息及应对情况等相关信息。与此同时，事故发生三个月之后，康菲公司在事故应对中态度敷衍，并在溢油始终未被彻底控制的情况下国家海洋局才作出"三停"的处罚决定，是否对肇事者的行政处罚过于温柔？在责任追究尚未结束，亦未开展实质性的生态修复的情况下，同意康菲复产是否过于心急？而且从公布的有关文件来看，批复复产的理由并未向公众作出充分说明。

2013 年 8 月 2 日，中华环保联合会对国家海洋局提起诉讼。中华环保联合会认为，国家海洋局批复康菲公司复产的决定缺乏专家意见支持、未依法举行听证，从程序、实体上均存在严重违法和不当之处，对政府依法行政和中国环境保护与公众权益维护造成损害，从而要求确认国家海洋局批复康菲复产的决定违法。该行政公益诉讼被法院驳回，理由是原告不具有起诉主体资格。

5. 生态损害的刑事责任追究——环境刑事诉讼之生态损害救济功能缺失

《中华人民共和国海洋环境保护法》第九十一条规定，致使公私财产遭受重大损失或者人身伤亡严重后果的，依法追究刑事责任。[1] 2011 年 5 月 1 日开始实施的《刑法修正案（八）》将《中华人民共和

---

[1] 2016 年修订通过的《海洋环境保护法》中该款被规定在第九十条，并改为"对严重污染海洋环境、破坏海洋生态，构成犯罪的，依法追究刑事责任。"删去了"致使公私财产遭受重大损失或者人身伤亡严重后果"这一构成要件，与《刑法修正案（八）》保持了一致。

国刑法》（以下简称《刑法》）第三百三十八条的"重大环境污染事故罪"改为"污染环境罪"，降低了污染类环境犯罪的入罪门槛。1997年《刑法》第三百三十八条修订的直接原因是污染环境罪的入罪门槛太高，修法的直接目的就是降低入罪门槛以对严重生态损害行为进行更严厉的惩罚。依1997年《刑法》第三百三十八条及有关司法解释，"康菲溢油案"所造成的巨大损失远远超过了修改前的"重大环境污染事故罪"的入罪标准。然而，发生在入罪门槛大为降低的《刑法修正案（八）》之后的"康菲溢油案"，却没有追究相关责任主体任何刑事责任，的确让人匪夷所思。

6. 生态损害国家索赔机制——迷雾重重

此次事故海洋生态损害索赔是通过行政协商而非诉讼程序达成的。2012年4月27日，国家海洋局宣布与康菲公司和中海油达成了海洋生态损害赔偿协议。康菲公司和中海油总计赔偿16.83亿元人民币，其中，康菲公司出资10.9亿元人民币，赔偿本次溢油事故对海洋生态造成的损失；中海油和康菲公司再分别出资4.8亿元人民币和1.13亿元人民币，承担保护渤海环境的社会责任。同时，国家海洋局表示，此次索赔是我国海洋行政管理部门依现行法律与国家赋予的职责，首次代表国家对造成海洋生态损害的石油开发责任主体提出的赔偿，"这一成功实践，在海洋环境保护事业发展中具有里程碑意义，开创了我国重大海洋环境事故生态赔偿的成功先例"[1]。的确，《海洋环境保护法》第九十条明确规定：对破坏海洋生态、海洋水产资源、海洋保护区，给国家造成重大损失的，由依照本法规定行使海洋环境监督管理权的部门代表国家对责任者提出损害赔偿要求。《海洋生态损害国家损失索赔办法》也明确规定导致海洋环境污染或生态破坏造成国家重大损失的，海洋行政主管部门可以向责任者提出索赔要求，并应及时与责任者签订赔偿协议。这一做法在2017年出台的《生态环境损害赔偿

---

1 李挚萍.我国生态损害救济立法亟需完善［J］.环境，2012（6）：18-20.

制度改革方案》中被再次确认为以行政主体为赔偿权利人的磋商制度。

　　然而，行政主管部门（或地方政府）代表国家对生态损害责任主体进行索赔的理论基础是什么？ 国家利益并不等同于社会公共利益。如果真如学界不少学者所言，行政部门是作为海域所有权主体在国家所有权受到侵害时行使索赔权，则此时代表主体所索赔的利益表现为资源利益的国家利益，国家对其拥有的资源利益主张索赔权没有任何问题，但资源利益属于传统经济利益的范畴，这一索赔的结果仍然属于私益损害赔偿而非海洋生态损害公益赔偿，只是在补救、修复资源价值的同时间接地起到了保护生态的功能。如果行政部门是作为海洋生态利益的受托人和管理者进行索赔，这时其所代表的是公共利益没有疑问，但问题在于公共利益是不容让步与妥协的，行政主体拿什么来与责任主体进行协商呢？ 当责令停产、开工复产等行政决定权与生态损害的赔偿磋商决定权以及之后的生态修复执行权均集中于同一行政主体时，我们又拿什么来保障公共利益在多大程度上被保护而不被牺牲呢？

　　进一步的问题是，当康菲公司、中海油与国家海洋局就此案的海洋生态损害赔偿达成协议以后，应该说因该协议被执行完毕就意味着本案所导致的海洋生态损害赔偿已经结束，不管此案的处理是否尽如人意，是否如国家海洋局所宣称的那样"成功"。但是，中国生物多样性保护与绿色发展基金会以康菲公司和中海油为被告的"康菲溢油案"环境公益诉讼却于 2015 年 7 月在青岛海事法院正式立案。 虽然此案目前未能正式进入审判程序，但一个不容回避的问题是：行政主体代表国家进行的生态损害索赔与环保社会组织提起的环境公益诉讼之间是什么关系？ 行政部门的索赔是否能阻却其他主体提起的生态损害公益诉讼？ 这一问题引发了激烈的争议。虽然 2019 年出台的《最高人民法院关于审理生态环境损害赔偿案件的若干规定（试行）》对行政主体代表国家进行生态损害索赔进行了优位安排，规定法院受理因同一行为提起的两类诉讼时，应当中止环境民事公益诉讼的审理，待政府索赔诉讼审理完毕后，再就民事公益诉讼未被涵盖的部分作出裁判。这一司法解释契合了生态损害赔偿制度改革方案的意图[1]，然而，政府或政府工作部门为生态损害索赔的第一层级的主体，与其他主体相比享有索赔的优先权。只有在政府拒绝或怠于履行维护和救济生态利益的情况下，社会组织、公民等其他主体方能启动救济程序。那么，政府享有的优先索赔权是否同时为政府的法定求偿义务？一旦出现政府怠于履行求偿职责时，其他社会主体能否在启动向生态损害责任主体索赔的同时提起以行政主体为被告的行政诉讼？政府主导的行政磋商在性质上到底是行政行为还是民事行为？环境行政主体主导的生态损害国家索赔迷雾重重，如此安排的合理性并未得到学界的认可，学界也未能就二者之间的关系作出令人信服的阐释。笔者对生态损害现行救济制度的合理性存在诸多的疑虑并对现有救济制度的实效性深表担忧。

第二节　生态损害司法救济困境的回溯与延伸

"康菲溢油案"对海洋生态系统造成了重大损害，从而使该案的处理一度成为关注的焦点，该案的确非常集中地体现了目前我国生态损害法律救济尤其是司法救济所遭遇的困境，但如果生态损害司法救济的困境仅仅止于该案，则笔者上述的忧心可能显得有些多余。但事实上，生态损害司法救济机制所存在的问题并非始于"康菲溢油案"，而是早已存在。而且，时至今日，这些问题仍然没有得到妥善的解决。

一、从"东方大使"号特大溢油损害赔偿案到"塔斯曼海"案

长期以来，我国油污事故的处理只是收取数额较低的清污费和渔业资源损失费，因此在1983年的"东方大使"号特大溢油损害赔偿

1　生态环境部环境规划院王金南研究员对《生态环境损害赔偿制度改革试点方案》之解读。王金南，刘倩，齐霁，等.加快建立生态环境损害赔偿制度体系［J］.环境保护，2016（2）：26-29.

案[1]中，出现了极具讽刺意味的结果。巴拿马籍"东方大使"油轮在中沙礁搁浅，因货舱受损漏出原油，其溢油直接影响到胶州湾及其附近的海域岸线。当时"东方大使"号赔付损失总计 1775 万元，在我国当时的海洋油污损害案中已属高额赔偿了，但据说此船回国后，却因逃避巨额赔偿而受到公司的嘉奖。

2002 年 11 月 23 日，一艘马耳他籍油轮"塔斯曼海"满载八万吨原油与一艘中国轮船"顺凯一号"在天津东部海域 23 海里处发生碰撞，造成"塔斯曼海"右骹第三船破损以及船上所载 205.925 吨文莱轻质原油泄漏的重大事故。[2]此次事故使海水中石油含量达到正常水质含量的八倍多，渤海湾西岸的产卵场、索饵场和肥育场的渔业生态环境遭受严重损害。

天津海事局代表国家要求肇事轮船主和伦敦汽船船东互保协会对溢油造成的海洋生态损害进行赔偿。同时天津市渔民协会代表受损害的 1000 多名渔民向该航运公司和汽船协会索赔。2004 年 6 月 24—25 日，"塔斯曼海"轮船舶油污损害赔偿案于天津海事法院第一次开庭，后经过六次公开审理于 2004 年 12 月 30 日审理终结。天津海事法院判决裁定"塔斯曼海"号船东及伦敦汽船互保协会赔偿天津市海洋局海洋生态损失共计金额 995 万元；赔偿天津市渔政管理处渔业资源损失 1500 万余元。加上前期赔偿给沿海渔民和养殖户的 1700 万元，此事故的赔偿金额为 4200 余万元。天津海事法院的判罚依据是：此次溢油事故造成的危害，需要经过很长一段时间才能被消除。溢油造成 205 吨原油流入渤海，造成了渤海湾的环境容量损失。该案一审判决后，被告向天津市高级人民法院提起上诉，直至 2009 年该案在最高人民法院的调解下达成调解协议，协议中被告的赔偿额与一审判决中的赔偿额相去甚远。[3]

1　劳辉."东方大使"轮油污案［J］.中国海商法年刊，1990（1）：266-274.

2　文琦.渤海溢油污染事故生态损害赔偿的法律救济问题研究［D］.青岛：中国海洋大学，2013：11.

3　白佳玉.船舶溢油海洋环境损害赔偿法律问题研究——以"塔斯曼海"轮溢油事故为视角［J］.中国海洋大学学报（社会科学版），2011（6）：12-17.

此案被学界认为是我国首例海洋生态损害索赔案件，然而该案的一审判决中仅认定了有关部门的部分主张，如海洋环境容量损失费和生物治理研究费等，未认定海洋生态服务功能损失费、浮游动物恢复费等其他损失，在最终的调解结案中环境容量损失和生态修复费用未获得救济。1989 年阿拉斯加威廉王子湾发生"埃克森瓦尔迪兹"号溢油事故后美国联邦法院判决埃克森美孚石油公司赔偿 80 亿美元。2002 年的"威望"号溢油事故，赔偿金额高达 90 亿美元。[1] 与这些前后或同时期在其他国家发生的海洋生态损害救济现状相比，依我国现行法对海洋生态损害的救济显得十分吝啬与乏力。

二、重庆两江志愿服务发展中心、广东省环境保护基金会与三被告的环境污染责任纠纷公益诉讼案和中国生物多样性保护与绿色发展基金会诉深圳交通局案

"康菲溢油案"中所呈现的生态损害司法救济重大问题之一，是行政主体代表国家进行的生态损害索赔与环保社会组织提起的环境公益诉讼之间的关系协调问题，时至今日，这一问题在重庆两江志愿服务发展中心（以下简称"重庆两江中心"）、广东省环境保护基金会与三被告的环境污染责任纠纷公益诉讼案和中国生物多样性保护与绿色发展基金会（以下简称"绿发会"）诉深圳交通局案中再次成为争议的焦点。

广东省阳江市阳江港是国家一类对外开放口岸。阳江高新技术产业开发区临港工业园区东、南、西侧三面临海，东、南部沿岸为滩涂与湿地，西部为渔业养殖基地。在滩涂和湿地中分布有大量的红树林。世纪青山、广青科技、阳江翌川均为生产镍合金的企业。在未依法通过环境影响评价文件审批之时，被告世纪青山即于 2013 年 11 月擅自开工建设、被告广青科技于 2010 年 9 月擅自开工建设、被告阳江翌

1　文琦.渤海溢油污染事故生态损害赔偿的法律救济问题研究［D］.青岛：中国海洋大学，2013：11.

川于 2015 年 3 月擅自开工建设并分别投入生产。生产过程中，在未做任何防护措施的情况下他们将大量的工业固体废物堆填、倾倒在厂区周边及临海岸线边的滩涂、湿地及红树林分布区内。工业固体废渣中含有镍、铬、铅、砷、锌、镉等重金属，导致大量的红树林被覆压、污染而死亡。仅三鸭涌入海口西侧的红树林被毁损就达上百亩。而无防护的工业固体废渣，在海潮的侵蚀和冲刷下，又造成大面积的海岸滩涂、湿地及近海海域严重污染，且在该涉案地区埋下长期、持久的重大污染风险。世纪青山的建设项目为填海造陆工程，本身即对海域的自然属性和海岸线自然形状产生改变，而超面积地大肆开挖建设又对具有固岸护岸生态功能的红树林造成不可逆的毁损。世纪青山、广青科技、阳江翌川将工业固体废渣无防护地大肆填埋和倾倒则造成沿岸滩涂湿地上的红树林及近海潮间带的其他物种不可逆的毁损，导致整个地区的生态整体性功能遭到损害，必然造成生态环境的极度恶化。针对三被告的环境违法行为，广东省环保厅及阳江高新技术产业开发区管理委员会分别对三被告下达了《行政处罚决定书》。行政执法部门均认定，三被告的项目未通过环评即开工建设及堆填矿渣的行为属于环境违法，对当地的生态环境造成重大的污染和破坏。他们提出停止侵权行为、消除危险、修复非法倾倒地及周边地区红树林的生态环境，使其恢复到损害发生之前的状态和功能、生态损害赔偿等要求。2017 年 7 月 21 日，广东省茂名市中级人民法院作出裁定，认为该案系海洋环境民事公益诉讼，重庆两江中心、广东省环境保护基金会不具作为本案公益诉讼的主体资格，依"特别法优于普通法""特别规定优于一般规定"的原则，对破坏海洋生态问题提起公益诉讼的主体限定为行使海洋环境监督管理权的部门。一审判决作出后，原告不服，提起上诉。2019 年 4 月 11 日二审法院（广东省高院）认为，世纪青山、阳江翌川、广青科技倾倒涉案炉渣堆填滨海滩涂、湿地、红树林的行为，并不单纯破坏了海洋生态环境，同样破坏了陆地生态环境，故依据《中华人民共和国环境保护法》（以下简称《环境保护法》）

第五十八条的规定，重庆两江中心、广东省环保基金会具有作为提起本案公益诉讼的主体资格，裁定将该案发回重审。

无独有偶，绿发会诉深圳交通局案中，2020 年 6 月 10 日，广州海事法院否定了绿发会的起诉资格，理由是该案是海洋自然资源与生态环境损害赔偿纠纷，依据为《中华人民共和国海洋环境保护法》第八十九条第二款的规定。2020 年 9 月 18 日，广东省高院则认为，绿发会据以起诉的事实与理由是即将开工的深圳湾航道疏浚工程会对鸟类及其栖息地造成生态破坏，该工程项目位于内水与沿海陆域，不仅会影响海洋生态环境，也影响陆地生态环境。绿发会作为从事环境保护的社会公益组织提起本案环境污染责任纠纷的民事公益诉讼，符合《中华人民共和国环境保护法》第五十八条的规定，依法应予以受理。

很显然，这两个案件的裁决极其相似，一审法院与二审法院对社会组织是否具有起诉资格均作出了不同的认定，一审法院均认为海洋生态损害赔偿诉讼只有行政主体才能提起，而二审法院都没有正面回答海洋生态损害赔偿诉讼是否只有行政主体才能提起这个问题，而是巧妙地绕过这个问题，以案件本身不仅仅涉及海洋生态损害也涉及陆地为由肯定了社会组织的起诉资格。但如果这两个案件真的仅仅涉及海洋生态损害呢？二审法院其实并没有给出一个明确的答案。这两起案件争议的焦点从表面上看是不同法律规定具体适用所导致的海洋环境公益诉讼起诉主体资格认定问题，但其实质反映的是环境公益诉讼与生态损害国家索赔制度的冲突与协调问题。

三、珲春市人民检察院诉珲春市国土资源局不履行法定职责案

自 2017 年检察机关被正式授权提起环境公益诉讼以来，检察机关在环境公益诉讼中的表现越来越引人注目。检察机关不仅成为环境

行政公益诉讼的唯一起诉主体，而且在环境民事公益诉讼中不断挤压社会组织提起公益诉讼的空间，尤其是在 2018 年司法解释明确检察机关可以就环境犯罪行为提起刑事附带民事公益诉讼的情况下。检察环境公益诉讼在发挥其显而易见的制度优势的同时，也带来了不可小觑的制度风险。珲春市人民检察院诉珲春市国土资源局不履行法定职责案是检察环境公益诉讼潜在的制度风险的一个缩影。

自 2014 年 4 月起，周树明、王凤云（系夫妻关系，周树明于 2016 年 1 月因病死亡）等人，在珲春林业局敬信林场大面积毁林后，非法开采矿石并出售。珲春市国土局执法人员于 2014 年 6 月 6 日对违法行为人周树明在珲春市孟岭村至小河田村路段东河口村 2 千米处的采石现场进行巡查时，周树明出具两份文件，一份是由珲春市板石镇人民政府 2014 年 2 月 17 日发给中国人民解放军某部的《关于排除国防公路安全隐患的函》，另一份为中国人民解放军吉林省边防某团珲春巡逻中队发布的施工报告，内容为该工程经上级研究批准，从 2014 年 3 月 1 日起对该路段进行排险修缮。2015 年 5 月 13 日，珲春市检察院的上级部门对周树明违法采矿并出售的行为进行了调查。2015 年 8 月 26 日，珲春市国土局到该地点进行巡查。2016 年 3 月 21 日，珲春市国土局向违法行为人作出《责令停止违法行为通知书》。2016 年 3 月 24 日，珲春市检察院向珲春市国土局发出检察建议，要求立即依法采取有效措施，对周树明、王凤云非法开采并出售矿石的行为进行处理。2016 年 4 月 25 日，珲春市国土局协同珲春市检察院、公安局、板石镇政府等部门进行了实地勘查。2016 年 6 月 23 日，珲春市国土局给珲春市检察院出具《关于板石镇孟岭村河口屯非法采石行为的情况说明》。2016 年 7 月 4 日，珲春市国土局向省国土资源厅执法局汇报案件进展情况。2016 年 8 月 1 日，珲春市国土局正式立案后，委托珲春市价格认证中心对价格进行鉴定，该鉴定中心于 2016 年 8 月 9 日作出价格鉴定，结论为 55 元 / 立方米，造成国家损失 3 974 850 元。2016 年 11 月 4 日，珲春市国土局将该案件移送至珲春市公安局，该局于 2016 年 11 月 25 日对该案立案侦查。

珲春市检察机关以珲春市国土局拒不履行法定职责导致国家和社会公共利益仍然处于受侵害状态为由提起诉讼。一审法院认定珲春市国土局在客观上提起公益诉讼之前已经着手积极履行了职责，不存在拒绝履行、拖延履行或者不完全履行的行为。珲春市检察机关不服，提起上诉。但在二审过程中该案出现了颇有戏剧性的情节：被上诉人珲春市国土局的法定代表人在二审法院组织的听证程序中，提出撤回书面答辩意见，自认上诉人的上诉意见及上诉请求，而二审法院又认为该自认与其在原审的举证及二审答辩状中的陈述明显相悖，与本案事实明显不符，不予认定，最终驳回了珲春市检察机关的上诉。珲春市检察机关不服二审判决，吉林省检察院于 2019 年向吉林省高院提出抗诉，吉林省高院裁定由其提审此案，该案尚未看到再审的裁判结果。[1]

自检察机关提起环境公益诉讼试点以来，检察环境公益诉讼几乎达到了 100% 的胜诉率，这种几乎毫无悬念的诉讼结果显然突破了诉讼两造"各有胜负"的经验法则。该案作为检察机关首次遭遇败诉判决的案例，在一审中，检察机关认为被告在处理非法开采矿产资源的事件中未依法履行监管职责，被告则提出，因该案涉及刑事犯罪，只有在将案件移送公安机关经相关程序确认后才能决定是否给予行政处罚。应该说该案中珲春市国土局的行政行为并无明显瑕疵，但在二审过程中，居然出现了作为被上诉人的行政主体撤回书面答辩意见，自认检察机关上诉意见的情形。更重要的是，被上诉人的自认与原审中被告的举证和案件事实不符，二审法院只能作出驳回检察机关上诉的判决。这不得不让人产生怀疑，该案二审中作为被上诉人的行政机关是否是迫于压力才会做出与原审中自己举证和案件事实不符的自认

---

[1] 到 2023 年 2 月为止，除了 2019 年吉林省高级人民法院作出的由该院提审此案的行政裁定书之外，笔者尝试在中国裁判文书网、吉林省高院、吉林省检察院、延边朝鲜族自治州中院等相关网站检索，均未能找到该案再审的裁判文书或关于高院提审该案的相关报道。该案或是已经审结但并未公开，或是省检察院撤回了抗诉，则不得而知了。

行为呢？当该案中大有不达胜诉誓不罢休之势的检察机关动用抗诉权启动再审的情况下，如何保证集公益诉讼起诉权与法律监督抗诉权于一体的检察机关不滥用其法律监督权呢？而且让人费解的是，该案在2019年2月被裁定由省高院提审后，时间已经过去近四年，但至今却仍无法检索到该案的再审结果。[1] 到底是何种原因导致迟迟看不到再审的裁判结果呢？该案中还有一个不得不引起人注意的事实是，检察机关在提出检察建议之前已经接到对违法行为人周树明违法采石行为的举报并开始进行调查，但未及时监督行政机关依法履行监督管理职责，一年后才提出检察建议，要求珲春市国土局履行对违法行为人周树明的违法采石行为进行监督管理职责，致使国家矿产资源被破坏没有得到及时制止。那么，以监督公权力主体依法履职为基本功能的环境行政公益诉讼制度，会不会因同为公权力主体的检察机关的失职而使该制度的设定目的落空呢？

第三节　对我国生态损害法律救济方式之反思

事实上，除了突发性的重大环境污染事件，累积性的环境污染和生态破坏所导致的生态损害在我国也开始进入高发期。如果不甘心生态损害愈来愈严重，那么，我们必须直面生态损害法律救济问题，尤其需要对我国现行生态损害司法救济制度运行中所呈现的问题进行反思与追问，以设计合理的有关法律制度来应对这一不同于传统人身、财产损害的新型损害。

其一，在传统的法学理论中，行政机关作为公共利益的代表通过行政权的行使对生态损害行为进行预防与惩罚，从而实现对生态损害之救济。然而，生态损害赔偿制度到底应以环境行政权的运行为主导，即通过行政处理来实现还是应当借助司法权的运行以环境公益诉讼制

1　该案在2016年起诉时就被最高检作为典型案例关注了，2019年该案的一审裁判文书被入选为延边朝鲜族自治州中级人民法院的优秀裁判文书，该案当时被关注的热度与被提审后的沉寂形成了鲜明的反差。

度为主导来实现？甚至完全就可以依靠创新、完善行政命令、行政处罚等行政矫正手段就可以实现填补性的生态损害赔偿救济？相对于生态损害行政矫正，生态损害司法救济的独特功能是什么？在生态损害法律救济中，环境行政权与环境司法权应如何进行权限划分与功能界定，方能缓解二者之间的张力与冲突？

其二，以损害赔偿责任为主的环境侵权诉讼在何种条件下可以兼顾对生态损害的救济？生态损害的私权化救济路径具体在哪些方面受到了限制？应当如何清晰界分环境侵害纠纷中复杂的受损利益类型，从而为生态损害国家索赔制度提供合理的请求权基础？又该如何明确集数权于一身的行政机关在生态损害索赔过程中的权力边界？

其三，环境公益诉讼制度应该何去何从？在环境公益诉讼制度写入立法已经十年有余的今天，环境公益诉讼国家化趋势日益明显，我们需要深入思考的是，现行环境公益诉讼制度是否背离了其基本属性与功能定位？环境公益诉讼制度的功能定位与生态损害司法救济应秉持的理念之间是何种关系？目前，以检察机关作为唯一起诉主体的环境行政公益诉讼制度是否具有法理上的正当性？

其四，生态损害刑事司法救济功能不彰的根本原因是环境犯罪刑事法网不够严密，还是入罪化的思维模式恰恰掩饰了环境刑法在惩治环境犯罪中未能将环境刑罚一体适用？到底又是何种原因导致了生态损害刑法适用中出现的选择性司法？

其五，生态损害的不同司法救济路径运行中所出现的问题是孤立存在的，还是彼此之间存在着某种内在关联？生态损害行政矫正与生态损害司法救济之间又是如何相互作用的？生态损害行政矫正与生态损害司法救济之间，以及生态损害司法救济不同路径之间应当如何有效衔接，才能发挥制度的整体功能？

正是带着对上述问题的探索与追问，本书以生态损害的司法救济为选题。

第二章　生态损害司法救济的相关概念厘定

　　我国环境立法已经在一定程度上承认了对环境或生态系统本身之损害的救济，司法实践也在逐步展开。然而，从整体上来评价，目前的环境立法在价值取向上侧重于以环境与生态系统为媒介而造成人身、财产损害之救济，生态损害司法救济还存在诸多的问题，生态损害司法救济的乏力与日益严重的生态损害事实之间的冲突日趋明显。对生态损害进行及时、充分、有效的救济是环境法必须面对的新课题。探索全面、有效的生态损害司法救济机制之前提是明晰生态损害、司法救济以及生态损害司法救济的法学意蕴。

第一节　生态损害的法学意蕴

　　概念是人类认识之网的纽结，生态损害法学概念的厘定直接影响着生态损害所涵盖的范围及法律规制的对象，从法学的视角对生态损害的概念进行清晰的界定，成为构建生态损害救济制度的逻辑起点。

　　生态损害的客体为生态利益，目前学界未能对生态本身之损害这一新型损害类型形成通论性学理概念的原因，就在于人们对因环境利用和生态保护而产生的多种利益在认识上存在模糊与混同。换言之，人们之间在利用和保护环境与生态系统过程中产生的多种法律关系，存在着归属主体不同且性质不同的多种利益之间的冲突，正是多种利益的交织与纠葛才导致对生态损害概念的界定出现困难。因此，有必要切中问题的要害，先明确环境法上的多种利益之间的界分，并准确识别作为生态损害客体之生态利益。

一、生态利益的识别：公益性环境利益

法律是利益的调节器。"作为一种利益调整工具，法的终极因子是利益而非权利。"[1]在利益法学看来，利益是法律规范产生的根本动因。[2]"利益是各个人提出的，它们是这样一些要求、愿望或需要，即：如果要维护并促进文明，法律一定要为这些要求、愿望或需要作出某种规定。"[3]法律正是通过对利益的承认、界定与保障来促进社会利益，并通过对社会生活中错杂和相互冲突的不同利益进行评价、协调与衡平来实现秩序、公平、正义、效率等价值的。

环境利益在环境法学中的重要地位似乎已经不容置疑，"环境利益是利益法学在新时代的重要概念，是利益法学研究的核心范畴之一"[4]。可以说，"环境保护法之所以成为一个独立的法律部门，是由环境利益这样一个环境保护法的基本范畴决定的。环境利益决定了环境保护法有特有的保护对象、特有的保护方法和特有的立法目的"[5]。然而，对于何谓环境利益，环境法学研究却未能给出一个内涵一致的概念。

1. 环境利益为环境法上的利益

有学者认为环境利益为环境资源利益的简称，"对于人来说，环境资源首先是一种利益即环境资源利益，简称环境利益"[6]；亦有学者

1　巩固. 私权还是公益？环境法学核心范畴探析［J］. 浙江工商大学学报，2009（6）：22-27.

2　黄辉明. 利益法学的源流及其意义［J］. 云南社会科学，2007（6）：76-80.

3　罗斯科・庞德. 通过法律的社会控制［M］. 沈宗灵，译. 北京：商务印书馆，2008：34.

4　徐祥民，朱雯. 环境利益的本质特征［J］. 法学论坛，2014（6）：45-52.

5　韩卫平，黄锡生. 论"环境"的法律内涵为环境利益［J］. 重庆理工大学学报（社会科学），2012（12）：43-46.

6. 蔡守秋. 调整论——对主流法理学的反思与补充［M］. 北京：高等教育出版社 2003：21.

主张"环境利益就是环境带给人们的有用性或好处"[1]；还有观点认为，环境利益是与人身利益和财产利益相并列的人之利益，从而主张环境利益是一种与财产利益、人身利益相区别的独立的利益类型[2]；还有学者从法益理论出发，提出一切应当受环境法保护的环境利益是环境法的应然法益[3]。可见，学者们从各自的研究视角出发对环境利益的概念作了差异较大的回答。但上述各观点的共同之处在于：均承认环境利益产生于环境、生态或自然资源载体，也都注意到环境利益是作为客体的环境、生态或自然资源对主体需要的一种满足。其根本分歧就在于对因环境、生态或自然资源而产生的对人的需要的满足在多大范围内应当被界定为环境利益有着不同的理解，正是这些理解的不同导致了学者们对环境利益的具体内涵及类型界定出现了差异。

本研究认为，环境利益不等于环境公共利益，也并非是与经济利益并列的一种独立的利益类型，更非等同于生态利益。本研究赞成从环境法益的角度来界定环境利益的观点，认为环境利益是人赖以生存和发展的环境与生态系统提供的，应由环境法所调整和保护的，能满足人的生存、发展、安全、健康、舒适及审美等方面环境需求的各种惠益的总称。环境利益是环境法上的利益，并非是一个指向和性质单一的利益，而是一个以环境和生态系统为载体，因环境和生态系统而产生的能满足人的多种价值需求的利益束。

2. 环境利益中生态利益的识别

有学者认为"人的环境利益分为经济、资源、生态、精神四大类，这四类利益中，除经济利益具有极强的个人性，为民商法、经济法所调整之外，其他三类环境利益都是只能为公众所集体享有，只能由环

1　韩卫平，黄锡生.论"环境"的法律内涵为环境利益［J］.重庆理工大学学报（社会科学），2012（12）：43-46.
2　王小刚.论环境公益诉讼的利益和权利基础［J］.浙江大学学报（人文社会科学版），2011（3）：50-57.
3　史玉成.环境利益、环境权利与环境权力的分层建构——基于法益分析方法的思考［J］.法商研究，2013（5）：47-57.

境法予以整体保护的"[1]；另有学者从人的需要层次的角度来划分环境
利益：人对自然资源的需要首先表现为自然需要或基本生存需要；其
次表现为经济发展的需要；再次表现为精神需要或"舒适性需要"，
并根据这三种基本的需要形态将环境利益界分为基础性生存利益、发
展性环境利益、舒适性环境利益[2]；还有学者则认为"依据环境法调
整的环境问题和利益载体的不同，环境利益可以进一步界分为两大类：
资源利益和生态利益"[3]。正是由于环境法学界对环境利益语义认知上
的模糊并缺乏科学的类型化界分，才导致环境利益概念的泛化和使用
的混乱。

　　虽然从不同的角度依不同的标准的确可以对环境利益进行不同的
划分，但从对环境利益进行类型化的目的功能来看，环境利益类型化
的目的在于：法律对环境利益的保护和调整是通过对归属不同、性质
不同的利益类型分别设置了不同的保护机制、利益表达机制及利益衡
平机制，因此，从实证意义上来说，根据利益的归属和性质来对环境
利益进行划分更具有规范指导意义。本研究认为，依利益的归属和利
益的性质，环境利益可以界分为环境私益、生态利益和国家资源利益。
环境私益是指环境法所调整的人们因开发、利用环境与自然资源而获
取的各种表现为经济价值的利益；生态利益是指"自然生态系统对人
类的生产、生活和环境条件产生的非物质性的有益影响和有利效果，
这一利益最终体现为满足人们对良好环境质量需求的精神利益，大致
对应生态经济学所谓的'生态系统服务功能'"[4]。生态利益实质上是
人类整体之利益，明显具有利益主体的共同性、利益内容的不可分割
性、利益行使方式的公共性，即生态利益与任何人都有关，却不能像人

1　巩固.公众环境利益：环境保护法的核心范畴与完善重点［A］.环境法治与建设和谐社会——2007
年全国环境资源法学研讨会（年会）论文集（第一册）［C］.2007.
2　梁剑琴.环境正义的法律表达［M］.北京：科学出版社，2011：146-147.
3　史玉成.环境利益、环境权利与环境权力的分层建构——基于法益分析方法的思考［J］.法商研究，
2013（5）：47-57.
4　史玉成.环境利益、环境权利与环境权力的分层建构——基于法益分析方法的思考［J］.法商研究，
2013（5）：47-57.

身权、财产权那样可以具体化为个别的权利而为不同个体分别享有，而只能为全体社会成员共同享有，由此导致其行使方式上的公共性。[1]国家资源利益是指因开发、利用归国家所有的自然资源而产生的经济利益，即国有自然资源所具有的经济价值。

其中，环境利益中的生态利益与环境利益中的国家资源利益并列而非等同。生态利益不等于国家利益的原因在于：一方面，自然资源可以成为国家所有权的客体，但自然资源所具有的生态价值却无法成为国家所有权的客体。自然资源能够成为国家财产的一个重要特征是自然资源可以被划归具体的个体排他性地使用，而承载于自然资源之上的生态利益则不能。另一方面，法律上"全民所有"的国家利益可以被还原为不特定的多数人利益，似乎这样一来生态利益与国家利益的利益归属主体是同一的，但是，必须看到，与缺乏具体利益归属主体的生态利益不同，归"全民所有"的国家资源利益已经有明确的代表者，且已纳入传统民法的保护范围。无论国家作为所有权的主体多么特殊，在制度设计上对其作出了多少特殊安排，不可否认的是，包括国家所有权在内的全部所有权都适用私权保护的基本规则，因所有权受损而提起的诉讼在性质上应仍然属于私益诉讼。

二、生态损害、环境损害与传统环境侵权的界分

如前所述，生态利益是环境利益中区别于财产利益与人身利益的一种新型利益类型，属于为不特定主体所共有而无法切割为任何主体所单独所有的公共利益。对人们因开发、利用环境与自然资源而获取的各种经济利益，现有的法律已经通过物权法、侵权责任法等进行了确认和保护，而对具有整体性和公益性的生态利益，传统的法律部门却无法提供全面有效的救济。事实上，也正是源于传统法学在应对生

1　徐祥民，巩固.环境损害中的损害及其防治研究——兼论环境法的特征［J］.社会科学战线，2007（5）：203-211.该文中论及的是公众环境利益的三大特征，笔者认为此文中的公众环境利益实质就是本文中的生态利益。

态利益保护问题上的失效，才促使了环境法的产生。对环境利益中生态利益的保护和调整才是环境法的核心。

环境污染和生态破坏行为既可能使权利主体的人身利益、财产利益受损，也可能使环境或生态系统本身遭受损害。前一类损害以环境和生态系统为媒介，而后一类损害则直接指向环境和生态系统本身。这两类损害可能因同一违法行为而产生，也可能仅出现后一类损害而未出现前一类损害。生态损害的客体是应当被环境法保护和调整的生态利益，生态损害侵害的是人类的"共同之善"。这一点似乎已经在环境法学界达成了共识。"生态损害这一新型损害，改变了传统法学仅将环境作为损害结果发生的中介物的做法，使法学上的'损害'范畴从对传统的法益的损害扩大到对人类整体的生存发展的根本利益即生态利益的损害。"[1]

"概念乃是解决法律问题所必需的和必不可少的工具。"[2]然而，如同环境利益的表达和使用的多义性一样，学界对"生态损害"一词的用法也存在着多种表达。从国外的立法和有关国际条约对"生态损害"一词的使用来看，虽然有不少国家和地区的立法及国际公约对生态损害的救济作了规定，但由于救济方式的不尽相同，不同国家的立法及不同的国际条约在表述"对环境与生态系统本身之损害"时，其称谓也未完全统一，"自然资源损害""纯生态损害""环境损害""生态环境损害""环境损伤"等不一而足。与此同时，不同的研究者在使用这些指向大致一致的词语时，其具体的内涵与范围也还是各有差别。加拿大学者 DelaFayette 认为：从整体上而言，环境损害指因外在的人为原因而引发的生态系统组分及其功能、相互作用的一种有害的变化。[3]

在我国，从 20 世纪 80 年代开始，学界已经意识到环境问题除了

1 卢建军.论海洋环境污染的生态损害赔偿制度［D］.长沙：湖南师范大学，2012.

2 E·博登海默.法理学：法律哲学与法律方法［M］.邓正来，译.北京：中国政法大学出版社，2004：504.

3 李会兰.海洋生态损害赔偿范围研究［D］.海南：海南大学，2013：3.

造成传统的人身损害和财产损害之外，还造成了生态系统和环境本身的损害，并认识到传统的侵权救济未能将后一种损害纳入救济的范围，但当时对这一类损害在表述上较为模糊。[1] 虽然袁国宝 1990 年就在《中外法学》发表了《农业生态环境损害赔偿立法初探》[2] 一文，但该文并未对生态本身之损害进行足够的关注。学界真正开始对生态损害这一新型的损害类型进行专门研究是在"塔斯曼海"溢油案之后。时至今日，生态损害已经成为环境法学界的一个热词。竺效将生态损害定义为："人为的活动已经造成或者可能造成人类生存和发展所必须依赖的生态环境的任何组成部分或者其任何多个部分相互作用而构成的整体的物理、化学、生物性能的任何重大退化。"[3] 梅宏在其博士论文《生态损害预防的法理》中提出："生态损害是指人们生产、生活实践中未遵循生态规律，开发、利用环境资源时超出了环境容载力，导致生态系统的组成、结构或功能发生严重不利变化的法律事实。"[4] 王金南等人在《加快建立生态环境损害赔偿制度体系》一文中将生态环境损害定义为"由环境污染或生态破坏导致的环境资源本身的损害"[5]。2015 年 12 月 3 日，中共中央办公厅、国务院办公厅印发了《生态环境损害赔偿制度改革试点方案》，该试点方案所称生态环境损害是指"因污染环境、破坏生态造成大气、地表水、地下水、土壤等环境要素和植物、动物、微生物等生物要素的不利改变，及上述要素构成的生态系统功能的退化"[6]。2017 印发的《生态环境损害赔偿制度改革方案》、2022 年出台的《生态环境损害赔偿管理规定》

1　蔡守秋教授将其称为"自然环境损害"，马骧聪教授在介绍国外立法时将界定的损害范围归为"生态损害"，汪劲教授将之称为"生态效益侵害"，曹明德教授使用的是"生态环境损害"。

2　袁国宝.农业生态环境损害赔偿立法初探[J].中外法学，1990（4）：29-31.

3　竺效.论我国"生态损害"的立法定义模式[J].浙江学刊，2007（3）：166-171.

4　梅宏.生态损害预防的法理[D].青岛：中国海洋大学，2007：23.

5　王金南，刘倩，齐霁，於方.加快建立生态环境损害赔偿制度体系[J].环境保护，2016（2）：26-29.

6　《中共中央办公厅 国务院办公厅印发〈生态环境损害赔偿制度改革试点方案〉》，载中央政府门户网站（2015 年 12 月 03 日）：http://www.gov.cn/zhengce/2015-12/03/content_5019585.htm，最后访问时间：2023 年 2 月 14 日。

均采用了与《生态环境损害赔偿制度改革试点方案》一致的界定。有学者提出，上述政策性文件中关于生态环境损害的定义是只注重生态环境损害事实描述的科学概念，存在功能缺陷，应从法律概念的规范角度将其界定为：生态环境损害是指法人社会组织和个人污染环境或者破坏生态，导致生态失衡或者生态系统功能退化，应当承担生态环境修复或者生态环境损害赔偿的环境违法行为。[1] 在笔者看来，这一所谓关于生态环境损害法律概念的规范表述，其实与上述政策性文件的定义的差别不大，最大的不同应该在于前者将生态损害仅仅界定为一种违法行为。而生态损害既可以表现为一种行为，与环境侵权相对；又可以表现为一种结果，即造成了生态损害这一后果。

关于生态损害概念内涵的界定，学界争议不大。可以将生态损害界定为：人为的活动已经造成或者可能造成环境、生态系统及其组成部分的结构或功能发生严重不利变化的法律事实。但如上所述，关于"对环境与生态系统本身之损害"的称谓的表述，却存在着不小的争议。笔者认为，相对于其他用词，将对环境和生态系统本身之损害表述为"生态损害"更为恰当。理由如下：①"生态损害"一词最能准确地反映这一类型损害客体的生态利益指向并合理地界定了其范围。"生态"一词源于古希腊字，原意是家或者环境的意思，而"一般谓损害乃财产或法益所受之不利益"[2] 与"环境损害"一词相比，"生态损害"能更直观地反映对环境和生态系统本身之损害的客体是不同于人身利益与财产利益的生态利益。当"'环境'成为'损害'的客体之后，随着其法学含义不断扩大，法律上'损害'的范围也不断扩大"。与此同时，现有国家立法和国际公约中"所规定的'环境损害'中的'环境'显然已不限于单个的环境要素，而是兼容自然资源、环境条件、生境及其组成的动态的、系统化的生态系

1　南景毓. 生态环境损害：从科学概念到法律概念［J］. 河北法学，2018（11）：98-110.

2　史尚宽，葛支松. 债法总论［M］. 北京：中国政法大学出版社，2000：201.

统平衡能力的'大环境'"[1]。换言之，"大环境"的概念已经兼容了多种指向，环境价值已经蕴含了作为财产属性的经济价值和作为非物质属性的生态价值。此时，将仅仅指向生态利益损害的损害类型表述为"环境损害"则扩大了此类损害的范围，并可能造成词语理解的困难和使用上的混乱。美国在1980年《环境反应、赔偿和责任综合法》中使用了"自然资源损害"（NRD）一词，其内涵与本文所定义的"生态损害"一词一样，均指向生态利益本身之损害[2]，但是，依汉语的表达习惯和生态学常识，自然资源只是环境和生态系统的一个组成部分，因此"自然资源损害"一词无法涵盖整个生态服务功能损害的全部内容，难以表征所有的对环境和生态系统本身所造成之损害，其内涵明显小于学界所欲界定的"生态损害"概念。因现代侵权法上的"纯经济损失"是指那些不以受害者的人身伤害或财产损害为条件而产生的损害。所以，"纯生态损害"通常被用来指称侵害对象为那些所有权不明或不属于任何主体（即无主）的生态要素之损害。Brans 教授认为，应当将"纯生态损害"和"纯环境损害"限定为不包括任何人身或财产损害，且与任何人身或财产损害无关的损害。[3]但本文所定义的生态损害，不仅包括与任何人身或财产损害无关的"纯生态损害"，还包括可能与环境侵权损害同时发生的生态损害，例如，所有权明确的（即有主的）自然资源其生态价值所遭受的损害亦属于生态损害。如石广银对其种植的树林拥有所有权，林木如果被人为毁损，则该侵害行为在侵害其林木所有权的同时也侵害了树林作为生态要素所具有的生态价值。很显然，承载于树木之上的生态价值也同样应当进行弥补。因此，生态损害应该包括所有权明确的自然资源的生态价值（超

---

1 梅宏. 生态损害预防的法理［D］. 青岛：中国海洋大学，2007：36.

2 徐国平博士在其专著《我国船舶油污损害赔偿法律制度研究》中对"自然资源损害的相关概念"做了分析，主张采用"自然资源损害"而非"环境损害"，并对其主张的原因进行了说明。（徐国平. 我国船舶油污损害赔偿法律制度研究［M］. 北京：北京大学出版社，2006：123.）而梅宏博士对徐博士的观点一一进行了反驳（梅宏. 生态损害预防的法理［D］. 青岛：中国海洋大学，2007：44-47），笔者认同梅宏博士的观点。

3 Edward H.P. Brans, Liability for Damage to Public Natural Resources: Standing, Damage and Damage Assessment［M］. Dordrecht: Kluwer Law International, 2001：20.

出其作为财产所具有的市场价值的那部分生态上的价值）所遭受的损害，而不仅仅是"纯生态损害"。②"生态环境"一词在我国是"经过了知识界不自觉地提出和使用、全国最高权力机关拥有的最高法典形式的采用和发布、从而流行于国家社会生活各个层面、又遭遇现代社会知识精英的严厉质疑"[1]的一种用法。2005 年 1 月，钱正英、沈国舫、刘昌明三位院士曾联名写出并向中央领导提交《建议逐步改正"生态环境建设"一词的提法》一文，从而引起了学界对"生态环境"一词用法是否合适的大讨论。侯教授从"生态环境"一词在人大常委会产生过程的基本事实判断，认为"生态环境"属于具有相对独立性的政府用语（法定名词），而非严格的科技名词，主要适用于国家行政管理层面，而学术研究中则主要是尊重学者自己的理解和创作。[2]随后十余年，环境法学者们在讨论和表述对生态利益本身所造成的损害时也更多地使用了"生态损害"一词而非"生态环境损害"。但受《生态环境损害赔偿制度改革试点方案》等政策性文件的影响[3]以及生态环境损害赔偿制度的推行，2017 年以后，环境法学界逐渐更多地使用"生态环境损害"这一表述来表征"对环境和生态系统本身之损害"。巩固教授在 2019 年曾撰文专门解析我国宪法中"生态环境损害"这一概念，并认为这一表述的使用具有时代背景下的合理性和积极意义。[4]但他在 2022 年发表的两篇论及生态损害赔偿制度的文章中[5]均使用的是"生态损害"一词，而非"生态环境损害"，并将生态损害赔偿界定为"泛指一切要求他人为其相关活动所致生态损害进行恢复和补救的法律责任制度"。由

1　侯甬坚."生态环境"用语产生的特殊时代背景［J］.中国历史地理论丛，2007（1）：116-123.

2　梅宏.生态损害预防的法理［D］.青岛：中国海洋大学，2007：25.

3　从政策性文件来看，该词的使用也不是一致的。2014 年制定的《海洋生态损害国家损失索赔办法》使用的是"生态损害"，而 2015 年 12 月 3 日中共中央办公厅、国务院办公厅印发的《生态环境损害赔偿制度改革试点方案》中使用的是"生态环境损害"一词。

4　巩固."生态环境"宪法概念解析［J］.首都大学学报（社会科学版），2019（5）：70-80.

5　巩固.公法视野下的《民法典》生态损害赔偿条款解析［J］.行政法学研究，2022（6）：41-58.巩固.生态损害赔偿制度的模式比较与中国选择——《民法典》生态损害赔偿条款的解释基础与方向探究［J］.比较法研究，2022（2）：161-176.

此看来，现行法与政策性文件中的"生态环境损害"一词和学者们表述为"生态损害"在内涵上并无区别。笔者认为，基于上述分析，再加上"生态环境"一词最初在《宪法》中被采用时的原意是与"生活环境"相对的"自然环境"，该词的使用并非是深思熟虑、充分论证的结果。而且外文中并没有"生态环境"这一表述。为了能在词语表达上尽可能准确、简洁，并能便于进行国际交流，采用"生态损害"一词更为合适。

事实上，"环境侵权"是指以环境和生态系统为媒介而侵犯了民事主体之人身权与财产权的行为，"环境侵权损害"是指在传统民事侵权法意义上以特殊侵权责任形式而可获得救济的损害，这种约定俗成的用法在学界已经达成了共识。"生态损害"指称的应当是"环境侵权损害"之外的不能被其涵盖的其他全部环境法上之损害，因此，用"生态损害"一词最能准确地表达与"环境侵权损害"相区别之意。那么，是否能用一个词来涵摄"环境侵权损害"与"生态损害"即表征环境法上的各种利益之损害呢？环境法学界数位著名学者阐释的"环境侵害"一词能担此重任。2004 年陈泉生教授在其专著《环境法学基本理论》中的第十一章对"环境侵害与环境法理论的发展"作了专论。陈教授将环境污染和环境破坏引起的损害统称为"环境侵害"，并将"环境侵害"界定为：因人为的活动，致使生活环境和生态环境遭受污染或破坏，从而侵害他人或相当地区多数居民的生活权益、环境权益及其他权益，或危及人类的生存和发展的法律事实。[1] 2006 年徐祥民、邓一峰在《环境侵权与环境侵害——兼论环境法的使命》一文中提出：环境侵害是人类的环境行为所造成的对环境的消极影响和由受影响的环境引起的包括人的利益损害在内的各种损害。即环境侵害不仅包括"人的利益损害"，也包括不直接归属于具体人的环境利益的损害。[2] 汪劲教授在其 2006 年出版的《环境法学》一书第十章"环

1　陈泉生.环境法学基本理论［M］.北京：中国环境科学出版社，2004：274-275.
2　徐祥民，邓一峰.环境侵权与环境侵害——兼论环境法的使命［J］.法学论坛，2006（2）：9-16.

境侵害救济法"中，将环境侵害定义为人类环境利用行为造成环境污染和自然破坏，继而导致公、私财产损失或人体健康损害以及环境质量恶化和环境功能下降的现象。从环境侵害的实际后果看，也可以将它们划分为财产（物的）侵害、人身侵害和生态破坏三大类型。[1]可见，环境侵害的范围相当广泛，它既包括环境利用行为导致他人人身、财产的实际侵害，也包括因环境污染或自然破坏导致环境的生态价值逸失。吕忠梅教授2010年在《环境侵权的遗传与变异——论环境侵害制度的制度演进》一文中旗帜鲜明地使用环境侵害一词，作为与传统侵权的区别式词语表达，并认为环境侵害的涵义是：环境侵害是对社会利益和个人利益的双重侵害，是对环境资源多元价值的侵害，是一种社会风险或者必要代价的复杂性侵害。[2]2011年吕教授在《环境问题的侵权法应对及其限度》一文中，在论及侵权法只能对部分环境损害后果提供救济时再次提出："理想的做法是选择一个能够容纳这些内涵的术语，而将环境侵权仅仅作为对其中部分问题进行民法应对的下位概念，从而实现相关法律部门之间的沟通与协调。"[3]吕忠梅教授选择的能作为"环境侵权"之上位概念并"能够容纳这些内涵的术语"正是"环境侵害"[4]。笔者认为，源于"环境"一词已经兼容了多种指向而逐渐具有"大环境"的概念，选择"环境侵害"来表述包括"环境侵权损害"和"生态损害"在内的环境法上的损害，并与"环境利益"作为"生态利益"的上位概念相对，的确具有充分的合理性。[5]

"康菲溢油案"中对多方利益诉求的法律救济困境之产生，也首

1 汪劲.环境法学［M］.北京：北京大学出版社，2006：79.

2 吕忠梅.环境侵权的遗传与变异——论环境侵害制度的制度演进［J］.吉林大学社会科学学报，2010（1）：124-131.

3 吕忠梅，张宝.环境问题的侵权法应对及其限度——以《侵权责任法》第65条为视角［J］.中南民族大学学报（人文社会科学版），2011（2）：106-112.

4 让笔者颇为困惑的是，吕教授在《环境损害赔偿法的理论与实践》一书中一反多年来将"环境侵害"作为环境侵权上位概念的坚持，使用了"环境损害"一词来表述因"环境侵权"和"环境侵害"所带来的后果。笔者认为，如此表述可能会进一步加剧相关概念使用的混乱。

5 任何学术研究都必须在一定的学术范畴中展开，都需要建立在一定的学术共识基础上。笔者认为，环境法学作为一个正在成长中的新型法学部门，无论研究者还是立法部门，都需要避免的是"名同而意异"（使用同一个概念却表达的是不同的含义）的自说自话，以及"异名而同体"（名称不同但含义相同）的无谓之争。因为只有如此才有利于达成基本的学术共识，亦利于与其他法学学科的交流。

先是源于在该案的处理中，未能清晰地区分归属于不同主体的不同利益属性并为其提供恰当的救济方式。渔民养殖户的利益损害属于环境利益中的私益损害，其权利的主张主体应为渔民养殖户，他们可以以养殖渔业资源受损、天然渔业捕获量下降以及海域使用权受损为由提起环境侵权损害之诉。但大部分渔民在救济方式选择的余地十分有限的情况下无奈地接受了农业部代其协商的补偿款，一方面导致真正利益相关者的参与与诉求的表达均显得十分不足；另一方面，通过环境侵权诉讼间接实现生态损害救济的希望也落空了。[1] 国家是海域以及天然渔业资源的所有权主体，因归国家所有的财产权具有不受任何不法侵害的绝对性，故代表国家的相关公权力机关可以以国家所有权受损为由，请求肇事方消除危害，使受损海域恢复圆满状态的同时也可兼顾生态损害之救济。环境民事公益诉讼、环境行政公益诉讼及污染环境罪的归责均可实现对该案中受损的生态利益之救济，但由于这些诉讼程序在该案中未能被真正启动，所以这些救济途径未能发挥实质性功能。

三、生态损害之定位及特征

"为了建构特定的学科门类，研究者之间需要对该学科的逻辑起点形成共识，以同一概念作为基石范畴去组织和安排理论体系。"[2] 笔者认为，"生态损害"应当成为环境法学研究中的元概念。

1. 生态损害概念在环境法学研究中的地位

胡中华博士在《论环境损害为环境法学的逻辑起点》一文中提出：

1　2011 年 12 月 13 日，河北省乐亭县养殖经营者几名代表和律师团人员，代表 107 位水产养殖农民向天津海事法院提起诉讼，以海上、通海水域养殖损害责任纠纷为由向渤海湾溢油事故责任方康菲石油中国有限公司提出环境污染损害赔偿，要求康菲停止侵权、消除危险并赔偿经济损失 4.9 亿余元（王嘉军，石崎：《河北乐亭渔民起诉康菲 天津海事法院暂未立案》，最后访问日期：2017 年 4 月 5 日）。此次起诉中的停止侵权、消除危险之诉讼请求如果被满足则可以兼顾生态损害之救济，然而天津海事法院并未立案。
2　胡中华. 论环境损害为环境法学的逻辑起点 [J]. 中国地质大学学报（社会科学版），2012（1）：40-45+138.

"环境权利"不能成为环境法学的逻辑起点。理由在于"环境权利"不是环境法中最一般和最普遍的法律事实，以环境权利为逻辑起点的环境法不能有效地保护环境，以环境权利为逻辑起点的环境法学将不适当地扩张。他主张以生态损害[1]作为逻辑起点，才能构造出真正能够维护人类整体环境利益、保护环境的环境法律制度，并认为生态损害是环境法中最一般、最普遍的客观事实，以生态损害作为环境法学的逻辑起点有助于实现环境法的使命。在笔者来看，胡中华博士反对将"环境权利"作为环境法学研究逻辑起点的理由不甚充分，说理有些牵强甚至夹杂着对"环境权利"的片面理解。[2]但笔者在不否认"环境权利"是环境法学研究的基本范畴之同时，也赞成生态损害应当成为环境法学研究的逻辑起点之观点。理由如下：

（1）从研究对象来看，生态损害凝练地概括了环境法学研究对象之本质。环境法作为问题应对法学主要应对的是什么问题呢？应当是环境问题中的生态损害问题，即环境法应对的是仅仅依靠传统法学无法完全应对的损害——区别于人身、财产损害之生态损害，生态损害作为特殊的"环境侵害结果"赋予了环境法独特的使命。

（2）从研究重心和环境法的研究目的来看，生态损害的预防、制止与救济是环境法学研究的重心。环境问题涉及的利益很广，既有传统的经济利益、人身利益、精神利益等，也有生态利益；既有国家、集体利益，亦有公民个人利益，还有社会公共利益。当然，环境法学需要研究环境侵权的问题，也需要研究民法学、行政法学、刑法学等部门法学，但环境法学研究的重点应当是传统部门法学无法应对也不应当主要由其来应对的生态损害之预防、制止与救济问题。当然，环

---

1 胡中华博士在《论环境损害为环境法学的逻辑起点》一文中所使用的"环境损害"一词，其实质内涵等同于本文所界定的"生态损害"一词。如胡博士在该文中提出："不同于其他部门法，环境法的根本性特征是以环境损害事前预防为最重要的手段，以保护环境为目的。环境法所预防的损害不是个体人的损害，而是整体人类的损害，是环境本身的损害。"（胡中华. 论环境损害为环境法学的逻辑起点［J］. 中国地质大学学报（社会科学版），2012（1）：40-45+138.）很显然，该文中的"环境损害"是指对"环境本身的损害"，与笔者界定的"生态损害"内涵一致。

2 限于本文的写作主题，在此笔者对胡博士陈述理由的片面性不做详细论述，仅从正面陈述笔者自己赞成生态损害应当成为环境法学研究的逻辑起点之理由。

境法学也研究传统部门法学与环境法学交叉的部分以及如何与其他传统部门法协调的问题。但是，这些研究的最终目的都是服务于如何实现对生态损害的预防、制止与救济这一环境法学的研究中心。

（3）从生态法益产生的原因来看，传统法学以权利义务为法学研究的逻辑起点，在民法体系中，权利本身是目的，义务的设定最终是为了保障权利的实现。环境法学作为一个新兴的部门法学，自然也应当将权利义务作为其研究的基本范畴。但环境法中无论是权力的授予、权利的确认还是义务的设定，均服务于对生态损害进行有效预防和救济这一最终目的。换言之，在环境法学体系中，对权利或利益的确认本身已经不再是目的[1]，只是源于生态损害所带来的日益严重的后果，才需要将环境权利所确认的生态利益上升为法律应该加以全面保护之利益。从此种意义上说，生态损害是因，环境权利确认是果，环境权利确认的最终目的是实现对生态损害的救济。

事实上，在环境权益尚未得到正式法的权利化确认之前，生态损害已经成为一个无法否认、不容回避且其他部门法无法有效预防和救济的客观事实。[2] 因此，生态损害应当成为环境法学研究的基本范畴和逻辑起点。

2.生态损害的特征分析

虽然学界对生态损害的表述在名称上极不统一，但相对于传统的侵权损害，学者们对生态损害的特征似乎已达成更多的共识。生态损害作为环境侵害结果的一种表现，必然具有所有环境侵害形式所共有的一些特性，同时，生态损害作为以环境与生态系统本身为侵害对象的一种特殊损害，又与以环境与生态系统为媒介而侵害法律主体的人

1　一个最明显的例子就是，环境公益诉讼与传统诉讼的一个不同之处在于：传统诉讼关注的重心始终是在于原告权利的维护与救济，但环境公益诉讼关注的重心已经不再是原告权利的确认与救济，而是追求被告行为之改变。

2　徐祥民，巩固在《环境损害中的损害及其防治研究——兼论环境法的特征》一文中指出："通过私法手段的扩展来解决环境问题曾一度是学者们的努力方向之所在，"环境权私法化"即是这种路径的典型。"（徐祥民，巩固.环境损害中的损害及其防治研究——兼论环境法的特征［J］.社会科学战线：2007（5）：203-211.）而事实证明，通过私法手段的扩展仅能解决部分环境问题，公共利益的维护在民法领域的过度渗透不仅不能起到维护环境公益之目的，甚至会有损民法作为私法的根本属性。

身或财产利益的环境侵权损害存在着诸多的不同。生态损害的特征可以概括如下：

（1）生态损害的属性仍为人之利益损害。生态损害不同于个人利益之损害，这点在环境法学界已达成共识。但是，对生态损害到底损害的是环境和生态系统本身的利益还是仍然损害的是人之利益这一问题，学界存在着争议。生态中心主义论者及非人存在物的主体性论者认为生态损害的主体是环境和生态系统本身，然而，在当前的法律体系框架下，环境和生态系统的主体化的确存在着难以逾越的障碍；生态损害也的确不是传统法律尤其是民法体系中作为个体意义上的人之利益损害，而是作为整体意义上的人之利益损害。

（2）生态损害原因行为的价值性。无论是直接造成生态损害的环境污染行为还是生态破坏行为，在造成生态损害后果的同时往往具有相当程度的价值正当性或社会有用性。这些行为一般是"必要的经济活动或伴随正常的生产、生活活动而生的'副产品'"[1]，因此，生态损害救济必须在因环境而生的广度利益冲突中寻求平衡，生态损害的赔偿也不应遵循完全赔偿的传统民事损害赔偿原则。

（3）生态损害过程的复杂性。与所有的环境侵害一样，生态损害产生的过程具有复杂性。首先，生态损害可能因突发性的环境污染事故而在较短的时间内产生，但更多的是因连续的、累积性的生态损害行为而逐步产生的。且不管是突发性的生态损害还是累积性的生态损害，一旦产生其损害具有持续性。其次，生态损害的原因可能是多种因素共同作用的结果，生态损害行为与损害后果之间的因果关系往往具有不确定性从而导致认定的艰难性。最后，生态损害既可以单独发生，也可能与人身损害、财产损害同时发生，生态损害往往与环境侵权相互交织。

（4）生态损害后果的严重性。生态损害一旦发生，所造成的损

1　王明远.环境侵权救济法律制度［M］.北京：中国法制出版社，2001：16.

害后果往往大大超过了其所造成的人身损害或财产损害，生态损害往往难以准确地加以计量，生态损害的修复需要巨大的资金投入和专业的技术支持，甚至有些生态损害一旦发生就具有不可逆性。因此，预防是生态利益维护的基本理念。

值得注意的是，2015 年发布的《生态环境损害赔偿制度改革试点方案》在界定其适用范围时，明确规定该试点方案不适用于海洋生态损害赔偿："涉及海洋生态环境损害赔偿的，适用《海洋环境保护法》等法律规定。"这一规定究竟是出于什么考虑？是源于《海洋环境保护法》第九十条的规定和 2014 年出台的《海洋生态损害国家损失索赔办法》对海洋生态损害救济已有相关规定而不需要适用试点方案，还是海洋生态损害的确具有其独特的性质而需要在立法和救济中给予特别的制度安排，还是上述原因兼而有之？目前笔者对此尚未得到确切的答案。

海洋生态系统是整体上的生态系统中的一个子系统，海洋生态损害作为生态损害的一种类型，必然具有生态损害区别于传统侵权损害之共性，但与陆地生态损害相比，海洋生态损害的确也存在一些不同：①海洋生态损害更具有隐蔽性。广袤的海洋作为一个巨大而完整的生态系统，蕴含着极其丰富的海洋资源并呈现出极大地容纳污染物的能力。长期以来，人们认为海洋资源是取之不尽、用之不竭的资源库，海洋法之父格劳秀斯信奉的海洋自由论正是建立在这一认识基础之上。一直以来人们对海洋生态系统的无限容纳能力深信不疑。相对于陆地生态损害，海洋生态损害的事实带有更大的隐蔽性。②海洋生态损害更具有典型性。由于大部分人生活在陆地上，与陆地生态损害经常伴随着人身、财产损害不同，海洋生态损害一旦发生，更多的是伴随着财产损害，而往往不会造成直接的人身损害。因此，传统立法更容易忽视没有直接人身损害的海洋生态损害。但这一特性也意味着海洋生态损害更典型地表现为纯生态利益之损害，更容易将其进行剥离而单独进行救济制度的构建。③海洋生态损害的整体性更强。首先，海水的流动性意味着海洋溢油这样的损害具有扩散性，损害事实并不以损害事件的发生海域为限，损害事件的发生海域海水水质随着时间的推移而恢复也并不必然导致损害后果的消除，而更大的可能是随着海水的流动扩散而发生了迁移。因此，判别海洋生态损害的标准不能仅仅考虑损害行为的结果（即损害发生地海域环境与生态系统的状况），更要从损害行为本身的危害性来考量。其次，海洋生态系统是一个相通的整体而无法分割，这意味着对海洋的行政管理无法像陆地生态系统一样依行政区划来开展。在我国，海洋行政管理有着不同于陆地环境管理的一套管理系统，《海洋生态损害国家损失索赔办法》规定对导致海洋环境污染或生态破坏造成国家重大损失的责任者提出索赔要求的主体是海洋行政主管部门，而不可能是《生态环境损害赔偿制度改革试点方案》中规定的省级政府就正是源于此。再次，海洋生态损害的整体性还表现在海洋生态损害救济的国际趋同性。应对海洋生态损害早就已经不是某个国家的义务，国际社会已经通过一系列的国际公约来规制海洋生态损害行为并对海洋生态系统本身之损害提供救济。天津海事法院在审理"塔斯曼海"溢油案时就适用了1992年《油污损害赔偿民事责任公约》（CLC1992）。与此同时，"在一个国家或区域取得的成功经验，可以很容易被另一个国家或地区借鉴或直接采纳"[1]。"全球性思考"成为海洋生态损害整体性的另一个脚注。同时，海洋生态损害的整体性还导致其损害后果和致害主体均可能超越国界而表现为涉外性，因而法律关系和救济将变得更为复杂。

由上述分析可知，海洋生态损害的确有别于一般的生态损害，然而，海洋生态损害所具有的特征是否意味着需要在法律救济制度的构建中作出特殊的制度安排，还是可以将海洋生态损害救济纳入生态损害救济的制度框架内一体进行保护？这是一个值得思考的问题。但本

1　杨群芳.论生态损害的救济及其特征［J］.学术交流，2011（12）：57-60.

文所讨论的生态损害之司法救济，是排除了海洋生态损害的特性，抽出其与陆地生态损害的共性而加以研究的，换言之，本文所讨论的生态损害是包括了海洋生态损害在内的所有类型的生态损害。

四、生态损害原因行为的类型化

1. 生态损害原因行为的传统二分法

从环境科学的角度来看，自然作用或人为活动都可能导致生态损害的后果。因火山爆发、地震、海啸、冰川运动等环境自身运动变化等原因而引发的生态破坏、环境质量下降等环境问题，为原生环境问题；因人为原因而造成的资源枯竭、环境质量下降、生态破坏等问题为次生环境问题。一般而言，人类无法对纯粹意义上的原生环境问题进行控制，只能在利用不断发展的科学技术基础上，通过相关立法采取更有效的预防和应对措施，尽量减少或避免危害后果的发生和扩大。

环境法应对的是因人为因素而导致的次生环境问题。在环境法学理上，一般将导致环境问题的原因行为二分为环境污染行为和生态破坏行为，并以这种两分法作为环境侵权行为之分类基础。[1] 罗丽教授认为："从本质上而言，环境侵权行为，不仅包括诸如因工业生产活动等引起的大气污染、水质污浊、土壤污染、噪音、振动、恶臭等污染环境的侵权行为类型；而且，还包括因不合理地开发利用资源或进行大型工程建设等活动，引起的诸如破坏森林资源、土地资源，引起水土流失、土壤沙漠化、盐碱化等其他类似的破坏环境的侵权行为类型。"[2] 吕忠梅教授对环境法上的损害[3]之原因行为及损害后果的二分法有持续研究，她认为："从损害形式上看，环境污染行为和生态破

---

1 吕忠梅教授认为，原因行为上污染行为和破坏行为的二分，正是环境侵权类型化的基础。吕忠梅，等.侵权与救济：环境友好型社会中的法治基础［M］.北京：法律出版社，2012：66—69.

2 罗丽.再论环境侵权民事责任——评《侵权责任法》第65条［A］//高鸿钧.清华法治论衡（第14辑）［C］.清华大学出版社，2011.

3 笔者认为此时的损害应该用"环境侵害"一词来表述，但鉴于吕教授在此使用的是"环境侵权"一词，故笔者将其表述为"环境法上的损害"，即本文中的"环境侵害"。

坏行为所引起的损害是环境污染和生态破坏，并且这两种形式可以相互转化。"[1]

可见，在环境法学界，将环境侵害的原因行为分为环境污染行为和生态破坏行为的二分法已经得到公认，尤其是在对环境侵权行为进行类型化分析时使用更为普遍。由于传统的侵权责任法并未将环境破坏行为明确纳入环境侵权责任规制的行为范围，因此法律实务界和法学理论界对环境侵权原因行为的范围存在着争议。[2] 的确，生态破坏行为与环境污染行为相比，其致害的过程更为复杂且一般无直接受害人而在环境侵权责任法中难以救济。从而导致环境污染行为与生态破坏行为进入侵权责任法的方式及法律救济的限度存在差别，换言之，二者作用于环境构成私益损害的机理不同，意味着侵权责任法应当对其区别对待。总之，对于以私益保护为本位的侵权责任法而言，将环境侵权行为界分为环境污染行为和生态破坏行为的确具有重要意义。

生态损害是环境侵害的一种类型，自然在损害的原因行为方面亦适用环境污染损害行为与生态破坏损害行为之二分法。然而，生态损害侵害的对象是环境与生态系统本身，无论是环境污染行为还是生态破坏行为，均是对具有公共性的生态利益之损害。对生态损害行为进行责任追究并不以具体的人身、财产损害为前提，也无须过多关注其作用于环境及生态系统的过程，此时关注的重心是是否存在生态损害行为并造成对环境及生态系统本身之损害的后果。因此，环境污染行为与生态破坏行为之区分对于生态损害的法律救济而言并无二致。换言之，与环境侵权责任法的私益救济不同，传统的损害行为二分法在生态损害救济中的区分意义不大。

1　吕忠梅.环境司法理性不能止于"天价"赔偿：泰州环境公益诉讼案评析［J］.中国法学，2016（3）：244-264.

2　竺效.论环境侵权原因行为的立法拓展［J］.中国法学，2015（2）：248-265.吕忠梅，张宝.环境问题的侵权法应对及其限度——以《侵权责任法》第65条为视角［J］.中南民族大学学报（人文社会科学版），2011（2）：106-112.吕忠梅.环境侵权的遗传与变异——论环境侵害的制度演进［J］.吉林大学社会科学学报，2010（1）：124-131.

2. 生态损害原因行为之类型化

由此看来，对生态损害行为的类型化需要有不同于传统二分法的分类方式。笔者认为，对损害行为的类型化之目的在于对被损害之利益能提供更全面、更有效的救济。生态损害原因行为的类型化应当服务于对生态损害进行全面救济之目的。

目前学界对生态损害行为关注的重点是突发性事故中私主体的生态损害行为，而忽视了同样可能造成生态损害的公权力主体行为及累积性的生态损害行为。针对这一现实，本文将生态损害行为做如下分类：

（1）私主体的生态损害行为与公权力主体的生态损害行为。从生态损害行为的主体视角，将生态损害行为分为私主体的生态损害行为和公权力主体的生态损害行为。前者如船舶所有人、钻井平台运营人等民事主体因开发利用海洋资源或海洋生态系统造成生态损害的行为；后者如拥有环境管理职权的公权力主体因不当行政行为直接或间接造成生态损害的发生或扩大之行为。欧盟在 2004 年的《环境责任指令》中，将生态损害行为主体表述为管理者（operator），该指令第二条第五款将 operator 定义为"任何操作或控制职业活动的自然人或法人、私法（上的）人或公法（上的）人"。[1] 纵观我国现有涉及生态损害救济的规范性文件，均仅规定了私主体因开发利用环境资源或生态系统造成生态损害的行为责任，而对公权力主体因不当行政行为直接或间接造成生态损害的发生或扩大之行为责任的规定却付之阙如。

（2）突发性生态损害行为与累积性生态损害行为。从生态损害后果的视角，可以将生态损害行为分为突发性生态损害行为与累积性生态损害行为。前者又称显性生态损害行为，如由于突发性污染事故等原因造成生态损害的行为；后者又称隐性生态损害行为，即在生态损害行为发生之初其后果并未立即显现出来，只有当该损害经过了相当长一段时间或这一损害持续了较长一段时间其后果才逐渐显现的生

1　竺效. 生态损害的社会化填补法理研究［M］. 北京：中国政法大学出版社，2007：68.

态损害行为。累积性生态损害行为不容易被察觉，相对于突发性生态损害行为，由于损害后果的显现经过了较长一段时间，损害责任人的确定也更为困难，其被损害的生态利益更容易被忽视。应当将累积性生态损害行为纳入行政监管与司法救济的范围。

第二节　法律上的"救济"及司法救济

一、法律语义上的"救济"

"救济"一词在英语中是用"remedy"来表述的。《牛津英语大词典》给予救济的第一个语义是："对身体或者精神中的疾病或者紊乱的治疗；减轻疼痛和促进机体恢复的药物或者治疗方法。"[1] 因此，"救济的本义是治疗疾病的方法，它表达了疾病和治疗之间的一种关系，这种关系既可以是阻止性的，也可以是纠正性的"[2]。《牛津英语大词典》将救济的第二个语义界定为"纠正、矫正或者消除某不良事物的方法"。从这一语义来看，"救济被用来指对某种不良事物的'治疗'或者改善。只要存在某种需要加以'治疗'或者改善的状况，使用救济一词就被认为是合适的"[3]。

在《牛津法律大辞典》中，"救济"一词被解释为"对已发生或业已造成伤害、危害、损失或损害的不当行为的纠正、矫正或改正"[4]。即只要存在需要加以改善的不良状况，或因遭受不法行为以及遭遇到了某种不公而感觉受到了损害，均可以在可能的范围里寻求法律上的救济对损害予以阻止、纠正或者消除。"救济"一词在法律上的使用非常普遍，尤其是在一直奉行"救济先于权利"的英

1　See J. Simpson, E. Weiner (ed.), Oxford English Dictionary, Clarendon Press, 1989. 转引自于宏. 英美法上"救济"概念解析 [J]. 法制与社会发展, 2013（3）: 141–149.

2　于宏. 英美法上"救济"概念解析 [J]. 法制与社会发展, 2013（3）: 141–149.

3　于宏. 英美法上"救济"概念解析 [J]. 法制与社会发展, 2013（3）: 141–149.

4　沃克. 牛津法律大辞典 [M]. 李双元, 译. 北京: 法律出版社, 2003: 957.

美法国家，救济的使用和救济理论研究备受青睐。然而，关于救济在法律研究领域的含义及具体范围却仍然具有不确定性。

于宏在《英美法上"救济"概念解析》一文中将英美法上狭义的"救济"一词在法律语境中的具体用法归纳为四种：①诉讼和诉因。早期普通法中的救济指的就是以令状形式开始的格式诉讼，同时，"救济"一词也被用来指存在或获得一个在法律上能够引起救济的原因事件即诉因。②源于不法行为和不公平的权利。即损害了第一性权利而导致的第二性权利。③法院判决和命令。法院判决和命令是法律规定的矫正损害的救济。④强制执行法院命令的手段。法律救济的目的在于实现法律的制裁内容，于是，法律的救济成为对法院判决的强制执行。该文认为，狭义上的"救济"的核心含义是"法院判决或法院命令，其本质是一种源于法院发布的命令或者判决的权利，一种区别于既存实体和程序权利的第三类权利"。而广义上的"救济"主要是指"由法律所提供的矫正损害（grievance）的手段"。[1]

英美法救济的前提是损害，即需要加以改善的状态。但需要注意的是，法律上的救济并不仅限于实际产生的损害，有"损害之虞"的义务之违反亦在救济的范围。"相对应于救济的日常用法，法律上的救济也分为两种情况：如果损害来源于对义务的实际的（actual）违反，那么消除损害是一种纠正性的救济；如果损害来源于对义务的可察觉（apprehended）的违反，那么避免损害的发生是一种阻止性的救济。"[2] 这意味着"救济"一词无论从日常用法还是从法律用语来看，均内含了事后救济和事前救济，即救济亦具有预防之功能。

从诉因上来考察，一般认为，侵权行为以及违反合同和衡平法上之义务的行为等不法行为是法律上救济得以产生的主要原因，救济是法律上对因不法行为而受到侵害的权利之回应。"布莱克斯通就

1 于宏.英美法上"救济"概念解析［J］.法制与社会发展，2013（3）：141–149.
2 于宏.英美法上"救济"概念解析［J］.法制与社会发展，2013（3）：141–149.

一直是在救济和不法行为的特定关系的意义上使用救济的。"[1]然而，不法行为并非产生请求救济的唯一诉因。事实上，法院也处理当事人因不当得利等非不法行为而产生的请求救济权。Peter Birks 则主张"法院所意图实现的权利来源于不法行为（wrong）和非不法行为（non-wrong），而往往我们会忽略掉救济能够应对非不法行为"。特定情况下非不法行为也是救济产生的原因（如不当得利），"不应当简单地把救济的前提归结为不法行为，也不应当简单地认为救济只是实现既存实体权利的手段"[2]。

由上述分析可知，法律上的"救济"一词的词义在不同法律语境下被使用时各不相同。同时，任何一个法律概念从产生开始，其词义就会随着法律需要调整和关注的对象之变化而变化。"救济"一词亦是如此，时至今日，随着法益概念的引入，法律上的救济不仅限于对已经特定化的权利之救济，受法律保护的利益也纳入了救济的范围。这已经成为法学研究者不可否认之客观事实。

二、法益理论对"救济"内涵之扩展

毫无疑问，权利配置与权利保障是法律调整社会关系的基本方式，而利益又是法定化权利的基本内容，"我们主要是通过把我们所称的法律权利赋予主张各种利益的人来保障这些利益的"[3]。在利益法学派的创始人黑克看来，利益是法律的根源。"利益法学意识到，利益是法律规范产生的根本动因，因为利益造就了'应该'这一概念。"[4]

将利益而不仅仅将权利界定为法所保护之客体的概念是为法益概念。一般认为，法益概念由德国学者宾丁（Binding）于 1872 年在

---

1 Peter Birks. Rights，Wrongs，and Remedies［J］. Oxford Journal of Legal Studies，2000（20）.

2 于宏.英美法上"救济"概念解析［J］.法制与社会发展，2013（3）：141-149.

3 罗斯科·庞德.通过法律的社会控制［M］.沈宗灵，译.北京：商务印书馆，2008：34.

4 Philipp Heck.The Jurisprudence of Interests［M］.Magdalena School（translated and edited）. Harvard University Press，1948：133.

其《规范论》中首先提出，之后在大陆法系国家和地区盛行。18世纪末，费尔巴哈在讨论犯罪的本质时提出权利侵害说，他认为犯罪的本质是对权利的侵害，刑法的任务是保护权利。19世纪30年代以后，德国学者在对权利侵害说进行修正的基础上，开始探讨刑法及一般法的保护客体问题。刑法学家伯恩鲍姆提出"财（gut）"侵害说，即认为侵害一词是与"财"而不是与权利相关的概念，权利不可侵犯，即使作为权利对象的物被夺走或减少，权利本身并没有被夺走或减少。该学说经黑格尔学派和维也纳学派的推动而最终确立了法益侵害说及法益保护理论。[1] 作为大陆法系刑法学界的主流学说，法益侵害说认为，刑法保护的客体是犯罪所侵害的法益，"无法益保护，就无刑法，换言之：倘无法益受到侵害或危险，则无刑罚的必要性"[2]。其后，源自刑法学领域的法益概念，在民法学界逐步被接受并被适用于民法领域。

到底何谓法益？不同的学者从不同的理论层面和不同部门法的实证视角出发，阐释着各自的法益观。持状态说的宾丁认为，法益是一种状态，产生于立法者的价值判断，法益的内容必须与实定法一致；法益的主体不是个人而是全体。而利益说的代表人物李斯特（Liszt）则认为："法益是法所保护的利益，所有的法益都是生活利益，是个人的或者共同社会的利益；产生这种利益的不是法秩序，而是生活；但法的保护使生活利益上升为法益。"[3] 我国学者张明楷认为，"法益是指根据宪法的基本原则，由法所保护的，客观上可能受到侵害或者威胁的人的生活利益"[4]。刘芝祥在《法益概念辨识》一文中区分了广义的法益概念和狭义的法益概念。并提出广义的法益概念应当包括法应当保护但还未规定保护的利益、法应当保护并已经规定保护但未得到切实保护的利益、法应当保护并已经规定保护而且已经得到切

1 张明楷. 法益初论［M］. 北京：中国政法大学出版社，2003：6-62.

2 陈志龙. 法益与刑事立法［M］. 台北：台湾大学丛书编辑委员会，1992：13.

3 大冢仁. 刑法概说（总论）［M］. 东京：有斐阁，1992：83.

4 张明楷. 法益初论［M］. 北京：中国政法大学出版社，2003：167.

实保护的利益三个层次。[1]

在笔者看来，对法益概念做广义和狭义之分可能与法益概念的原初设计更为吻合，也有利于统一认识法益与权利的关系。在法益概念的界定中，"有的民法学者把法益与权利以非此即彼的方式割裂开来，而刑法学界多数学者认为法益既包含权利的全部内容又超出权利的范畴"[2]。法益包括了权利和其他利益，一般意义上的法益以权利为其核心内容。但无论是广义的法益还是狭义的法益，其范围都有可能超过权利范围。法律中只有法益没有权利的现象并非刑法中独有，其他部门法中亦常常会出现。但笔者认为，将应然性法的观念即实定法应当保护但却尚未规定保护的利益纳入法益的概念值得商榷。因为法外利益超出了现行法的范围，且对法律规定之外的利益如何依"应当保护"之边界来进行取舍而将其纳入法益之范围却较为模糊。换言之，笔者认为法益包含应当保护并已经规定保护但未得到切实保护的利益以及法应当保护并已经得到切实保护的利益。作为受法保护的特定利益，法益依内容可以分为个体利益、公共利益和国家利益。

法益是从一切法领域的保护客体演绎而来的[3]，因此，不同的法律部门都应该有各自不同的保护法益。环境法作为一个新型的法律部门，同样有自己独特的保护法益。笔者认为，将法益理论引入环境法领域的缘由在于法益理论的学说价值和其特殊功能。"由于意识形态、社会和经济发展状况、法制发展水平以及法本身的滞后性等原因，总有一些权利或利益被忽视。应当如何对待这些问题？英美法国家似乎可以通过'陪审团的良心'、法官的判例解决。而严格奉行成文法的大陆法国家就容易陷入困境。"[4]法益理论可能成为大陆法系国家应对立法和法的实施之不足的一条现实路径。随着环

1　刘芝祥．法益概念辨识［J］．政法论坛，2008（4）：95-105.

2　刘芝祥．法益概念辨识［J］．政法论坛，2008（4）：95-105.

3　伊东研佑．法益概念史研究［M］．城市成文堂，1984：68.

4　刘芝祥．法益概念辨识［J］．政法论坛，2008（4）.

境污染和生态破坏的日益严重，环境利益与其他利益之间、环境利益在不同主体之间、环境利益内部结构中生态利益与资源利益之间的冲突越来越频繁。然而，在我国，环境利益并未在现行法中得到全面确认更谈不上被充分保护。虽然环境权理论在 20 世纪 80 年代就已经被提出，我国环境法学者为环境权的法定化也进行了艰辛的理论研究和立法推进，但"由于主体泛化、权利边界模糊、操作性不强等'似是而非'的特征，环境权理论招致了广泛的批评与质疑"。公民环境权目前仍然停留在理论层面，现行法未能对之进行明文确认，环境权的法定化还任重而道远。[1]鉴于此，法益理论被引入到环境法的研究之中，不同学者从环境刑法、环境侵权法以及环境法法益之分层架构等视角对环境法的法益进行了探讨。可以说，环境法法益之提出主要源于环境问题的日益严重所产生的对环境法上的各利益进行衡平保护的诉求日益强烈之现实。探讨环境法法益的学术旨趣在于：在我国这种严格奉行成文法的大陆法系国家，将实定法应当保护但却未能切实加以保护，即仍处于弱保护状态的环境利益尤其是作为公共利益的生态利益纳入环境法法益的范畴，并恢复生态利益在环境法法益中的核心位置，从而为生态利益的充分、全面、有效之保护提供法理依据。

第三节　生态损害司法救济的概念厘定

法律救济是指法律关系主体的合法权益受到侵犯并造成损害时，获得恢复和补救的法律制度。"'救济'通常是指'法律救济'，通过法律方式及其'类法律方式'，对权利进行的'修复'。"[2]一般

1　但并不能据此认为环境利益在整体上不被现行法所确认，事实上，环境利益中的资源利益在实定法中已经以法定权利的方式被确认，作为公共利益的生态利益也实际上在环境法中主要以公权力的方式被确认，但无论是私法上对环境利益的保护还是公法中对生态利益的保护都谈不上充分，尤其是对生态利益的保护严重不足。

2　程燎原，王人博.赢得神圣——权利及其救济通论［M］.济南：山东人民出版社，1998：357-358.

而言，作为矫正损害之手段的救济类型包括私力救济、公力救济和社会型救济。"私力救济指当事人认定权利遭受侵害，在没有第三者以中立名义介入纠纷解决的情形下，不通过国家机关和法定程序，而依靠自身或私人力量，实现权利，解决纠纷，包括强制和交涉。"[1]公力救济是指当事人的权利或受法保护的利益受到侵害或者有被侵害之虞时，请求有权国家机关依一定程序保护受侵害之权利或利益的措施。公力救济是以国家强制力为后盾而实施的救济，在私力救济和公力救济之间存在着一个中间地带，即融合了私力救济和公力救济的救济模式的社会救济。也有学者将其称为公助救济[2]，主要是指调解、仲裁、ADR 等纠纷解决方式。司法救济是指当人们的合法权益受到侵害时，人民法院运用司法权对其进行的恢复和补救。它具有权威性、强制性，也是社会救济中最终的救济方式。"司法救济作为一种公力救济手段，必须依靠'诉讼'这样一种特殊的方式来完成，法院作为专门受理诉讼、进行审判的国家机关，是实现司法救济的核心。"[3]

生态损害是对环境或生态系统本身之损害，生态损害的法律救济是对公共利益的救济，是由法律所提供的矫正造成或可能造成生态利益损害之手段。从一般意义上来讲，其救济方式应该也包括私力救济、公力救济和社会救济。但由于其救济对象的特殊性，生态损害的法律救济以行政矫正与司法救济等公力救济为核心。生态利益之维护主要以生态损害的行政矫正为核心，但生态损害的司法救济不仅可以弥补行政矫正之功能缺陷，而且强有力的司法救济本身就是实现生态损害行政矫正功能的保障。

生态损害司法救济是指当人为的活动已经造成或者可能造成生态利益的损害之时，法律规定的有关主体向人民法院提起诉讼，实现生态利益之维护的诉讼活动。笔者认为，无论是以生态利益的维护为直

1 徐昕.为什么私力救济［J］.中国法学，2003（6）.

2 程燎原，王人博.赢得神圣——权利及其救济通论［M］.济南：山东人民出版社，1998：364.

3 吕忠梅.论环境纠纷的司法救济［J］.华中科技大学学报（社会科学版），2004（4）.

接目的的诉讼还是客观上兼顾了生态利益之维护的诉讼，均属于生态损害司法救济的制度范围。因此，笔者将生态损害司法救济制度类型划分为以下四种：生态损害的环境侵权诉讼救济、生态损害民事公益诉讼救济、生态损害行政公益诉讼救济、生态损害刑事司法救济。

第四节　生态损害司法救济的基本理念

理念是关于对象的本质认识或信仰，是一种关于对象的根本观念。如果将这一概念引进到法律领域，就是指对法律的本质属性的认知或信仰，是对法律现象的根本性认识。[1]生态损害具有侵害对象的公益性、损害后果的严重性甚至是不可逆性、损害难以量化等特征，生态损害司法救济制度的构建和完善应该在充分考虑生态损害的特征基础上，贯彻利益衡平理念与风险预防理念。

一、利益衡平理念与生态损害司法救济

利益是人类追求的最基本目标之一，是人类社会发展和进步的重要驱动力。美国社会学法学的创始人庞德把利益定义为："人们个别地或通过集团、联合或关系，企求满足的一种要求、愿望或期待。"[2]利益在本质上属于社会关系的范畴，既包含了利益主体的主观感受、愿望或期待，又包含了需求的实现与满足还依赖于利益主体之外的客观世界。利益法学是在批判概念法学的基础之上发展起来的，最早可以追溯到耶林的目的法学。在德国，以赫克为代表的学者把它推向了成熟，并建立了利益法学理论，20世纪60年代后更发展成为评价法学。[3]受本土法学理论与美国现实主义法学的影响，日本学者加藤

1　吕忠梅，高利红，余耀军.环境资源法学［M］.北京：中国法制出版社，2001：66.

2　罗斯科·庞德.通过法律的社会控制［M］.沈宗灵，译.北京：商务印书馆，2008：37.

3　梁上上.利益衡量论［M］.北京：中国法制出版社，2013：1.

一郎 1966 年提出利益衡量论[1]，并在民法解释学理论界长期占据主导地位，影响着民法解释理论的发展和民事审判实务的开展。利益法学派的核心思想是：利益是法律产生的根源，利益决定着法律规则的创建，而法律是保护利益的手段；法律命令源于各种利益的冲突，因此利益以及对利益的衡量是制定法律规则的基本要素；法律规则"不仅仅界定利益，而是同其他活性规则（Aktivgebot）一样本身就是利益的产物"[2]。该学派还认为，法典并不是无漏洞的，每一法律制度必然是不完全的和充满漏洞的，法是立法者为解决相互冲突的各种利益而制定的原则，在具体的法律适用中，法官绝不只是按照机械法则运行的"法律自动售货机"，而应是独立思考的立法者的助手，不仅应注意法律条文的字句，而且要通过亲自对有关利益的考察去掌握立法者的意图，对法律作出评价。在立法问题上，利益法学派主张，法律规范中包含的原理是立法者为解决种种利益冲突而制定的，法是冲突的人类利益合成和融合的产物。法只表明某一社会集团的利益胜过另一集团的利益，或双方的利益都应服从第三个集团或整个社会的利益。"立法者绝不是幽灵，他的使命是概括地表述作为原因的利益的记号。"立法者必须保护利益，去平衡互相竞争的生活利益。[3] 20 世纪 90 年代，梁慧星教授等把日本衡量理论介绍了进来，在我国民法理论界和实务界引起了很大的反响。德国著名法学家罗伯特·霍恩（Norbert Horn）认为："今日在法学及法律事务中所使用的法律方法，都是由利益法学所形塑而成的。"[4]

对不同的利益冲突和利益诉求进行动态协调是司法的应然目标之一。生态损害司法救济是环境法适用的基本方式，自然应当将利益衡量尤其是生态利益衡平作为基本理念与首要目标。近年来，随着开发

---

1 加藤一郎.民法的解释与利益衡量［M］//梁慧星.民商法论丛：第二卷.北京：法律出版社，1994：78.

2 See Karl Larenz, Methodenlehre der Rechtswissenschaft［M］. 5th ed. Auflage, Berlin: Springer—Verlag, 1983：S.51.

3 史玉成.生态利益衡平：原理、进路与展开［J］.政法论坛，2014（2）.

4 陈英骅.我国公司分立的法律规制［D］.西南政法大学，2014：122.

利用活动的剧增，突发性污染事故频发、生态环境退化、自然资源枯竭等一系列环境问题日益突出，我国正遭受着越来越严重的生态损害。作为与传统生态损害行政矫正方式并行不悖的制度，生态损害司法救济制度是及时遏制生态损害行为、保障生态利益必不可少的法律保障。

剖析生态损害问题产生的根源在于，人们对环境资源的开发利用和对生态系统的干扰已经超过了生态系统本身的再生能力和自我调节能力，其实质是人们对环境资源和生态系统的不同利益诉求及其冲突所致。无论是康菲溢油事件等突发性环境污染事件还是生态环境退化等隐性生态损害问题，其背后隐藏的仍然是当前利益与长远利益的冲突、局部利益与整体利益的冲突、个体利益与公共利益的冲突、生态利益与经济利益的冲突等。因此，生态损害的司法救济机制应当确认、保护、限制并衡平生态损害背后的各种利益，对生态利益、资源利益、国家利益等不同利益进行动态衡量与再分配，从而使这些冲突的利益各得其所，达致均衡。首先，应着力于生态利益与资源利益的衡平。"在中国的环境法治实践中，利益冲突最为明显的表征就是生态利益与资源利益的冲突，以及隐藏于其后的生态利益与经济利益的冲突。由于生态环境和自然资源具有不可分割的整体性的特点，生态利益和资源利益往往呈现出密切联系、彼此影响的关系。"[1]生态系统本身蕴含着极其丰富的资源并具有一定的容纳污染物的能力。如果遵循生态系统的自然规律，对环境资源进行适度的、合理的开发利用是不会对生态利益产生损害的。然而，过分追求资源利益而突破生态系统的底线，必然会引致生态系统服务功能的下降，对生态利益产生损害，此时就出现了生态利益与资源利益的对抗和冲突。"当一种利益与另一种利益相互冲突而不能使两者同时得到满足的时候，应当如何安排它们的次序与确定它们的重要性？在对这种利益的先后次序进行安排时，人们必须作出一些价值判断即'利益估价'。这是法律必须认真对待和处理的关键问题。"[2]生态损害司

1　史玉成.生态利益衡平：原理、进路与展开［J］.政法论坛，2014（2）.

2　张文显.法理学［M］.北京：高等教育出版社，1999：223.

法救济正是需要针对这一不能同时得到满足的利益冲突进行价值判断并肯定生态利益的价值，以实现生态利益与资源利益（经济利益）的衡平。其次，应着力于不同主体之间的利益衡平。生态利益为具有整体性的公共利益当无疑问，"但生态利益是具有'区分性'特点的公共利益。简单的公共利益归类并不能掩盖一个重要的事实：并不是所有人都能无差别地享受这一利益。生态利益生成原理昭示出，不同的地理区域的'原生环境'存在自然的差异性，不同区域的生态利益因之并不具有统一的衡量标准，而只能是一种区分性的利益。此外，虽然生态利益本身具有非排他性的特点，但生态利益在不同主体之间又存在着竞争性，进而产生利益冲突"。"生态利益的公共性，并不排斥不同区域、不同群体、不同个体对生态利益的不同诉求"。[1] 因此，生态损害司法救济不仅要对影响生态利益增进和减损的行为进行规制，还应当对不同主体、不同区域的"区分性"生态利益进行衡平。

二、风险预防理念与生态损害司法救济

随着突发性环境污染事故的频发和全球变暖、臭氧层空洞、自然资源锐减等新型环境问题的出现，以及生态灾难所带来的巨大破坏与损害后果，人们对环境问题及其伴生物——环境风险越来越关注。正是在这种背景下，风险预防原则（Precautionary Principle）应运而生，它主张即使在相关科学知识尚不完备即存在科学不确定性的情况下，也应当采取预防措施防范可能的风险。

一般认为，风险预防原则最早产生于 20 世纪 60 年代的德国，该原则早期的国际实践主要集中在海洋环境保护领域。1969 年的 CLC 公约就已经有成员国在公海上采取措施时应考虑"防治、减轻或消除由于油类对海洋的污染或污染威胁而对其海岸或有关利益产生严重而

1 竺效.生态损害综合预防和救济法律机制研究［M］.北京：法律出版社，2016：79.

紧迫的危险"[1]之规定，1984 年北海公约第一次部长级会议上被正式引入国际条约中，即在此次会议的部长宣言中指出："意识到只有投入相当巨大的花费并经过较长时间，海洋环境损害才能获得逆转或补救，因此，沿岸国家和欧共体无须等待危害影响的证据，必须采取行动。"[2] 1992 年的《保护东北大西洋海洋环境公约》第 2.2（a）条规定："一旦具有关注直接或间接引入海洋环境的物质或能量将威胁人类健康、危害生物资源和海洋生态系统、损害舒适性或者干扰海洋的其他合法用途的合理基础，甚至缺乏有关输入物与影响之间的因果关系的确凿证据时，缔约方应凭借采取防范性措施适用风险预防原则。"[3]此后，风险预防原则得以迅速发展，成为环境立法与实践中的热门词汇，并逐渐由海洋环境保护领域发展到臭氧层保护、生物多样性保护、气候变化等环境保护的一般性领域，基斯认为，"1990 年以后的国际环境法文件几乎都采纳了风险预防原则"[4]。

《里约环境与发展宣言》（以下简称《里约宣言》）原则 15 中被公认的对风险预防原则最准确的表述："为保护环境，各国应根据他们的能力广泛采取预防性措施。凡有可能造成严重或不可挽回损害之处，不能将缺乏充分的科学肯定性作为推迟采取防止环境退化的费用低廉的措施的理由。"风险预防原则的基本构成要素有以下几点：第一，存在一定风险（风险指遭受损失、伤害或毁灭的可能性）。第二，风险具有不确定性。第三，不应迟延采取措施缓解环境恶化。风险的不确定性不能成为迟延甚至拒绝采取行动的理由。第四，采取符合成本效益的预防措施。[5]在 1992 年《里约宣言》原则 15 中，其提出采取预防措施的前提也是"非常严重的或者具有不可逆性的环境损害"（serious or irreversible environmental damage）。

1　竺效.生态损害综合预防和救济法律机制研究［M］.北京：法律出版社，2016：79.
2　竺效.生态损害综合预防和救济法律机制研究［M］.北京：法律出版社，2016：79.
3　竺效.生态损害综合预防和救济法律机制研究［M］.北京：法律出版社，2016：80.
4　基斯.国际环境法［M］.张若思，编译.北京：法律出版社，2000：93.
5　李艳芳，金铭.风险预防原则在我国环境法领域的有限适用研究［J］.河北法学，2015（1）.

　　传统的法学理论认为，对风险的管理主要依靠行政规制来实现，司法关注的是损害发生后的事后救济。有学者认为，由于风险行为本身危害巨大、主体不确定、责任认定难、因果关系不明确，而导致专业规制机构的"事前规制优于事后责任"，也意味着风险规制的实施宜采用行政中心模式。[1] 然而，随着风险社会中行政职能由以推动和促进经济增长为主转向兼顾生态风险的预防与控制，法院在公共利益问题上也开始采取能动主义的态度，以适应新的社会模式下行政权的变化。"消未起之患"的任务不再仅仅局限于行政规制领域，环境风险的事前预防和事后治理对司法提出了新要求。一方面，法院"对涉及公共利益的行政行为进行更加严格和频繁的审查，并对行政过程中利益的平等表达给予了更多的关注"[2]；另一方面，无论是传统侵权救济法领域内就现代环境侵权责任如何合理分担而进行的讨论，还是环境公益诉讼制度中关于"有损害之虞"即可启动司法救济程序以如何敦促有关主体采取措施降低风险发生概率的设计，都意味着损害预防甚至风险预防理念向司法领域的渗透。

三、多元共治理念与海洋生态损害司法救济

　　20世纪90年代以来，传统的管理行政、秩序行政逐步向以给付行政、服务行政为特点的现代行政转向，新公共行政鼓励公民以个体或集体的形式广泛参与到公共事务中，从而使公共行政更响应公众呼声。以行政机关为中心和行政权力的单向行使为全部内涵的传统行政日益转向更注重人权和民主的现代行政。"相对于传统的行政管理手段，现代行政管理手段的权力性、强制性色彩减弱了、淡化了，而越来越多地体现出民主、协商的品格，体现出行政主体与行政相对人相

---

1 王波.规制的法律形式与学理分析［D］.上海：上海财经大学图书馆，2012：229.
2 宋雅琴.美国行政法的历史演进及其借鉴意义——行政与法互动的视角［J］.经济社会体制比较，2009（1）：38-44.

互合作的精神。"[1]民主价值在公共行政中逐步取得核心地位。"合作治理必须在治理主体上有更多的选择，即，不仅要重视公民的价值和影响，同时要把各类非官方组织置于公民和政府的同等位置上，形成多中心的有效合作治理网络。"[2]这种多中心、交互性的公共治理模式以善治为终极目标，是"使公共利益最大化的社会管理过程……是政府与公民对公共生活的合作管理，是政治国家与公民社会的一种新颖关系，是两者的最佳状态"。[3]与传统的行政治理不同，共同治理中权力并非源于政府机构这一极，还有来自非政府组织、私人的权力样态。在多中心治理结构中，权力的运作逻辑也并非自上而下的单向度模式，而是一个"上下互动的管理过程"。它通过多渊源的权力的"合作、协商、伙伴关系、确立认同和共同的目标等方式实施对公共事务的管理"。一言以蔽之，共同治理中的"权力向度是多元的、相互的，而不是单一的和自上而下的"。[4]"多中心的公共治理既强调国家与公民社会的合作，也强调公民自治和非政府的公共权威。"[5]

我国以国家权力为中心的权威型环境治理模式正是传统单中心、单向度管理行政嵌入环境管理领域的真实写照。这一治理模式在实践运行中陷入多重困境：环境法的约束力被软化、运动式执法、政府基于利益与企业结盟、权力寻租乃至"以权代法"现象在环境保护领域十分常见，为有效化解当前环境治理面临的诸多困难，环境治理模式必须转向新型的公共治理模式——"一种与权威型环境治理模式相对的民主合作型环境治理模式"[6]。在这种新型的公共治理框架下，"多元利益主体要求在公域之治中享有更多的知情权、参与权、表达权和监督权，作为治理主体之一，公民不再满足于在'国家剧场'之外排

1 姜明安.新世纪行政法发展的走向［J］.中国法学，2002（1）：61-72.
2 杜辉.环境治理的制度逻辑与模式转变［D］.重庆：重庆大学，2012：16-17
3 俞可平，李景鹏，毛寿龙，等.中国离"善治"有多远——"治理与善治"学术笔谈［J］.中国行政管理，2001（9）：15-21.
4 俞可平，李景鹏，毛寿龙，等.中国离"善治"有多远——"治理与善治"学术笔谈［J］.中国行政管理，2001（9）：15-21.
5 杜辉.环境治理的制度逻辑与模式转变［D］.重庆：重庆大学，2012：19.
6 杜辉.论制度逻辑框架下环境治理模式之转换［J］.法商研究，2013（1）：69-76.

着长队去领取政府分配好的权益、制定完的规则和作出了的公共决定。相反，当事人、利害关系人乃至公众越来越将是否参与行政法的创制和实施过程，参与者所表达的意见是否得到倾听和应有的尊重，相关主体能否认知、理解并认同特定行政法制度安排及其实施，当成衡量行政法制是否具有可接受性或正当性的决定性指标。"[1] 公权力机关、企业、公众和环保团体等多个主体之间不仅存在着"命令—服从"型的垂直关系，更包含着"协商—合作"的横向关系，这种模式的核心在于环境治理的民主化及其实现程序。

生态损害司法救济是对具有整体性的公共利益损害之救济，"按照社会功利主义的定义，'公共利益'不是别的，就是私人利益的总和；私人或个体利益是公共利益的组成部分，不存在任何超越私人利益的'公共利益'"[2]。作为与公民个体私利密切相关的生态损害司法救济，同样是公众参与和公共治理网络形成的场域。环境保护领域的多元共治是民主合作型环境治理模式下以法律形式为落实公众参与而开辟的新路径，放宽起诉资格的限制，实施诉讼利益的归属主体与诉讼代表主体之分离，将维护生态利益的多元主体纳入"勇敢者诉讼"中的生态损害公益诉讼即是这一新路径中的核心制度。

1　罗豪才，宋功德．行政法的治理逻辑［J］．中国法学，2011（2）：5–26.
2　张千帆．"公共利益"的构成——对行政法的目标以及"平衡"的意义之探讨［J］．比较法研究，2005（5）：5–18.

第三章　生态损害司法救济的功能定位

　　虽然在罗马法时期就已有公益诉讼与私益诉讼之分，但在传统的公益与私益二元保护的路径安排下，"行政是以公共利益的实现为任务的作用，司法是以私的利益的保护为目的的作用"[1]。生态利益之保护主要由作为环境公益代表人的政府通过行政权的运行来实现。长期以来，行政权与司法权运行的目的与功能因保护利益性质的差别而泾渭分明。然而，随着环境利用与保护关系中利益冲突与纠葛的复杂化及冲突程度的加剧，单一的环境行政监管已力不从心。环境治理领域的政府失灵带给环境公共治理的两个最大变化是：第一，单一的命令服从型环境行政管理向参与型、民主型环境行政治理转变；第二，司法权在环境公共利益问题上的角色发生急剧转换，通过扩展与强化司法权来应对生态利益保护中的行政失灵已经成为环境公共治理中的一个法律事实。转变传统的威权型管理模式，为环境行政监管中各利益主体的充分参与与诉求表达提供有效途径，并将法益理论引入环境司法中，对尚未完全特定化为权利的生态利益提供有效的司法保护，充分发挥生态损害司法救济的独特功能是大势所趋。

第一节　生态损害法律救济路径之探索

　　从"救济"一词的词义来看，广义的"救济"是指"由法律所提

---

1 南博方.行政法［M］.6版.杨建顺，译.北京：中国人民大学出版社，2009：5.

供的矫正损害的手段"。那么，生态损害的法律救济应当涵括对生态损害进行矫正的所有手段。环境法学界普遍认同运用司法权对生态损害的救济和运用行政权对生态损害的救济是生态损害救济的基本路径。

一、公益、私益之分野与传统二元救济模式

公益与私益的分野由来已久。"公共利益"一词最早可追溯到公元前5—6世纪的古希腊，古希腊特殊的城邦国家制度造就了一种"整体国家观"。与"整体国家观"相联系的是具有整体性和一致性的公共利益。亚里士多德把公共利益看作是国家实现"最高的善"的物化形式。乌尔比安则提出著名的"公法"和"私法"理论，即"公法是有关罗马国家稳定的法，私法是涉及个人利益的法"[1]。边沁认为，法律的一般和最终目的不过是社会的最大利益而已，立法者的职责是在公共利益和私人利益之间达成调和。庞德将利益分为三类：个人利益（直接涉及个人生活，并以个人生活名义所提出来的主张、要求和愿望）；公共利益（涉及政治组织社会的生活，并以政治组织社会名义提出的主张、要求和愿望）；社会利益（涉及文明社会的社会生活，并以社会生活的名义提出的主张、要求和愿望）。[2]

源于公益与私益的不同特征与分野，传统法学理论对公益与私益规定了不同的保护路径。对于私益损害，受害者往往可以通过调解、诉讼等方式得到救济；而对于"公益的救济，除刑事诉讼外，一般是通过将国家和政府作为公益代表人，赋予其维护公益的公权力。国家和政府直接行使公益维护的公权力的具体方式是行政管理。"[3]。我国传统的民事诉讼和行政诉讼均以维护私人私益免受侵害为目的。2012年以前未修改的《中华人民共和国民事诉讼法》（以下简称《民事诉讼法》）规定原告与案件事实必须有"直接利害关系"，《中华人民

1　胡建淼，邢益精.公共利益概念透析［J］.法学，2004（10）：3-8.

2　薛克祥.经济法的定义［M］.北京：中国法制出版社，2003：191.

3　李义松，苏胜利.环境公益诉讼的环保逻辑与法律逻辑［J］.青海社会科学，2011（1）：61-66.

共和国行政诉讼法》（以下简称《行政诉讼法》）直到 2017 年才增加了检察机关提起行政公益诉讼的内容，在这之前的行政诉讼均为公民、法人或者其他组织为维护自己的利益而提起的诉讼。[1]

　　生态损害是对环境和生态系统本身之损害，其损害的对象是人类的"共同之善"，属于典型的公共利益损害范畴。生态利益的公共产品属性使市场机制在生态利益的提供和配置上发挥的作用十分有限，市场这只"看不见的手"难以自发对生态利益进行有效调节，市场机制在生态利益的合理维护、有效增进和充分供给上的失灵为政府公权力介入环境管理提供了合理性，在此基础上通过立法赋予环境行政监管部门对环境保护的职权成为必然。如果享有环境行政管理权的环境行政监管部门始终代表着环境公益并勤勉履行职权，则环境公益的供给大体上是充分的，环境产品的配置基本上合理，生态保护的现状应该逐渐好转。然而，事实并非如此，环境行政执法效率低下和环境质量整体上的持续恶化如同一个硬币的两面，共同佐证了我国目前环境管理权运行在生态保护上的失效。[2]

二、生态损害法律救济的路径探索

　　面对单一行政执法在生态损害救济中的种种不足，并考虑到生态损害主体的不特定性、损害评估的艰难性、损害后果严重甚至不可逆性等特征，各国对生态损害往往采取公法与私法相结合的救济方式。我国学者也普遍赞成构建生态损害的多元化救济机制。[3] 在寻求不同

1　虽然在 2017 年《行政诉讼法》修改之前，司法实践中亦已经开始了检察机关提起行政公益诉讼的探索，但其依据并非实定法。因此，从实定法的角度来说，2017 年《行政诉讼法》修改之前的行政诉讼在整体上应认定为私益诉讼。

2　谢玲.再辩"怠于行政职责论"——就环境公益诉讼原告资格与曹树青先生商榷［J］.河北法学，2015（5）：123-132.

3　柯坚教授较早论及生态损害的多元化救济，他在《建立我国生态环境损害多元化法律救济机制——以康菲溢油污染事件为背景》（柯坚.建立我国生态环境损害多元化法律救济机制——以康菲溢油污染事件为背景［J］.甘肃政法学院学报，2012（1）：101-107.）一文中提出："构建民事诉讼救济机制、环境公益诉讼救济机制、环境行政法律救济机制以及环境责任社会化救济机制等多元化的生态环境损害法律救济机制，是解决我国生态环境损害责任问题的必然要求和理性化选择。"随后，关于生态损害多元化救济的研究成果逐渐多了起来。

于传统人身损害与财产损害的生态损害救济路途中，学者们纷纷提出了各自不同的主张和侧重点不同的基本救济路径选择，传统侵权责任法的生态化、环境公益诉讼制度、生态损害国家索赔制度以及责令赔偿生态损害、生态损害补救措施行政决定等生态损害行政矫正的制度创新等观点都在探讨生态损害的救济路径中被提出来。与此同时，环境立法、行政执法及司法实践亦在逐步展开。一方面，生态损害救济的理论研究对当前的实践探索起了较大的推动作用；另一方面，生态损害救济实践探索中的困境又促使研究者们进一步反思、修正之前的理论认识。可以说，我国生态损害救济路径的探索是在理论与实践的互动中进行的。

近年来，环境立法、环境管理政策及环境司法实践对生态损害救济的制度创新与救济路径完善进行了一系列的回应。2005 年《国务院关于落实科学发展观加强环境保护的决定》提出要"推动环境公益诉讼"。从 2007 年开始，各地开始探索建立环境公益诉讼制度，贵阳市、无锡市、昆明市等相继制定了地方性法规或规范性文件，明确规定检察机关、环境保护管理机构以及环保公益组织可以为环境公共利益提起环境公益诉讼。2012 年 8 月 31 日，全国人大常委会通过修改后的《民事诉讼法》，该法第五十五条设立了环境民事公益诉讼制度。2014 年 4 月 24 日修订的《环境保护法》第五十八条对环境民事公益诉讼的起诉资格作了进一步规定。最高人民法院、民政部、环境保护部于 2014 年 12 月 26 日下发了《最高人民法院、民政部、环境保护部关于贯彻实施环境民事公益诉讼制度的通知》，对三部门在环境民事公益诉讼中的职能分工和衔接配合作出规定。最高人民法院于 2015 年 1 月出台《关于审理环境民事公益诉讼案件适用法律若干问题的解释》，对环境民事公益诉讼的具体程序以及相关问题进行了详细的规定。2015 年 7 月 2 日最高人民检察院发布《检察机关提起公益诉讼改革试点方案》，提出试点期间检察机关以公益诉讼人身份对生态环境和资源保护领域的案件提起行政公益诉讼。2017 年 7 月 1 日起施行的《行政诉讼法》新增了第二十五条第四款，正式赋予检察机关在生态环境和环境保护、食品药品安全、国有财产保护、国有土地使用权出让等领域提起行政公益诉讼的主体资格。同年《民事诉讼法》进行了第三次修正，确认了人民检察院的公益起诉主体资格。2018 年 3 月 2 日起施行《最高人民法院最高人民检察院关于检察公益诉讼案件适用法律若干问题的解释》，对检察机关提起环境公益诉讼的原则、目的、管辖、种类等作出了更为详细的规定。与此配套，2014 年 10 月 21 日，国家海洋局印发《海洋生态损害国家损失索赔办法》，2015 年 12 月 3 日，中共中央办公厅、国务院办公厅印发《生态环境损害赔偿制度改革试点方案》，2017 年《生态环境损害赔偿制度改革方案》出台，生态损害国家索赔制度在政策性文件中被确立。2021 年 1 月 1 日开始实施的《民法典》侵权责任编第一千二百三十四条、一千二百三十五条作出了关于生态环境修复与赔偿的规定。2022 年《生态环境损害赔偿管理规定》出台。

客观地说，生态损害救济理论研究者对生态损害救济的实践探索起了较大的推动作用，环保法庭的设立、环境民事公益诉讼制度在《民事诉讼法》和《环境保护法》中的确立、《生态环境损害赔偿制度改革方案》的出台，与学者们的呼吁和推动不无关系。同时，生态损害救济实践探索中的困境又促使研究者们进一步反思和修正理论研究所形成的认识。

从生态损害救济理论研究与实践探索的互动中可以发现，当前有关生态损害法律救济的路径选择主要集中在两个方面：①探索以损害填补为中心寻求生态损害民事责任之追究的制度构建。一是传统环境侵权责任法的生态化。当认识到将环境侵权作为特殊侵权类型的传统侵权责任法无法救济对生态本身所造成的损害时，传统环境侵权责任法的生态化一时成为学者们为之努力的方向。但侵权责任法毕竟是以私益保护为本位的，侵权责任法生态化的最理想状态也只能在救济传统人身、财产等利益的同时兼顾生态利益之维护。二是环境民事公益诉讼制度的构建。包括侵权责任法在内的民法的生态化对生态损害救济的有限性，直接导致了专门以救济生态损害为己任的环境公益诉讼制度的产生，目前立法确认的环境公益诉讼为环境民事公益诉讼，其制度追求的目的是通过生态损害民事责任之追究来补强行政监管的乏力以维护环境公益。三是生态损害的社会化救济探索。由于生态损害损失巨大，责任主体的赔偿能力直接制约着救济的实效，因此探讨生态损害的社会化救济亦成为生态损害救济制度研究的重要组成部分。[1]生态损害赔偿制度"以生态利益优先为价值取向进行损害的填补或恢复"[2]，同样关注的是责任主体民事责任之承担以实现生态损害的救济。《海洋生态损害国家损失索赔办法》和《生态环境损害赔偿制度改革试点方案》均确认了政府或有关行政部门代表国家与责任主体进行行政协商的优先程序。②尝试以创新与完善生态损害环境行政法律制度充分发挥环境行政权的主导作用来实现救济之目的。王明远教授从环境行政与环境司法特征之比较出发，认为"从法治的基本逻辑来说，面对环境要素和自然资源受到普遍的侵害和破坏的情况，首要的解决措施和第一道防线并不应当是求助于司法机关的个案裁量，而应当是通过加强行政执法以及行政法上的制度创新实现规则之治"[3]。周珂教授在分析了欧盟的《环境损害环境责任指令》后指出："在现阶段的实体法律规则环境下，司法手段仅能在环境或生态损害的救济方面发挥相对有限的作用。"并认为"欧盟在环境污染的民事救济之外，借由行政手段解决环境或生态损害的修复问题"之做法极

1　竺效.论生态损害综合预防与救济的立法路径［J］.比较法研究，2016（3）：15-29.竺效在《论生态损害综合预防与救济的立法路径》一文中，设计了我国未来的《生态损害综合预防与救济法》，将"生态损害的求偿"设计为单独一章而与另一章"法律责任"并列，笔者的理解是竺效教授在此处之意图是为了突出生态损害赔偿责任在生态损害救济中的重要地位，而非否认生态损害赔偿责任亦是法律责任的一种类型。

2　王金南，刘倩，齐霁，等.加快建立生态环境损害赔偿制度体系［J］.环境保护，2016（2）：26-29.

3　王明远.论我国环境公益诉讼的发展方向：基于行政权与司法权关系理论的分析［J］.中国法学，2016（1）：49-68.

具借鉴价值。[1]胡德胜教授认为生态损害治理应当贯彻风险预防和损害预防原则，主张借鉴澳大利亚生态治理的经验，赋予环境行政管理部门责令采取补救措施的行政决定权。"针对那些将会造成生态环境损害的行为以及将会产生不可逆转的生态环境损害的威胁风险的行为，对违法行为人作出责令其采取补救措施的行政决定。"[2]况文婷、梅凤乔在《论责令赔偿生态环境损害》一文中提出政府"应作为生态环境损害赔偿责任追究的第一性主体"，并主张"确立责令赔偿生态环境损害这一补救性行政责任形式"[3]。陈太清甚至认为"环境损害救济宜采用以罚款为主导的公法路径，并辅之以必要的行政公益诉讼"[4]。刘静认为我国目前"以环境民事公益诉讼和生态环境损害赔偿诉讼为核心发展出了一套司法主导的生态损害救济体系"，而"生态损害的公法救济在现行立法中未得到足够重视"，应"建立公法主导的生态损害救济制度"。巩固教授认为"从理论逻辑、实践效果、发展过程、总体状况、国外经验及我国国情看，生态损害赔偿的'公法模式'都优于'私法模式'"，主张"通过确立具有损害填补功能的监管责任制度来填补环境损害，包括扩展监管的行政恢复责任制度和作为其辅助的补充性执法机制"。

随着生态损害事件的频频发生及生态损害救济实践尤其是环境公益诉讼制度实践的展开，学界对上述生态损害救济路径的理论思考渐次深入。表现在如下两个方面：一方面从单一救济机制的探究向多元化救济机制拓展；另一方面开始反思不同救济制度本身的功能与限度。目前学界关于生态损害救济问题争论的焦点或者困惑之处表现在：①生态损害赔偿制度到底应以环境行政权的运行为主导即通过行政处理来实现，还是应当借助司法权的运行以环境公益诉

1　周珂，林潇潇.环境损害司法救济的困境与出路［J］.法学杂志，2016（7）：55-60.
2　胡德胜.论澳大利亚生态损害治理的补救措施行政决定制度［J］.环境保护，2016（2）：52-55.
3　况文婷，梅凤乔.论责令赔偿生态环境损害［J］.农村经济，2016，（5）：30-34.
4　陈太清.行政罚款与环境损害救济——基于环境法律保障乏力的反思［J］.行政法学研究，2012（3）：54-60.

讼制度为主导来实现？甚至完全就可以依靠创新、完善行政命令、行政处罚等行政矫正手段就可以实现填补性的生态损害赔偿救济？②环境公益诉讼制度该向何处去？无论是环保组织胜诉的泰州"天价赔偿"案，还是2017年一审环保组织败诉的常州毒地案，都在环境法学界和实务界引起了轩然大波，在各界人士对这些案件进行热议的话题中，沉淀下来需要持续冷静思考的是：环境公益诉讼制度到底应该如何定位？是对行政监管之不足的弥补，还是对行政本身之监管，或者是二者兼而有之？环境公益诉讼制度构建的重点到底是环境民事公益诉讼还是环境行政公益诉讼？甚至是如有些学者所主张的那样环境民事公益诉讼已经根本没有存在的必要？③在生态损害法律救济中，行政权的边界到底在哪里？生态损害赔偿制度行政协商程序中行政主体一方的索赔权到底是民事权利还是法定职权？该制度中行政主体提起的损害赔偿之诉到底是公益诉讼还是仍然属于私益诉讼？这些疑惑的背后，反映的是环境行政权与环境司法权在权限划分与功能界分上的张力与冲突，同时也直接决定于环境公益诉讼制度的属性厘定与功能定位。在笔者看来，生态损害本身的特征决定了生态损害救济必然选择多元化的救济路径，并应当为社会公众实实在在地参与生态损害的救济过程提供有效途径。不同国家因国情的不同应该采取切合现实的救济方式，我们在用域外经验来主张设立某种救济方式的必要性时，更多的应该从中国的现实、政治体制、司法实践的需要出发来论证其合理性。无论是生态损害的行政矫正还是生态损害的司法救济，无论是生态损害行政责任之完善还是生态损害民事责任之追究，都各有其制度优势和独特功能。当前学界关注的重点不仅仅是讨论应以何种方式为主进行救济的问题，更应该重点研究不同救济制度各自的功能定位和制度优势，在此基础上理顺各种不同救济途径之间的关系，以实现生态损害多元化救济制度之间的有效对接与功能互补。同时，明确实施生态损害不同救济方式的具体保障措施，并将这些具体保障措施落到实处而不是作秀，以补上我国生态损害救济制度运行中的短板，真正能有益于生态利益之维护。

上文提到，环境法学界普遍认同运用司法权对生态损害的救济和运用行政权对生态损害的救济是生态损害救济的基本路径。然而，为环境法学者们所忽视的一个前提性问题是：环境法学者明确或隐含表达的生态损害行政救济与司法救济相协调之"行政救济"，是否能与行政法中作为行政法基本概念之一的"行政救济"一词在内涵上相吻合？如果不能，环境法研究者表述中的生态损害"行政救济"认识如何被现行行政法研究所接纳而融入行政法的理论框架之中，而不是仅仅成为一个环境法学界不顾法学基本理论而无法与其他相关部门法学进行交流对接的自说自话之概念？因此，在分析生态损害救济制度各自的制度优势与功能限度之前，有必要先矫正一个被环境法学界误用的概念。

第二节　生态损害"行政救济"一词之误用

长期以来，环境法学科的独立地位一直备受其他法学学科研究者的质疑。这一方面源于环境法学作为一门新型学科本身的稚嫩；另一方面也与部分环境法学研究者忽视与其他法学学科基本概念、基本原理的有效对接，满足于环境法学内部自说自话式的研究范式有关。环境法研究者们欲通过环境法的"革命性"彰显环境法学科独立地位之努力，有时却因为偏离了法学学科的基础概念、基本原理而进一步影响其他法学研究者对环境法学的接纳度。为不少环境法学者们所使用的生态损害"行政救济"一词，就是未能对行政法学中的"行政救济"进行细致考察从而出现误用之例证。因此，在分析生态损害救济制度的制度功能之前，首先需要矫正一个被环境法学界所误用之概念。

一、环境法学研究中的生态损害"行政救济"

就笔者收集的资料来看，不少环境法学研究者表述中的生态损害"行政救济"，是"表现为环境监管部门运用行政权力，要求生态损害责任人停止损害生态的行为、采取避免生态损害扩大的措施，以及及时修复受到损害的生态环境；当生态损害责任人不履行上述义务时，环境监管部门或者第三人代替其履行并要求其支付代履行费用"[1]。即将环境行政监管部门运用行政权对生态损害行为的制止、纠正与惩罚或者说是对责任主体的行政责任之追究称为生态损害"行政救济"。从此种意义上来使用生态损害（或环境损害）"行政救济"一词的情形在不少环境法学者的学术论文中存在。[2] 如张宝在《生态环境损害政府索赔权与监管权的适用关系辨析》一文中，以2008年《中华人民共和国水污染防治法》（以下简称《水污染防治法》）第八十三条及2016年修订草案征求意见稿第一百三十四条为例，将该法规关于企业事业单位违法造成水污染事故的行政处罚、行政命令、行政强制等法律责任，等同于生态环境损害的"行政救济模式"。[3] 马腾在《我国生态环境侵权责任制度之构建》一文中，将我国生态损害的公法救济体系分为行政救济和刑事救济两部分，并直接将生态损害行政救济等同于行政处罚。[4] 吴鹏在《最高法院司法解释对生态修复制度的误解与矫正》一文中提出，"在环境公益保障制度的设计中，行政救济应当作为首选途径"，他所指的行政救济是"环境行政执法"[5]。

1　廖建凯.生态损害救济，环保组织扮演什么角色？［J］.环境经济，2016（15）：95-99.

2　笔者在中国知网用"行政救济"一词在全文中检索，并在结果中用"生态损害"一词进行二次检索，共收集到cssci和核心期刊论文61篇［加上了转引原文5篇，检索时间为2019年5月13日］。通过逐篇核对，发现其中有6篇属引用他人"行政救济"一词的表述，14篇论文对"行政救济"一词没有解释无法准确判断其具体所指，剩下的16篇论文在"行政救济"一词的使用上与行政法上使用保持了一致，而25篇论文则是从运用行政权对生态损害行为的制止、纠正与惩罚的意义上来使用"行政救济"一词的。虽然这一检索不能精确展示环境法研究者对生态损害"行政救济"一词使用的全貌，但以研究质量整体上相对更高的核心期刊论文为研究对象，更能说明在环境法学界，的确较普遍地存在从此种意义上来使用生态损害"行政救济"一词的情形。

3　张宝.生态环境损害政府索赔权与监管权的适用关系辨析［J］.法学论坛，2017（3）：14-21.

4　马腾.我国生态环境侵权责任制度之构建［J］.法商研究，2018（2）：114-123.

5　吴鹏.最高法院司法解释对生态修复制度的误解与矫正［J］.中国地质大学学报（社会科学版），2015（4）：46-52.

王岚在《论生态环境损害救济机制》一文中将环境行政处罚、责令改正型环境行政责任、环境行政强制均纳为"生态环境损害之行政救济模式"[1]。笔者在论述环境公益诉讼的性质与类型界分时也曾从此种意义上使用过"环境公益的行政救济"一词。[2] 然而，随着对生态损害法律救济问题研究的深入，笔者发现，被环境法学界所普遍认可的生态损害行政救济中的"行政救济"一词存在误用嫌疑，因为在行政法学界，"行政救济"有其特定的内涵，而并非行政监管部门运用行政权对生态损害行为的制止、纠正与惩罚。[3]

二、行政法学中的"行政救济"

法学体系中的救济在本质上是一种权利，即当实体的权利或法律利益受到侵害时从法律上获得自行解决或请求司法机关及其他机关给予解决的权利。一般依法律救济方法的不同而区分为民事救济与行政救济。《牛津法律大辞典》指出："行政救济可以通过向更高级的行政官员或大臣申诉取得，也可以通过向特殊的行政机关或法庭、仲裁庭（本身可以受、也可以不受一般法院诉讼的控制）提出申诉而取得。"[4]

在我国，"行政救济"一词的适用发端于学界对行政诉讼这一救济方式的研究，在早期的学术讨论中，不少人将行政救济等同于行政诉讼。随着法学界对我国行政诉讼制度研究的深入、对外国行政救济制度了解的加深以及对我国行政救济实践经验的总结提升，有关行政救济概念与特征的认识逐渐丰富起来。行政法学界一般认为，"凡对于违法或不当的行政行为加以纠正，或对于因行政行为而遭受财产损

1　王岚.论生态环境损害救济机制［J］.社会科学，2018（6）：104-111.
2　黄锡生，谢玲.环境公益诉讼制度的类型界分与功能定位——以对环境公益诉讼"二分法"否定观点的反思为进路［J］.现代法学，2015（6）：108-116.
3　随着环境法学研究的不断深入，环境法学研究的跨学科特征会日益昭显，那么基本概念使用上出现失误的几率也可能会随之增加，针对失误及时进行矫正方为科学的态度。
4　［英］戴维·沃克.牛津法律大辞典［M］.北京：光明日报出版社，1988：764.

失的人给予弥补的制度，都属于行政救济"[1]。但研究者对具体如何细致地来界定行政救济的概念与确切范围却有着不同的观点。狭义的观点认为，行政救济"是指行政管理相对人在其合法权益受到行政机关的违法失职行为侵犯后依法提出申诉，由有监督权的行政机关按法定程序对其予以救济的一种法律制度。这种救济是由行政机关来进行的，因而简称为行政救济"[2]。这一定义将行政救济的实施主体限于行政机关，如行政复议，而把行政诉讼视为司法救济，即将"行政救济"理解为与"司法救济"相对应的概念而提出。而广义的行政救济"是指公民的权利和利益，受到行政机关侵害时或可能受到侵害时的防卫手段和申诉途径；也是通过解决行政争议，纠正、制止或矫正行政侵权行为，使受损害的公民权利得到恢复，利益得到补救的法律制度。因此，行政救济是针对行政权力运作的一种消极后果的法律补救"[3]。还有学者主张"行政救济是指有关国家机关依法审查行政行为是否合法、合理，并对违法或不当行政行为予以消灭或变更的一种法律补救机制"[4]。这一观点将行政救济看作了监督行政，其能涵括的范围就更为宽泛了。亦有学者认为"行政救济是公民、法人或者其他组织认为行政机关的行政行为造成自己合法权益的损害，请求有关国家机关给予补救的法律制度的总称"[5]，主要包括行政复议、行政诉讼、行政仲裁和信访等制度。

　　"行政救济"是一个学理概念而非法定用语，不仅不同国家源于其政治制度及法律传统之差异，对行政救济这一概念的理解与界定存在差别，即使在我国，如前所述，学者们对"行政救济"一词的准确界定和具体范围之理解亦有着不同。但这些不同并不意味着行政救济是可以任意定义和适用的概念，任何一个学理概念在其产生之初可能

---

1 林莉红.香港的行政救济制度［J］.中外法学，1997（5）：33-41.
2 韩德培.人权的理论与实践［M］.武汉：武汉大学出版社，1995：699.
3 张树义.行政法学新论［M］.北京：时事出版社，1991：235.
4 叶必丰.行政法学［M］.武汉：武汉大学出版社，1996：222.
5 林莉红.行政救济基本理论问题研究［J］.中国法学，1999（1）：41-49.

存在较多争议，却会随着适用时间的推移而逐渐沉淀出一些被学界普遍认可的合理特质。"行政救济"一词亦是如此。尽管有关行政救济的范围和具体形式有着多种观点，但法学界对行政救济的如下基本特征已经达成共识：①行政救济产生的原因是行政管理相对人的合法权益因行政主体的行政行为而受到或可能受到了损害，从而产生了一个行政争诉。②行政救济是对行政管理相对人的救济，即行政救济权的享有主体是行政法律关系中的行政管理相对人而非行政主体。因为权力无须救济。③行政救济矫正的对象是行政行为，即对行政管理相对人的合法权益造成或可能造成损害的行政行为。

三、环境法学研究中的生态损害"行政救济"一词之误用

很显然，环境法学界大多数学者所指称的生态损害"行政救济"的确不符合行政法学界已达成共识的有关行政救济的一般定义与基本特征。在行政法学界，行政救济是指对行政管理相对人因行政行为受到损害之救济，而环境法学者们所表述的生态损害"行政救济"则是指在生态损害后果已经出现或可能出现时，环境行政部门运用行政权对生态损害行为的预防、矫正与惩罚。虽然二者都使用了"行政救济"一词，但具体所指已相去甚远。其一，从产生原因来看，行政法学中的行政救济的产生源于行政管理相对人的合法权益因行政主体的行政行为而受到或可能受到损害；而环境法学者所表述的生态损害"行政救济"之"行政救济"产生的原因，却是存在环境行政管理相对人违法的生态损害行为。其二，从救济的对象来看，行政救济是对行政管理相对人的救济，即行政救济权的享有主体是行政法律关系中的行政管理相对人；而环境法学者表述中的生态损害"行政救济"的享有主体为拥有行政权的行政主体。其三，从矫正的对象来看，行政救济矫正的对象是行政行为，即对行政管理相对人的合法权益造成或可能造成损害的行政行为；而环境法学者论及的生态损害"行政救济"所要

矫正的对象是环境行政管理相对人违法的生态损害行为。前者是公权力主体的行为，后者为私主体的行为。

"行政救济"一词是行政法学界的一个基本概念，同时也越来越多地被环境法学界的学者们所使用，但同一个词出现在两个不同部门法学中的内涵与具体指向却出现了质的差别。那么，必须明确的一个问题是，到底何种用法更符合"救济"一词之本源？何种界定更符合基本法理而更具有合理性？笔者认为，应该说，环境法学界学者们表述中的生态损害"行政救济"或"环境行政救济"是对"行政救济"一词的误用。理由如下：①从语义上来分析，"救济是由法律所提供的矫正损害之手段"，救济在本质上是一种纠正或者减轻性质的权利，是侵犯了第一性权利而产生的第二性权利。虽然无论是私主体所导致的生态损害，还是行政主体对行政管理相对人所造成的损害，均属于产生了一个可以作为救济产生前提的损害或有损害之虞的事实。但是，行政主体对行政管理相对人因违法造成生态损害行为的处理（如行政处罚），当属行政执法行为，此时行政主体拥有的是行政权力而非权利，因此不能将这一不具有权利本质的行为称为"救济"。更重要的是，行政主体对行政管理相对人的生态损害行为的处理的确可以预防、制止生态损害的发生及损害的扩大，保护生态利益，或者说环境行政权设定与运行的主要目标就是保护包括生态利益在内的环境利益，运用行政手段保护生态利益可以称之为广义的生态损害救济，但并不能等同于生态损害的行政救济！②行政救济是行政法的一个基本学理概念，行政法学界对这一概念的使用和研究早于环境法，环境法学界最近几年才开始较频繁地使用"行政救济"一词。作为一个快速发展的新型部门法学，环境法学的研究在理念上可以有大胆的创新以体现环境法的"革命性"，但在法学术语的使用上又应当严肃认真地考证，在一些约定俗成的基本概念与核心范畴的使用上尤甚，唯有如此方能避免一些人为的歧义与无谓的纷争，使环境法学与其他部门法学的研究能有效地沟通与对接。

四、生态损害行政矫正概念之厘定

虽然行政主体对行政管理相对人的生态损害行为之处理不能称为生态损害行政救济，但这一处理行为的确起到了预防、制止生态损害的发生及损害的扩大，保护生态利益之作用，当属于法律所提供的矫正损害之手段。那么，应当如何表述这一通过行政权运行实现对生态损害进行救济的方式呢？

首先，行政主体运用行政权对生态损害行为的制止、纠正与惩罚，即运用行政权对生态损害实施救济的行政行为只是行政主体实施环境行政监管的部分行政行为，而不能包括所有的环境行政监管行为。通过行政权的运用对生态损害实施救济的行政行为所针对的对象是已经或可能造成生态损害的相对人之行为，而非针对全部环境行政管理相对人的所有环境行政监管行为。这一生态损害救济方式的发生需要具备两个基本条件：一是存在一般主体的生态损害行为并发生了生态损害后果（依风险预防原则，存在生态损害之虞的重大风险事实亦在矫正之列）；二是行政行为对生态损害行为的纠正与惩罚客观上产生了救济生态损害的效果。环评报告的审批、排污许可证的发放等环境监管行为就不在之列。所以，如果用宽泛的环境行政监管或者环境行政执法显然无法准确地来表达这一生态损害的救济方式。其次，也许是意识到使用生态损害"行政救济"一词来表述与生态损害司法救济相对称的救济路径不妥，有研究者使用了"环境行政规制"一词来表述运用行政手段对生态损害之救济。[1]行政规制作为近年来在行政法学界兴起的一个新概念，虽然其内涵

---

[1] 如韩英夫、黄锡生在《生态损害行政协商与司法救济的衔接困境与出路》一文中就使用了"环境行政规制"一词来形容与环境司法诉讼救济相对称的生态损害救济方式。

和外延还存在一些模糊之处，但依行政法学界主流的观点，行政规制在内容上包括了制定行政法规规章等规范、制定相关具体政策和具体的市场干预等行为。[1] 很显然环境行政规制的概念与生态损害后果发生或有发生之虞时运用行政手段对生态损害进行救济的内容相去甚远。

基于上述分析可知，在当前的行政法学研究领域，的确无法找到一个能与环境法中所欲表达的、通过行政主体对行政管理相对人的生态损害行为之处理来实施生态损害救济这一内涵相契合的现成概念。笔者认为，可以借用作为刑罚执行方式的"社区矫正"中的"矫正"一词，将这一生态损害的救济方式称为生态损害行政矫正。理由如下：①"矫正"一词在语义上为纠正之意，而运用行政权对造成或可能造成之生态损害的救济，首先就表现为对行政管理相对人之生态损害行为的制止和纠正。②社区矫正是指"将符合法定条件的罪犯置于社区内，由专门的国家机关在相关社会团体、民间组织和社会志愿者的协助下，在判决、裁定或决定确定的期限内，矫正其犯罪心理和行为恶习，促进其顺利回归社会的非监禁刑罚执行活动"[2]。其功能既包括了对犯罪行为的惩罚和预防，也包括了对犯罪行为人犯罪心理和不良行为的制止和纠正。社区矫正的功能范围与运用行政权对生态损害行为的惩罚、制止、纠正、预防功能不谋而合。因此，可以借用"社区矫正"中的"矫正"一词，将运用行政权对生态损害的救济方式称为生态损害行政矫正。

那么，应该如何来界定生态损害行政矫正的内涵与外延呢？所谓生态损害行政矫正，是指因相对人违反行政法义务而要求其补充履行应有义务或对相对人的人身、财产、精神施加负担进行惩罚以及强制的行政决定行为。由于这一生态损害的救济是由行政主体来

1　江必新．论行政规制基本理论问题［J］．法学，2012（12）：17–29．

2　最高人民法院、最高人民检察院、公安部、司法部．关于在全国试行社区矫正工作的意见［Z］．2009–09–02．

实施的，所以将其称为生态损害行政矫正。从而与生态损害的司法救济相对称。

行政决定行为可以依功能的不同而划分为基础性行政行为和保障性行政行为。基础性行政行为旨在直接落实法律规定的应有权利义务。行政命令是最具代表性的基础性行政行为，依行政命令发生的时间为划分标准，可以将行政命令区分为引导性行政命令和补救性行政命令。前者发生在相对人的违法行为发生前，旨在事前引导；后者在相对人违反或怠于履行法定义务之后发出，是旨在要求相对人补充或重新履行该义务的事后补救性行政行为。[1]而保障性行政行为是对违反法定义务的相对人所给予的责难与惩罚，包括行政处罚和行政强制。生态损害行政矫正以相对人违反行政法义务为前提，包括了行政决定中的补救性行政命令和保障性行政行为。因此，从外延上来看，生态损害行政矫正的方式分为两类：一类是责令停止建设、责令停止试生产、责令停止生产或者使用、责令限期建设配套设施、责令重新安装使用、责令限期拆除、责令停止违法行为、责令限期治理等补救性行政命令。另一类是警告，罚款，责令停产整顿，责令停产、停业、关闭，暂扣、吊销许可证或者其他具有许可性质的证件，没收违法所得、没收非法财物，行政拘留等行政处罚和行政强制。[2]

上述关于生态损害行政矫正的内涵与外延的界定，较为合理地凝练了通过行政手段救济生态损害这一路径的概念表述，为环境法学界对生态损害这一救济路径的研究与行政法学的相关理论进行有效对接奠定了基础，同时也为厘定这一救济方式的合理范围并对生态损害行政矫正的功能进行恰当定位提供了必要前提。

---

[1] 此处的补救并非民事责任中的填补，而是相对人应尽而未尽义务之重新履行。一般为积极的作为义务，如责令重新安装使用。

[2] 行政命令与行政处罚的关系事实上在现行立法和司法实践中都存在混乱，理论界对此问题也存在不同的观点。笔者认为，二者区分的关键在于是否对相对人课以了新的义务，以"责令"形式出现的行政决定如果只是要求相对人补充或重新履行原义务则为行政命令，如果在原义务之外给相对人增加了新义务则为行政处罚。2021年新修订的《中华人民共和国行政处罚法》将限制开展生产经营活动、责令关闭、限制从业等行政决定明确规定为新的行政处罚种类即体现了这一区分。

生态利益的公共产品属性的确决定了生态损害的法律救济应遵循"行政权优先"原则。然而，当生态损害的后果已经发生或有发生之虞时，"行政权优先"原则是否在生态损害救济的所有领域均有优先适用的正当性？尤其是在生态损害的填补性救济中，是否也应当贯彻"行政权优先"原则？是否仅仅依靠完善和创新生态损害环境行政法律制度就可以完全实现生态损害之充分救济？通过行政权的运用实现生态损害救济的功能到底有没有限度？

第三节　生态损害行政矫正的功能与限度

一、生态损害行政矫正的功能

生态产品供给的私人选择失灵为行政权介入环境管理提供了正当性。在传统的公益与私益二元保护的路径安排下，政府为生态利益保护之当然代表。当生态损害已经发生或有损害之虞时，首先应当是负有职责的行政部门通过行政处罚、行政命令等行政矫正措施，纠正与惩罚生态损害行为，预防生态损害发生或制止已经发生的损害及损害之扩大，此为生态损害法律救济路径选择中的"行政权优先"原则。生态损害行政矫正对生态损害进行救济的优势，一方面体现在生态损害行政矫正反应快捷、程序便捷、实施高效，能够对已经或可能的生态损害提供及时高效的救济；另一方面，生态损害具有十分明显的科学技术性。实践中对于损害的发生以及损害程度的判断，均需要动用大量的资源以提供科学技术的支持。相对于司法部门，环境行政监管部门拥有明显的技术优势，对生态损害的事实判断及生态修复复杂性的把握更具有专业性。与此同时，贯彻"行政权优先"原则亦符合司法是维护社会公平正义的最后一道防线之共识。

具体而言，生态损害行政矫正对生态损害之救济功能，主要体现为对生态损害后果的预防以及对生态损害行为的阻却与惩罚。

　　首先，生态损害行政矫正可以预防生态损害后果的发生以及防止已经发生之损害的扩大。由于环境与生态系统的整体性，生态损害一旦发生，可能因扩散而导致损害后果难以控制，且事后的修复往往成本巨大甚至无法修复，因此风险预防和损害预防原则成为环境法一项基本原则。"与民事诉讼机制、环境公益诉讼机制偏重生态环境损害发生后的法律补救和责任填补不同，环境行政法律救济机制贯穿于生态环境损害预防、控制和救济的全过程及其各个环节。"[1] 行政监管部门拥有应对风险与预防损害的设备、资金与技术，同时，生态损害行政矫正较之于其他手段具有反应快速的优势，这些都决定了生态损害的预防性救济主要应当由生态损害的行政矫正来实现。

　　其次，生态损害行政矫正可以及时纠正、制止相对人正在发生的生态损害行为，阻却其行为继续存在。这一功能主要是由补救性行政命令来承担的。与发生于相对人履行法定义务前直接要求相对人履行特定义务的引导性行政命令不同，事后补救性行政命令以相对人违反或怠于履行法定义务为条件，行政主体要求相对人补充或重新履行该法定义务，以阻却生态损害行为、恢复生态系统。如责令限期建设配套设施、责令重新安装使用、责令限期拆除等行政命令的目的正是为了纠正正在发生的生态损害行为。

　　最后，生态损害行政矫正的另一项极其重要的功能是惩罚生态损害的责任主体。这一功能主要是通过行政处罚等保障性行政行为来实现的。行政处罚是环境行政监管中使用频率最高的一种行政处理，以相对人存在违反法定义务为前提。行政处罚意味着对行为人的一种责难或制裁，行政处罚作用的对象并非先前的法定义务，而是课以相对人额外的新义务。环境行政监管主体正是通过行政处罚等保障性行政行为惩戒造成生态损害的责任人，并对潜在的违法者进行威慑。

1　柯坚.建立我国生态环境损害多元化法律救济机制——以康菲溢油污染事件为背景 [J].甘肃政法学院学报，2012（1）：101-107.

总之，肩负着生态利益维护之使命的环境行政监管主体，通过积极主动的行政执法，既可以预防可能产生之损害，也可以制止与惩罚已经发生之损害行为。生态损害行政矫正在生态损害救济中的优势及其基本使命，决定了在预防损害后果、阻却与惩罚生态损害行为的救济领域，应优先适用以行政权为主导的行政矫正途径。但问题就在于，"行政权优先"原则是否在生态损害救济的所有领域均有优先适用的正当性？是否仅仅依靠完善和创新生态损害行政矫正方式就可以完全实现生态损害之充分救济？

二、生态损害行政矫正的功能限度

笔者认为，生态损害行政矫正有其自身的功能限度，生态损害行政矫正制度的主要功能是预防、阻却与惩罚，并不适合由其来实现生态损害之填补性救济。而且，源于环境行政权运行本身所固有的缺陷与中国环境行政监管的现实，仅仅依靠完善生态损害行政矫正途径也无法实现对生态损害的充分、全面之救济。

首先，生态损害行政矫正在生态损害救济能力上存在局限。从实证的角度来考察，由于生态损害行为在大多数情况下是合理性行为的副产品，其行为的产生源多面广，再强大的行政执法权也会存在执法资源不足的问题；从管理学的角度来看，即使行政主体始终代表生态利益并勤勉履行职权，其行政决策也有可能存在失误；从人性假设理论出发，行政监管者并非绝缘于私人利益、部门利益而纯粹追求公共利益的"生态人"，他们也是追求私人利益、部门利益最大化的"经济人"，当行政主体的自身利益与公众的生态利益之间缺乏关联时，缺乏严格执法动力的行政主体甚至可能基于自身利益而与生态损害行为人合谋。因此，无论生态损害行政矫正措施如何完善，也无法仅仅依靠生态损害行政矫正实现对生态损害的充分救济。

其次，生态损害行政矫正在规制对象上亦存在局限。生态损害

行政矫正的规制对象为行政管理相对人，即主要限于规制私主体的
生态损害行为，而对公权力主体的生态损害行为则无能为力。然而，
一个不容忽视的事实是，在多数情况下，私主体的生态损害行为背后，
往往夹杂着行政主体怠于履行职权的影子，我国环境行政主体受监
管体制、权力配置等诸多因素的影响，主观上执法意愿不足，客观
上也难以有效行使行政权力以实施生态损害救济，"不出事逻辑"、
运动式环境执法、"以权代法"现象在环境行政权的运行中并不少
见。另外，政府决策失误等不当行政行为本身亦成为环境污染与破
坏之源，甚至造成的损害后果可能比私主体的生态损害后果更严重。
而公权力主体的生态损害行为并不在生态损害行政矫正的规制范围
之内，因此，仅仅依靠生态损害行政矫正无法实现对生态损害的充
分救济。

　　最后，通过完善或创新生态损害行政矫正无法实现对生态损害的
填补救济。认识到现行行政矫正对生态损害填补救济的无能为力，
不少研究者提出，应当通过完善或创新环境行政责任形式来实现
对生态损害的填补救济。代表性的观点包括：①况文婷、梅凤乔
认为："政府作为公共物品的主要供应者，公共利益的当然代表，
理应作为生态环境损害赔偿责任救济的第一性主体。"并主张设
立"责令赔偿"这一行政责任形式弥补现有行政手段对生态损害填
补救济的不足。[1]"责令赔偿生态环境损害，是指行政主体依其环境
管理职能，要求责任人赔偿因其行为造成的生态环境损害。"并将
"责令赔偿生态环境损害"认定为是与责令改正行政行为类似的
"一种不同于行政处罚的行政命令措施，是一种补救性的环境行
政责任形式"[2]。巩固教授也认为，"国家是公共利益的当然代表，
环保更是相关部门的法定职责。无论把生态环境看作全民公有、共
享共用的公共财产，还是影响公众健康、关乎公共安全的公共秩序，

1　张宝在《生态环境损害政府索赔权与监管权的适用关系辨析》一文中亦持同样的观点。
2　况文婷，梅凤乔.论责令赔偿生态环境损害［J］.农村经济，2016，（5）：30–34.

由行政机关担当维权主体都是顺理成章、理所当然。"并提出，"从生态环境及其救济的公共属性来看，也只有经由公法的具体规定，相关修复、赔偿责任的创制才有充分合法性"。然而，这一主张的成立不无疑问。因为：第一，政府是公共利益的当然代表，但从政府是公共利益的当然代表中只能推导出政府是通过运用行政权来维护公共利益的责任主体，并不能推导出政府就"理应作为生态环境损害赔偿责任追究的第一性主体"，或只有由公法设定生态损害修复、赔偿责任才具有充分合理性这一结论。除非仍然固守公益、私益救济二元保护的传统路径而无视单一行政矫正救济方式所面临的现实困境。第二，设立责令赔偿这一主张的实质是欲借用行政手段实现生态损害民事救济之目的，但责令赔偿却无法归入现行行政决定的类型中而得到妥善安放。首先，责令生态损害赔偿的功能是填补而非惩罚，所以不能将其归入行政处罚的范围；其次，生态损害侵害的是社会公共利益，依据的是行政法律规范而非民事法律规范，所以责令生态损害赔偿不同于普通的行政主体责令承担民事责任形式，后者属于具有居间性的行政裁决；再次，责令停止生产、责令重新安装使用等责令改正所针对的对象是损害行为本身，其功能是纠正制止违法行为，而责令赔偿针对的对象是损害后果而非损害行为本身，其功能是填补，二者在制度功能上有很大的差异，责令赔偿不属于责令改正等补救性行政命令的范围。更为重要的是：由于生态损害赔偿一般数额巨大，责令赔偿对相对人的权利有重大影响，若与行政命令等同视之，则既不属于行政处罚也不属于行政裁决的责令赔偿，既不能适用听证等重大行政处罚等程序，又不能适用行政裁决的准司法程序，行政命令属单方行政行为，赔多少、怎么赔均可由行政主体单方面决定，那么，试问相对人的权利如何得以保障？更何况，当行政处罚权与民事填补的责令赔偿权集于一身时，又如何保证行政主体不会"以罚代赔""以赔代罚"或者以一种行政责任的承担减轻另一种责任的承担呢？毕竟，使用频率最多的行政罚款与责令赔偿均属于相对人承担的财产上的不利益。第三，这一主张过分夸大了生态损害行政矫正的功能，可能会进一步混淆原本已经出现混乱的生态损害行政责任与民事责任之功能界分。生态损害民事责任的承担与传统民事责任的承担有诸多的不同[1]，对生态损害民事责任特性的认识不清导致已有环境民事公益诉讼判决中出现了民事责任与行政责任的混同[2]，并引发了学界对环境行政权与司法权错位之质疑。而设立责令赔偿这一主张可能会使这一问题愈演愈烈。第四，责令赔偿并非一个新的环境行政责任形式，在早期的环境保护单行法中已有规定，但一些单行法在后来的修订中对此做出了修改。[3]应该也是随着认识的深入发现这一责任形式的不妥。②陈太清提出应在改良行政罚款的基础上将行政罚款界定为对公益损害的填补，以行政罚款来主导生态损害救济，不仅让行政惩罚发挥其惩罚与预防功能，而且应让其实现其填补功能。[4]谭冰霖认为"环境行政处罚的规制功能包括法律威慑、风险预防和生态恢复三个维度"，提出恢复性罚款应作为"构建系统化的生态恢复行政处罚责任形式"之一。这一观点同样不能成立。第一，行政罚款与损害赔偿作为两种不同性质的法律责任，法律对其功能和适用方式都有不同的设定。罚款作为一项惩罚性法律责任着眼于行为的可责罚性，主要目的是惩戒，罚款的数量与违法情节、主观恶性、损害后果相对应；赔偿作为一项填补性法律责任着眼于行为所造成的损害后果，主要目的是弥补损失，

---

1 如传统民法中的"停止侵害"往往通过侵权人的不作为方式即可实现，但生态损害民事责任中的"停止侵害"却在大多数情况下需要违法者的积极作为方可达成，如停止污染可能需要重新安装排污处理设施或对污染物进行无害化处理等一系列积极行为，更重要的是，这些责任承担的最终效果需要负有监管职责的行政主体的监管配合。

2 巩固.2015年中国环境民事公益诉讼的实证分析［J］.法学，2016（9）：16–33.

3 如1983年的《海洋环境保护法》、1985年的《森林法》等都有责令赔偿规定，但修订后的这两部法均修改了这一责任形式。

4 陈太清认为"行政罚款对环境损害的救济不仅体现在可以此增加行为人的违法成本，制止和预防违法上，而且体现在国家可用罚没之款用于环境保护和生态再造上"。考虑到政府对环境损坏行为多处以罚款，罚款又是公共财政直接来源，政府治理环境损害依托公共财政支持。因此，我国的环境违法罚款事实上也在发挥环境损害填补功能。陈太清.行政罚款与环境损害救济——基于环境法律保障乏力的反思［J］.行政法学研究，2012（3）：54–60.

赔偿的数量一般以损害后果为依据，即损失多少赔多少。所以，虽然这两种责任形式均会带来责任人的财产减少，但这两种责任形式不同的功能与适用方式决定了二者只能并存而不能用行政罚款替代损害赔偿。第二，按现行行政法"收支两条线"的有关规定，行政罚款应当上缴国库，而非直接用于生态修复，所以行政罚款无法实现损害填补之功能。③徐以祥教授认为，"生态环境损害救济的技术性和公益性特点决定了行政命令救济能够在生态环境损害救济中发挥重要的功能"，"在我国未来的多路径并存的生态环境损害救济体系中，应当确立行政命令救济在应急性救济、生态环境修复和非金钱替代性修复方面的主导地位"。李挚萍教授也认为责令生态环境修复行政行为可以作为生态环境损害公法救济手段之一。笔者认为，这一主张具有一定的合理性。责令恢复原状、责令改正、责令限期采取补救措施等补救性行政命令的确可以在特定情形下部分地实现对生态损害的填补救济。但正如两位教授指出的那样，责令生态环境修复行政行为也存在诸多的不足和适用限度，并非在所有的生态损害救济中都能居于主导地位。[1]

概而言之，上述试图通过扩大行政矫正的功能来弥补当前生态损害填补性救济不足的观点，忽略了以下三个基本事实：其一，我国生态损害法律救济所遭遇的困境，与生态损害行政矫正在环境公益救济中的内在缺陷不无关系。而这些内在缺陷无法通过增设新的环境监管职权来加以克服。其二，域外值得借鉴的生态损害法律救济制度的良性运行，均是建立在公众参与十分充分的前提之下的，在目前我国公众参与的参与渠道、参与意愿和参与能力均十分有限的情形下，过度依赖行政权在生态损害填补救济中的功能，存在着生态损害救济中利益相关者的权益保障不足与行政权进一步被"俘获"的隐患。其三，不同的制度有其不同的功能定位，对行政矫正制度的过度推崇并突破

---

[1] 徐以祥.论生态环境损害的行政命令救济[J].政治与法律，2019（9）：82-92.李挚萍.行政命令型生态环境修复机制研究[J].法学评论，2020（3）：184-196.

其功能限度，不仅不能实现其强加的功能，反而可能导致不同制度之间功能的错位，并影响到该制度原有功能之正常发挥。

诚然，环境监管行政主体在生态损害救济中的优势及其基本使命，决定了在生态损害法律救济中应贯彻"行政权优先"原则；同时，我国环境行政权在整个行政权力体系中的弱势地位以及现行环境行政监管的不足也意味着强化环境行政权、完善生态损害行政矫正制度有其现实意义。但强化环境行政权并不意味着忽视其他主体发起生态损害救济的诉求与积极性，并非重新回到依靠政府单打独斗的老路上去。"行政权优先"原则也不是意味着在生态损害救济的所有领域都适合由行政主体来发挥主导作用。生态损害行政矫正在生态损害救济的方式、救济的能力及救济的对象上均存在局限，即生态损害行政矫正有其功能限度，仅仅依靠完善和创新生态损害行政矫正制度无法实现对生态损害的充分救济。

生态损害行政矫正制度的功能无法到达之处恰恰是生态损害司法救济应当作为之处。相对于生态损害行政矫正，生态损害司法救济的确存在费时长、运行成本高等问题，但生态损害司法救济能将公权力主体的生态损害行为纳入规制范围并在生态损害救济中发挥"监管监管者"之独特功能；同时，将生态损害的填补救济交由司法救济来实现，可以让生态损害责任民事的归民事、行政的归行政，从而缓解行政权与司法权在生态损害法律救济中权限划分和功能界分上的张力和冲突。

第四节　生态损害司法救济之功能

只有建立对生态损害进行有效预防的事前干预机制、生态损害发生时的控制机制和事后的惩罚与填补机制，才能实现对生态损害的全面、充分的救济。生态损害行政矫正制度的主要功能是预防与惩罚，运用行政权实现生态利益之维护有其功能限度，一方面行政矫正制度无法有效实现对生态损害之填补，另一方面行政矫正制度惩罚与预防功能的充分发挥是需要条件的。环境行政权本身的配置不合理以及对环境行政权进行有效监督的"监管监管者"制度的缺失不仅直接影响生态损害行政矫正制度的功能，甚至行政行为本身亦成为生态损害救济应当规制的对象。

生态损害行政矫正的功能限度与生态损害日益严重的现实之间形成了强烈的反差。相对于生态损害行政矫正，生态损害司法救济的确存在费时长、运行成本高等问题，但生态损害司法救济能在生态损害救济中发挥自身的独特功能。

一、生态损害司法救济的预防功能

依传统法学理论，对风险的预防与控制主要依靠行政规制来实现，"行政，依其性质及作用，最适于防治危险"[1]。司法关注的重点是对已经发生之损害的事后救济问题。的确，当前环境行政监督对预防与控制生态损害的发生发挥了基础性功能。然而，由于生态安全为人类的底座安全，生态损害的不可逆性及生态损害的巨大性，生态损害行政矫正功能的限度可能导致生态损害行政矫正对生态损害预防与控制的失效，为了弥补这一缺陷，"消未起之患"的任务不再仅仅局限于行政规制领域，损害预防甚至风险预防理念也在向司法领域渗透。

具体而言，生态损害司法救济的预防功能体现在如下三个方面：①从一般意义上来说，包括事后惩罚责任和填补救济在内的所有对生态损害进行救济的法律形式均具有预防救济之功能。生态损害的司法救济从整体上来说虽然侧重于事后补救或惩罚[2]，但填补救济在落实

1　王泽鉴.危险社会、保护国家与损害赔偿法［J］.月旦法学，2005（2）：73.

2　环境犯罪刑事责任的追究是最严厉的事后惩罚，也因其对违法犯罪行为处罚的严厉性而发挥着其威慑、预防环境犯罪之功能。

"损害担责"原则的同时，事实上让生态损害的责任主体承受了其应当负担的违法成本，而且对于责任者来说，这往往是最主要的违法成本。生态损害行为一般是伴随着正常的生产经营活动而产生，生态损害行为的行为主体实施该行为的动机往往是为了降低成本，追求利益的最大化。因此，填补责任虽然是事后责任，但法律规则的设定指引的是立法之后的行为，合理设置填补责任可以让行为主体事先明确其行为可能导致的责任，从而促使其更加谨慎地采取行动，同时可以威慑、阻却潜在的违法行为主体实施生态损害行为。②作为直接以对生态损害进行司法救济为目标的环境公益诉讼，与传统环境侵权诉讼在功能上的一个显著区别是损害救济的预防性。无论是美国、印度等国家所确立的环境公益诉讼制度，还是在我国现行法关于环境公益诉讼制度的规定中，均无一例外地确认了起诉主体在"有损害之虞"时即可以提起环境公益诉讼的起诉权。换言之，环境公益诉讼已经不再仅限于对已经发生之损害进行救济，在一定条件下可能发生之损害也可以被纳入司法救济的范围，从而发挥生态损害之预防功能。③生态损害的预防与控制不仅依赖于企业等私主体的识别、评估生态损害风险，排查与检测生态损害隐患以及出现生态损害威胁时采取应急处置措施等一系列法定义务之遵守，同时也取决于负有职权的行政主体检测与评估生态损害风险，排除与降低风险，敦促管理相对人遵守生态损害风险预防法定义务，并在损害发生或有发生之可能时的应急处置等能力。换言之，生态损害预防性救济规制的对象既包括私主体的生态损害行为，也包括行政主体以生态风险的预防与控制为目的的行政行为。然而，以生态损害预防与惩罚为主要功能的行政矫正制度规制的对象仅仅是行政管理相对人的生态损害行为。与生态损害行政矫正制度不同，生态损害司法救济则将导致或可能导致生态损害的行政行为亦纳入了规制范围，在预防一般主体的生态损害行为之外，还可以敦促行政主体及时采取有效措施，预防可能发生之损害或防止已经发生之损害的扩大。

二、生态损害司法救济的监督功能

生态损害司法救济是对不同于传统人身财产损害的社会"共同之善"的救济，生态损害公益诉讼是生态损害司法救济的核心制度。从生态损害行为的主体视角，生态损害行为可分为私主体的生态损害行为和公权力主体的生态损害行为。前者如船舶所有人、钻井平台运营人等民事主体因开发利用海洋资源或海洋生态系统造成生态损害的行为；后者是指拥有环境管理职权的公权力主体因不当行政行为直接或间接造成生态损害的发生或扩大之行为。无论是生态损害民事公益诉讼还是生态损害行政公益诉讼，二者的基本功能都是对拥有环境管理职权的权力主体的行政行为之监督。

从环境公益诉讼的制度生成背景来看，构建环境公益诉讼制度的直接动因源于我国现行环境行政监管效果的差强人意，因而环境公益诉讼是对现行环境行政执法不足的一种弥补。但是，环境公益诉讼制度具体是通过何种途径来实现弥补的？学界普遍认为，环境公益诉讼实现公益维护目标的具体路径是通过对环境行政权的补强来弥补环境行政救济之不足的。这一路径判别的确契合了当前环境行政执法的部分现实，触及了环境行政执法的某种无奈，因而得到了理论界和事务部门一定程度的认可。"在很多情况下，环境行政机关面临各种阻力，环保公益组织出面提起诉讼，客观上可以声援弱势的环境行政机关，弥补环境行政的不足。一言以蔽之，制度设计的初衷主要是为了依靠环保公益组织和司法机关处理一些事实清晰、损害明确、后果严重且行政机关难以解决、具有典型性的环境污染案件，以有效矫正主体行为和填补环境损害。"

然而，环境公益诉讼并非通过对环境行政权的补强、寻求与行政监管者的结盟而实现环境公益的维护，而是在生态损害的行政矫正之外，通过对公权力运行的监督促使行政职权的积极履行，从而维护生态利益。环境公益诉讼制度的建构是以承认生态损害行政矫正机制存在固有缺陷为前提的。美国的"私人检察长"理论就是以承认"公力救济"环境公益的效果有限为理论假设之前提，借助一个类比化概念（私人检察长）为普通个体提起公益诉讼提供理论依据的"私人检察长"理论，其目的当然不是通过授权寻求更多的"公力救济"，而是寻求在"公力救济"之外通过私人启动司法救济程序来弥补"公力救济"对环境公益维护之不足。环境公益诉讼是在现行生态损害行政矫正制度之外设置的另外一种补充救济机制，即通过广泛的一般主体启动司法程序以实现对生态利益的维护。环境公益诉讼诉求的目标是在一定程度上克服环境公益行政救济的固有缺陷，而不是通过寻求与环境行政监管者的结盟为环境行政监管补强。

因此，作为生态损害司法救济制度的核心，环境公益诉讼制度的基本功能是实现对公权力运行的监督。梁慧星教授指出，依传统做法，对公权的制衡适用"公权制衡公权"的法理，即"某个政府机关被授权行使某项行政权（如行政审批、行政许可），就相应设置或授权另一个政府机关来予以制衡、控制。而对于被授权的另一个政府机关的行为，又需要再设置、再授权第三个政府机关予以制衡、控制"[1]。但这种以公权制衡公权的实践并未取得良好效果，因此必须走出以公权制衡公权的传统做法，建立私权制衡公权的制度。公益诉讼的本质属性即为私权对公权的制衡。环境行政公益诉讼直接针对的是行政机关的违法行政行为，在性质上是私权对公权的监督。即使在环境民事公益诉讼中，穷尽行政手段的行政前置程序同样意味着环境民事公益诉讼也是私权对公权的一种监督，原告起诉前须告知负有职责的行政主体，这一程序设置的目的之一是敦促有责的公权力机关全面履行职责[2]，因此，环境民事公益诉讼也是对行政权运行的一种监督。

1　梁慧星.开放纳税人诉讼　以私权制衡公权［N］.人民法院报，2001-04-13（3）.
2　然而，2015年1月7日起实施的《最高人民法院关于审理环境民事公益诉讼案件适用法律若干问题的解释》第十二条规定："人民法院受理环境民事公益诉讼后，应当在十日内告知对被告行为负有环境保护监督职责的部门。"这一起诉后的告知程序不同于诉前告知程序，难以起到敦促有责主体履行行政职责之作用。

总之，对生态损害行政行为之监督是生态损害司法救济的一项重要功能，也是生态损害司法救济相对于行政矫正而言所具有的一项独特功能。

三、生态损害司法救济的填补功能

虽然生态损害后果严重、难以预见、难以恢复甚至不可逆转的特征决定了预防才是应对生态损害问题的基本理念，但仅仅依靠预防来避免和阻止所有的损害永远只是我们一厢情愿的美好设想。生态损害一旦发生成为损害事实，对生态损害进行填补救济就成为社会正义的最基本要求。生态损害司法救济是实现生态损害填补救济的基本手段，生态损害司法救济的填补功能主要体现在：①传统环境侵权损害救济在一定程度上实现了生态损害之填补。传统环境侵权损害救济以对环境侵权行为所造成的人身、财产等利益之损害进行填补救济为己任，然而，当环境组成要素被特定化为民法上的物，生态损害行为同时造成了生态损害与传统环境侵权损害的结果（即出现生态损害与传统环境侵权损害重叠的情形）时，传统利益损害的填补性责任承担（如恢复原状或生态修复），在填补传统利益损害的同时起到了对生态损害的填补救济。②环境民事公益诉讼是对生态损害进行填补救济的专门制度。环境民事公益诉讼制度以造成生态损害的私主体为被告，其诉讼请求一般都包括了停止侵害、消除危险、生态修复、损害赔偿等，主要的诉讼目的是要求责任主体承担生态损害的民事责任而实现对生态损害的填补救济。

第四章　生态损害之环境侵权诉讼救济

无论是从英美等国的妨害排除制度，还是从德国的不可量物制度来考察，环境纠纷最先是在传统侵权行为法或物权法等私法中进行处理的，通过私法手段的扩展来寻求环境利益损害之救济曾一度是研究者和立者们共同努力的方向。在我国，"环境权私法化"以及"民法典的生态化"讨论均是这一路径的典型反映。[1]学者们对环境问题私法救济的认识也经历了从一般侵权到环境侵权再走向对环境侵害进行确认这样一个过程。毫无疑问，环境侵权作为特殊侵权应当在侵权责任法中得到充分救济。然而，明显不同于环境侵权损害的生态损害能否在侵权责任法中得到救济以及能在多大限度内得到救济？又是通过何种途径实现这一救济的呢？这是本章需要探讨的问题。

从制度功能分析的角度出发，仅有行政矫正无法实现生态损害之充分填补和责任主体负外部性成本之完全内化，以司法救济来弥补行政矫正之不足以实现生态损害的全面救济之必要性已无须赘述。学界争论的焦点首先就是能否通过传统司法的生态化以实现对生态损害的救济以及救济的具体路径选择问题。由于生态损害行为并非缔约过失、违约等行为，生态损害可能进入的司法领域只能是以填补为基本机能的侵权责任法，因此，生态损害能否通过司法得到救济的问题被

1　金瑞林先生和汪劲老师曾指出两个事实：一个事实是，"环境问题产生之初"，也是在"环境法的历史"的早期，更多的是"依靠了民事手段"。另一个事实是，大概也是在环境法发展的早期，我国"环境法学研究大量和集中地探讨"的是"环境侵权行为、环境民事责任及其构成要件""民事责任形式及归责原则"等。金瑞林、汪劲.20世纪环境法学研究评述［M］.北京：北京大学出版社，2003：270-271.

转换成：生态损害能否通过对传统侵权法的修正或革新而得到救济？即生态损害的侵权法救济何以可能？

第一节　生态损害之"损害"与作为特殊侵权的环境侵权

沿着学界对环境利益损害救济的私法化路径探索，我们发现学者们首先认识到的是环境侵权不同于一般侵权，从而确立了作为特殊侵权的环境侵权救济规则；然后认识到同为环境侵权原因行为的环境污染行为与生态破坏行为之差别，探索了生态破坏行为进入侵权责任法的可能与路径；与此同时，研究者们意识到在环境侵权的背后还时隐时现地存在着一种独立的新型的损害形式——生态损害，于是生态损害能否在侵权责任法中被救济才成为一个研究的热点。对于作为公益损害的生态损害能否在以个人权利保护为本位的侵权责任法中得到救济这一问题，目前学界有着不同的看法。一种观点认为，包括生态损害在内的环境侵害可以通过环境法与民法的沟通协调即通过制定"绿色民法典"来实现。[1]另一种观点则认为，环境侵害造成的生态损害是对人类环境利益的损害，无法通过民事救济制度获得救济。[2]到底哪一种观点更具有合理性？如果生态损害能在侵权责任法中获得一定程度的救济，那这一救济的限度又在哪里？具体又能通过哪些途径达致救济之目的？比较上述两种不同观点何者更具有合理性的基础，是先厘定作为特殊侵权的环境侵权，并确认明显不同于环境侵权的生态损害是否为私法上的损害。

---

[1] 代表性的论著包括吕忠梅老师、李艳芳老师、陈泉生老师等环境法大家的有关论文和著作。

[2] 徐祥民，辛帅.民事救济的环保功能有限性——再论环境侵权与环境侵害的关系 [J].法律科学，2016（4）：88-100.另外，在《环境损害中的损害及其防治研究——兼论环境法的特征》一文中，徐教授亦提出"作为民法之一部分，环境侵权法只救济环境侵害带来之个人民事权益的损害，对于民事权益以外的其他损害的救济则无能为力"的观点。徐祥民，巩固.环境损害中的损害及其防治研究——兼论环境法的特征 [J].社会科学战线，2007（5）：203-211.

一、生态损害之"损害"是否为民法之"损害"

依《辞海》之解释，"损"具有"减少""丧失""伤害"等含义；"害"具有"伤害""祸患""妨碍"等含义。[1] 在民法学界，"损害"一词往往与民事责任的构成要件联系在一起。虽然关于民法上损害的概念与本质有着不同的界说，但当前民法学界普遍认同对民事主体合法权益造成的各种不利益均应称为民法上的损害。"无论是财产上或非财产上的不利益，亦无论该不利益是人的行为抑或自然事件所致，更无论其是现实的抑或未然的不利益，只要是确定发生的不利益，均应称之为损害。"[2]

生态损害是指人为的活动已经造成或者可能造成环境、生态系统及其组成部分的结构或功能发生严重不利变化的法律事实，即对环境与生态系统本身之损害。从语义逻辑来分析，生态损害自然属于损害之范畴，但并非所有的损害均为民事责任的构成要件，以公益为侵害对象的生态损害能否构成民法上的损害，是生态损害能否通过司法来进行救济之前提。本文试图通过对民法上之损害特征的考察来判断生态损害司法救济的可行性。宁金成、田土城在《民法上之损害研究》一文中提出，民法上的损害具有不利益性、不平等性、不自由性、客观性等特征。如若能证明生态损害同样具有民法上的损害之特征，则可以断言生态损害同样也可以通过私法进行救济。①生态损害的不利益性。虽然传统民法之损害的不利益性主要表现为财产上的减损或人身权被侵害所带来的不利益，但随着传统损害概念的内涵之扩大，"自由利益之妨碍"等"所谓抽象的损害和名义上的损害"[3] 亦被纳入损害的范围。生态损害虽然有时并不必然带来人身损害或财产损害，但的确会带来"自由利益之妨害"，如空

1　夏征农.辞海［M］.上海：上海辞书出版社，1999：848，1235.

2　宁金成，田土城.民法上之损害研究［J］.中国法学，2002（2）：104–112.

3　马俊驹、余延满.民法原论［M］.北京：法律出版社，1998：1028.

气污染导致儿童不能自由地出门玩耍。②生态损害的不平等性。"损害的不平等性，主要包括两方面含义：一是机会上的不平等，即民事主体在同等条件下未能受到平等对待；二是实质上的不平等。"如"受害人与加害人之间利益的不平等"[1]。从表面上看，生态损害产生的主要原因是经济利益与生态利益之间的利益冲突，但更实质性的冲突是部分人的经济利益与社会大众的生态利益之冲突，换言之，部分人为了获取经济利益实施了污染环境或破坏生态的行为，而这一行为的结果是造成了社会大众生态利益之损害，因此在受害人与加害人之间出现了利益的不平等。③生态损害的不自由性。损害的不自由性突出表现为对受害人意志自由或行为自由的妨碍。生态损害构成了对受害人自由意志的妨碍是生态损害之不利益的突出特征。④生态损害的客观性。毫无疑问，生态损害并非人们的主观臆断或凭空虚构出来的，而是已经客观发生或者依生态规律有发生之可能的损害。

由上述分析可知，以公共利益为损害对象的生态损害同样也符合民法上的损害之特征，因此也可以通过私法的路径来救济。公共利益之损害主要是通过公法的手段进行救济，但并不意味着只有公法才可以对其进行救济。学界探索通过环境法与民法的沟通与协调以携手应对包括生态损害在内的环境问题并非偶然。以此为前提，接下来需要讨论的是：生态损害即使符合民法上的损害之特征，但也不属于对传统人身利益、财产利益造成损害的环境侵权损害。那么，生态损害到底能否通过环境侵权责任法获得司法上的救济？

二、作为特殊侵权的环境侵权

环境侵权是指以环境和生态系统为媒介而侵犯了民事主体之人身权与财产权的行为。我国最先在《环境保护法》和《中华人民共和国

---

1 宁金成，田土城.民法上之损害研究［J］.中国法学，2002（2）：104-112.

民法通则》（以下简称《民法通则》）中将环境侵权规定为特殊侵权
类型，《民法通则》第一百二十四条、1989 年的《环境保护法》第
四十一条均规定了环境污染侵权的民事责任。《物权法》与《侵权
责任法》在形式上沿袭了大陆法系通过相邻关系与侵权责任应对环境侵
权责任的"双轨模式"，2007 年的《物权法》第九十条显然是对德国、
日本及"不可量物"立法例的移植与借鉴。2010 年的《侵权责任法》
第八章设专章规定了"环境污染责任"，该章 4 个法律条文规定了环
境侵权作为特殊侵权的特殊适用规则，使环境侵权责任成为"《侵权
责任法》规定的无过错责任中最严格的一种"[1]。环境侵权责任人的
侵权责任不断地被强化。

　　环境侵权行为与传统的侵权行为相比，存在着诸多的不同。吕忠
梅教授将环境侵权行为的特殊性概括为：①原因行为及损害形式多种。
传统侵权行为其原因行为及损害形式单一，而作为环境侵权原因行为
的环境污染行为和生态破坏行为不仅其各自内部表现形态多样，而且
两者不能截然分开、互为因果并经常发生转化。②损害内容多样、损
害利益多元。传统侵权行为是"致人损害的行为"，而环境污染行为
和生态破坏行为，其行为都不是直接针对他人的财产或者人身，而是
直接指向自然环境。③因果关系复杂。传统民事侵权行为一般情况下
因果关系的脉络和侵害程度、内容都比较明确，而环境侵权行为和损
害后果之间却存在着复杂的关系，多因一果、一因多果十分常见，甚
至因果关系的不确定性也很普遍。④主体关系交错、可归责性弱。传
统侵权行为是特定加害人对特定受害人之间的关系，而环境侵权行为
"则系不特定多数人对一般大众之侵害，有时甚至于加害人及受害人
混为一体"，且环境侵权则在相当多的情况下是人类正常经济社会活
动所产生的副作用，可归责性弱。[2]

1　张新宝，庄超．扩张与强化：环境侵权责任的综合适用［J］．中国社会科学，2014（3）：125–
141+207.
2　吕忠梅．环境侵权的遗传与变异——论环境侵害的制度演进［J］．吉林大学社会科学学报，2010（1）：
124–131.

正是源于环境侵权不同于传统侵权的诸多特性，环境侵权才作为特殊侵权被现行法加以确认。在环境侵权责任不断被强化的同时，学者们注意到同为环境侵权原因行为的生态破坏行为一直游离于环境侵权的立法与司法救济之外，生态破坏行为与环境污染行为呈现出来的差异性[1]，使生态破坏行为是否属于环境侵权以及是否能被现行法纳入的问题成为讨论的热点。2015年开始实施的新《环境保护法》[2]第六十四条规定："因污染环境和破坏生态造成损害的，应当依照《中华人民共和国侵权责任法》的有关规定承担侵权责任。"这一规定"已将《侵权责任法》第六十五条所适用的原因行为范围明文扩大为'污染环境行为'和'破坏生态行为'两类，属于新法、特别法对旧法、一般法规则所做的立法扩大"[3]。2020年5月28日通过的《中华人民共和国民法典》第七编"侵权责任编"设专章规定了"环境污染和生态破坏责任"，其中最重要的变化是将生态破坏行为明确地纳入了侵权责任法的规制范围，并在归责原则、举证责任等方面完全与环境污染行为的适用规则一致。然而，生态破坏行为与环境污染行为呈现出来的差异是客观存在的。与环境污染行为相比，侵权责任法对生态破坏原因行为的研究还较为欠缺。即使生态破坏行为被纳入环境侵权行为之中，对生态破坏行为责任的追究能否适用环境侵权的特殊规则仍然是一个有待实践检验的问题。

然而，不管环境侵权行为相对于传统侵权行为有着多么大的不同，也不管同为环境侵权原因行为的环境污染行为与生态破坏行为有着何种差别，以环境和生态系统为媒介侵犯了民事主体之人身权或财产权的环境侵权未曾违背侵权责任以私权救济为本位的基本属性，环境侵权在外观上亦仍然符合侵权责任的一般构成要件，"同样是由原因行

1　如吕忠梅教授认为污染环境的行为和破坏生态的行为在行为的多样性、后果的生态性和行为后果的可预见性三方面存在差别，"生态破坏行为与环境污染行为的区别，可能是立法实践将生态破坏行为不纳入环境侵权制度的原因"。吕忠梅.论环境法上的环境侵权——兼论《侵权责任法（草案）》的完善 [J].清华法治论衡，2010（1）：244–261.

2　本书中提及新《环境保护法》为2014年修订。

3　蔡守秋.论环境公益诉讼的几个问题 [J].昆明理工大学学报（社会科学版），2009（9）：1–8.

为、损害后果、因果关系等侵权行为要素构成"[1]，"环境侵权行为的确具有侵权行为的基因"[2]。

生态损害虽然具备扩大了的私法损害概念的特征，但生态损害突破了单纯私益损害的范畴，从而与传统的侵权法并不相容。那么，能否通过对传统侵权法的修正或变革，来实现生态损害的侵权法救济呢？

第二节　生态损害环境侵权诉讼救济的路径选择

学者们从生态损害进入侵权法救济的现实障碍出发，提出了消除这些障碍从而实现生态损害的侵权法救济的多种路径探索，概括起来主要是三种路径：赋予环境和生态要素主体资格对传统侵权法理念进行彻底革新模式，对传统侵权法[3]进行适度修正的环境和生态系统客体化模式以及相邻权、地役权、人格权修正模式。下文对这三种路径进行简要的梳理。[4]

需要说明的是，此处将生态损害的侵权法救济之探索表述为"生态损害环境侵权诉讼救济"，并不意味着笔者认为生态损害的侵权法救济仅仅只能通过诉讼方式来实现，事实上2017年《生态环境损害赔偿制度改革方案》及2022年《生态环境损害赔偿管理规定》中确立的行政机关主导的行政磋商也是实现生态损害侵权法救济的方式。但限于本文所关注的中心词是生态损害之司法救济，而将生态损害的侵权法救济放在诉讼救济的框架之下来讨论并不影响探讨生态损害侵权法救济的功能与限度，所以将本小节的标题表述为"生态损害环境

1　王明远.环境侵权的概念与特征辨析［A］.梁慧星.民商法论丛（第13卷）［C］.北京：法律出版社，2000.

2　吕忠梅.环境侵权的遗传与变异——论环境侵害的制度演进［J］.吉林大学社会科学学报，2010（1）：124-131.

3　此处所称"传统侵权法"并不仅仅是指侵权责任法，还包括了物法等其他法律中的相关规定。

4　《民法典》第一千二百三十四条、一千二百三十五条直接规定了生态损害的民事救济，但这一规定应该被理解为是侵权责任法的特殊规定，因为生态损害属于公益损害，对其进行直接救济与侵权责任法的私益性难以兼容。因此，并不能因此理解为生态损害的侵权法救济出现了新的路径。其所规定的"国家规定的机关或者法律规定的组织"对侵权人的请求权性质需依具体情形进行判断。

侵权诉讼救济的路径选择"。

一、赋予环境和生态要素主体资格模式

由于生态损害并非对民事主体的人身利益或财产利益之损害，所以以私益救济为本位的侵权责任法无法为其提供直接的救济依据。因此，寻求生态损害侵权法救济的探索模式之一就是赋予环境、生态系统或者其组成要素以民事主体资格，此时，"破坏和污染生态环境的行为就是在侵害'生态环境'这一民事主体的'人身权'"[1]。如此，侵权责任法中的救济机制就可以顺利地适用于生态损害救济。被学界引用最多的一个案例就是 2005 年的"吉林石化爆炸案"，该案发生后，北京大学法学院汪劲、甘培忠、贺卫方等学者曾以松花江及松花江上的鲟鳇鱼和松花江北岸的太阳岛的代表身份，起诉中国石油天然气集团公司、中国石油天然气股份有限公司和吉林石化分公司，向被告提起赔偿 100 亿元人民币用于治理松花江流域污染和恢复生态平衡的诉讼请求。[2] 此案中学者们的做法即是尝试将鲟鳇鱼、松花江中局部的生态系统或整个松花江生态系统作为民事法律关系的主体。法院最终没有受理学者们提起的诉讼，其根本原因在于将环境和生态系统主体化的做法的确彻底颠覆了现行法关于法律主体与客体的界分，因而在可以预见的相当长一段时间内还无法被现行法所接受。

二、环境和生态系统客体化模式

无论在法学理论中还是在司法实践层面，赋予环境、生态系统或其组成要素以民事主体资格目前还存在着难以逾越的现实障碍，那么，能否考虑将环境、生态系统或其组成要素客体化，即将遭受或可

---

1 李承亮.侵权责任法视野中的生态损害［J］.现代法学，2010（1）：63-73.
2 汪劲，甘培忠.鲟鳇鱼、松花江和太阳岛：你们是否有权控诉人类行为对你们的侵害？［EB/OL］.（2012-12-27）［2023-02-14］.https://china.findlaw.cn/jingjifa/huanjinbaohu/hjbhal/108785.html.

能遭受生态损害行为侵害的环境、生态系统或其组成要素归为属于民事主体之客体呢？"如果生态环境及其组成要素是归属某个主体的客体，那么，环境危害行为人在污损这些客体，造成生态损害的同时，也侵害了它们所属主体的权益（如物权），造成了传统损害（人的损害）。侵权责任法在救济受害人时就有可能间接地填补生态损害（间接模式）。"[1]

生态损害的这一间接救济模式的确很有诱惑力。生态利益之所以遭受着日益严重的损害，与生态利益本身是不归属于任何特定主体之属性密不可分。正是源于生态利益的共享性和非排他性，个体利益最大化的理性选择才导致集体选择的非理性，才出现了"公地悲剧"。但生态利益并非单独存在，生态利益必须以某一环境、生态系统或某一环境要素为载体，如此，若承载了生态利益的某一环境、生态系统或某一环境要素能成为归属于某个主体的客体，那么，在救济被损害的作为客体的环境、生态系统或其组成要素之时，的确有同时救济该客体所承载的生态利益之可能。

必须正视的一个问题是，环境和生态系统作为一个整体是作为人类社会的共有物而存在的，整体意义上的环境和生态系统无法为任何主体所占用和支配，因而无法成为私权之客体。但是，作为环境或生态系统组成部分的某些要素却可能成为私权的客体，如私营林场土地上的林木。依《物权法》第四十六条、第四十八条、第四十九条等规定可知，矿藏、水流、海域、森林、山岭、草原、荒地、滩涂及归国家所有的野生动植物资源均为国家所有权的客体。无论是作为归私人所有权客体的林木还是作为归国家所有权客体的水流，都同时又是环境和生态系统的组成要素，它们同时承载着作为资源要素的经济价值和作为环境要素的生态价值。因此，生态损害行为在侵犯传统私权的同时也构成了生态损害，即出现了生态损害与传统侵权的重合。此时

1　李承亮.侵权责任法视野中的生态损害［J］.现代法学，2010（1）：63-73.

侵权法在对传统侵权损害进行救济的同时可能一并对承载于同一客体之上的生态利益进行了救济。李承亮博士在《侵权责任法视野中的生态损害》一文中，对侵权责任法在救济受害人时可能间接填补生态损害之模式进行了深入的分析。该文指出，这种"间接模式的实质就是利用生态损害与传统环境侵权损害的部分重叠，利用受损生态环境组成要素与受害人遭受侵害的权利的客体之间的同一性，通过填补物（资产性的生态环境组成要素）之所有人的损害间接地填补生态损害。从这个意义上说，间接模式并不是在赔偿生态损害，而是在赔偿传统环境侵权损害（物之污损）时兼顾生态损害"[1]。

笔者赞成李承亮博士的这一观点，即这一救济模式并非直接以生态损害为救济对象，但无论如何，这一模式的确可以在一定条件下实现对生态损害之间接救济。笔者与李承亮博士的看法的不同之处在于：当生态损害行为直接造成了生态损害事实，然后以此为媒介，间接作用于受害人而产生了人身、财产等传统环境侵权损害时，即使作为环境或生态系统组成部分的要素无法特定化为私权的客体，也还是存在通过侵权责任法间接救济生态损害之可能。换言之，即使作为环境或生态系统组成部分的要素无法特定化为私权上的客体，如果在环境侵权责任承担方式上选择能兼顾生态损害救济的责任方式，也是存在通过侵权责任法间接救济生态损害之可能的，这一点具体将在下文展开论述。

三、相邻权、地役权、人格权修正模式

其实，大多数国家在意识到传统私法未能对生态损害进行救济这一问题时，首先考虑的是如何对传统侵权法进行扩张与修正，使之能兼顾生态损害的救济。德国的不可量物制度、法国的近邻妨害法理、美国普通法上的妨害排除制度均着眼于对传统相邻权制度和地役权制

---

1 李承亮.侵权责任法视野中的生态损害［J］.现代法学，2010（1）：63-73.

度的调整。作为扩张与修正结果的环境保护相邻权和环境地役权，其设立可以在一定程度上协调环境资源的经济价值与生态价值，兼顾部分生态损害之救济。日本环境法学者则倾向于利用保护人格权的思路，将以环境资源为媒介、以环境资源的生态价值和美学价值为基础的身心健康权纳入人格权制度中，通过保护阳光权、宁静权、审美权、清洁空气权、清洁水权、通风权、眺望权等以环境资源为媒介而产生的环境人格权益[1]，以实现对部分生态损害之救济。

环境相邻权是为了化解因相邻不动产利用而导致的环境侵扰纠纷而产生的，对于声、光、气、味等难以客体化却与人们的生活密切相关、客观存在的环境要素，我国民事立法主要通过相邻关系来规范。《民法通则》第八十三条对包括环境相邻权在内的相邻关系的规范作出了概括性规定。《物权法》第八十九条、九十条和第九十二条在《民法通则》第八十三条的基础上，对环境相邻权进行了更细致的规定。但《物权法》对因相邻不动产利用而导致的环境侵扰责任认定的判断标准却存在着争议。依《物权法》第八十九条的规定："建造建筑物，不得违反国家有关工程建设标准，妨碍相邻建筑物的通风、采光和日照。"对建筑物相邻关系中导致日照、通风、采光等环境利益损害的行为标准的判断，司法实践中往往以国家有关工程建设标准为基本判断标准，即"超标担责""达标免责"。[2] 这种将国家有关工程建设标准作为责任认定的决定性标准的做法，导致了一些不合理的裁判结果。环境相邻权的核心理念是在"权利不得滥用"与"容忍义务"中实现不动产相邻权人之间利益的平衡，对建筑物相邻关系中导致日照、通风、采光等环境利益损害的行为标准的判断，需要在参照国家有关工程建设标准的基础上，综合考虑建筑物的坐落位置、受侵扰方的受损程度等多种因素。《民法典》关于相邻权的规定基本上延续了《物

1　陈红梅.生态损害的私法救济[J].中州学刊, 2013（1）: 55-61.
2　巩固, 陈瑶.建筑物日照采光领域管制标准的私法适用探究——基于近十年判决的实证分析[J].南京工业大学学报（社会科学版）, 2018（2）: 24-39.

权法》的原有规定，却将原《物权法》第八十九条表述为："不得违反国家有关工程建设标准，不得妨碍相邻建筑物的通风、采光和日照。"有学者认为，该变动实际上起到把日照采光领域的相邻妨害判断与国家标准脱钩的作用，意味着"不得妨碍相邻建筑物的通风、采光和日照"标准与"不得违反国家有关工程建设标准"的并列，即可以抛开标准方面的考量，以利益减损程度和良好生活所需为判断标准，从而将在达标范围内但受到重大减损、影响良好生活的环境利益纳入相邻关系的救济范围。[1]

地役权是在不改变不动产权属的前提下利用他人的不动产，以提高对不动产的利用效率。2007 年通过的《物权法》中关于地役权制度的规定并没有直接体现出对土地等不动产的生态价值保护内容，2021年 1 月 1 日开始实施的《民法典》基本上延续了《物权法》关于地役权制度的原有规定，亦没有直接体现出对不动产生态价值的特别保护，但现行法对地役权的设定不再限于土地，从而为林地、海域等其他非土地的不动产地役权适用提供了空间，地役权主体之间通过约定防治污染和生态破坏的内容则有助于实现对生态损害的预防与救济。实践中集体林划为生态公益林后，有关主体与集体经济组织签订的森林管护协议，其实质就是以环境保护为目的的林地地役权合同。

环境人格权以环境人格利益作为保护对象。2009 年通过的《侵权责任法》关于环境侵权的规定为环境人格利益提供了直接的保护，2021 年开始实施的《民法典》在吸纳《侵权责任法》关于环境侵权责任规定的基础上，将生态破坏行为纳入环境侵权的规制范围，加大了对环境人格利益的保护力度。《民法典》最大的特点之一是将人格权独立成编进行保护，但我国现行立法并没有赋予环境人格权独立的请求权基础。对环境人格利益的保护，可以以生命健康权作为请求权基础依损害程度寻求救济。《民法典》第九百九十条第二款规定："自

1　巩固.《民法典》物权编绿色制度解读：规范再造与理论新识［J］.法学杂志，2020（10）：12-20+41.

然人享有基于人身自由、人格尊严产生的其他人格权益。"这一兜底性条款扩大了人格权的保护范围，为环境人格权提供了开放性保护模式。但通过以生命健康权作为环境人格权保护基础的这一救济路径具有明显的局限，即衡量损害责任成立的标准往往要求受害人产生了疾病这样的严重后果。

第三节　生态损害环境侵权诉讼救济的限度

从上述分析可知，在生态损害环境侵权诉讼救济路径的三种选择中，赋予环境或生态系统组成要素主体资格虽然可以将生态损害转变为传统损害，但这一颠覆性变革暂时还无法被现行法接纳，因而生态损害侵权诉讼救济的这一路径被学界的主流观点所抛弃。而环境和生态系统客体化模式以及相邻权、地役权、人格权修正模式均能通过侵权责任法在一定程度上对生态损害进行间接的救济。然而，生态损害客体的公益性与侵权救济客体的私益性之间的对立自始至终都存在，扩张与修正后的侵权责任法对生态损害的观照仍然是有限的。

一、生态损害环境侵权诉讼救济范围的限度

在环境和生态系统客体化模式中，由于海域、水流、矿藏、天然渔业资源等环境和生态系统组成要素一旦特定为民法中的物，则这些要素就不仅仅是作为环境要素或生态要素而存在，而是同时作为物权之客体而存在。当这些环境或生态要素受到污染或破坏时，生态损害行为导致了两种损害结果同时发生：一方面该生态损害行为直接侵犯了环境或生态要素所有权人的物权，另一方面该行为损害了承载于该环境或生态要素之上的生态利益。因此，责任主体在承担损害责任填补物权主体之传统损害的同时也可能填补同时承载于其上的生态损害。但是，这种通过填补物之权利人的损害来填补生态损害的方式有

明显的适用范围。

　　首先，这一生态损害救济方式适用的前提是生态损害行为所侵害的环境和生态系统组成要素必须能特定化为民法中的物。的确，随着民法中物的概念内涵的不断变化，私法上的物所能涵盖的范围在扩大。我国《物权法》将土地、矿藏、水流、海域、森林、山岭、草原、荒地、滩涂等自然资源规定为物权的客体，这"大大增加了资产属性生态环境组成要素的范围，也就大大增加了生态损害和传统环境侵权损害之间重叠的部分，间接模式的优势也就更加明显了"。然而不可否认的事实是，仍然存在生态损害行为所侵害的环境和生态系统组成要素无法特定为民法上之物，从而出现生态损害行为仅仅造成生态损害而并未导致传统环境侵权损害之情形。如大气就只仅仅作为环境要素而存在却无法特定化为所有权之客体，在排污行为仅仅造成大气污染却没有具体的财产损害或人身损害的情形下，就无法通过救济受害人的损害间接救济生态损害。

　　其次，适用间接救济模式的第二个条件是同一生态损害行为必须同时导致了传统物权损害和生态损害两种损害结果。[1] 在"康菲溢油案"中，由于海域已特定化为国家所有权之客体，钻井平台的溢油行为既侵犯了国家对渤海海域的所有权，同时又对渤海湾造成了生态损害，这两种损害后果是同时发生的。因此，国家可以以所有权主体身份，通过环境侵权诉讼要求康菲公司填补归其所有的海域之损害（如支付清污费用、治理费用等）的方式，同时实现对渤海湾的生态损害救济。可见，只有这两个条件同时具备才属于生态损害侵权法救济之环境和生态系统客体化模式。

1　李承亮. 侵权责任法视野中的生态损害 [J]. 现代法学，2010（1）：63-73. 李承亮博士在《侵权责任法视野中的生态损害》一文中提出，生态损害间接救济模式适用的第二个条件是同一生态损害行为必须同时导致了传统物权损害和生态损害两种损害结果，即传统损害不能是以生态系统和环境为媒介而产生的损害，是同时产生的损害，否则无法使用间接救济模式。他以某发电厂向大气排放污染物为例加以说明，"如果某发电厂向大气排放污染物，并未（立即）造成附近居民人身、财产损害，侵权责任法根本无法适用，自不待言。即使该发电厂的排污行为造成了附近居民人身、财产损害，侵权责任法也只能填补该传统损害本身，而不能填补大气所遭受的损害。"他所举的这一事例并不恰当，因为大气本身无法特定化为所有权的客体，所以根本不符合环境要素客体化救济的第一个前提条件。

在生态损害侵权诉讼救济之相邻权、地役权、人格权修正模式中，受相邻权、地役权、环境人格权适用范围本身的限制，这一救济模式同样存在一定的适用范围。

二、生态损害环境侵权诉讼救济责任方式的限度

生态损害行为在造成生态损害事实的同时，又直接（生态损害行为所侵害的环境和生态系统组成要素能特定化为民法上之物）或间接（生态损害行为所侵害的环境和生态系统组成要素无法特定化为民法上之物）地导致了传统环境侵权的情形下，欲通过环境侵权诉讼间接救济生态损害不仅存在适用范围的限制，与此同时，也存在着侵权责任承担方式的限制。换言之，救济传统环境侵权损害时兼顾生态损害的间接救济模式中，并非所有的侵权责任承担方式都具有兼顾生态损害之功能。

《民法通则》第一百三十四条、《侵权责任法》第十五条规定了承担侵权责任的方式主要有：停止侵害、排除妨碍、消除危险、返还财产、恢复原状、赔偿损失、赔礼道歉、消除影响、恢复名誉。这些责任形式中可能适用于环境侵权损害救济并与生态损害有关的主要包括：停止侵害、排除妨碍、消除危险、恢复原状、赔偿损失。依据这些责任形式的功能大致可以将其分为以下三种责任类别：①预防性责任承担方式即预防可能产生之损害，如消除危险；②阻却性责任承担方式即阻却正在进行的持续性损害，如停止侵害、排除妨碍；③赔偿性责任承担方式即填补已经产生之损害，如赔偿损失、恢复原状。而赔偿性责任承担方式又可分为价值赔偿与完整利益赔偿两类，赔偿损失属于价值赔偿方式，即"赔偿义务人只需要补上受害人现实财产与引起赔偿义务的事实未发生的应有财产之间的差额就行了"；恢复原状属于完整利益赔偿方式，即"赔偿义务人必须恢复引起赔偿义务的

事实未发生的应有状态，而不能仅仅赔偿财产总额的减少"[1]。下文将对这些环境侵权损害责任承担方式在救济传统侵权损害时能否兼顾生态损害作出分析。

首先，生态损害与传统环境侵权损害既存在部分重叠的关系（即当生态环境组成要素被特定化为民法上的物，生态损害与传统环境侵权损害同时产生的情形），也存在引起与被引起的关系（即作为环境或生态系统组成部分的要素无法特定化为私权的客体，而生态损害行为在直接造成生态损害后，又以此为媒介，间接产生了传统人身、财产等侵权损害的情形）。但无论是上述何种情形，只要生态损害行为产生了生态损害与传统侵权损害两种损害后果，预防性责任承担方式（消除危险）与阻却性责任承担方式（停止侵害、排除妨碍）均可以在救济传统环境侵权损害的同时救济生态损害，而不管这两种损害是同时产生还是以环境或生态系统为媒介而产生。消除危险、停止侵害与排除妨害都消除或制止了可能发生或正在进行的损害行为，从源头上杜绝了包括生态损害在内的损害之发生或持续，因此在救济传统侵权损害的同时可以兼顾生态损害之救济。生态损害与传统环境侵权损害重叠时，这三种责任形式在救济传统侵权损害的同时可以兼顾生态损害救济自不待言。就后一情形而言，这三种责任形式在救济传统侵权损害的同时同样可以兼顾生态损害救济。以大气污染为例，某发电厂向大气排放污染物，造成了当地大气被污染的生态损害后果，然后以此为媒介，被污染的大气造成了附近居民人身、财产损害。在这一生态损害与传统环境侵权损害并不重叠的情形下，损害还未实际发生时的消除危险责任与损害正在进行时的停止侵害与排除妨害责任，均能在救济传统损害本身的同时救济生态损害。

需要说明的是，消除危险、停止侵害与排除妨害这三种环境侵权责任的承担方式不同于传统民法，这三种环境侵权责任的承担有时以

1　李承亮.损害赔偿与民事责任［J］.法学研究，2009（3）：135-149.

消极的不作为方式承担，有时则需要通过积极的作为方式（如对污染物进行无害化处理）实现。无论是消除危险，还是停止侵害、排除妨害，在功能上均可能出现与责令停产等环境行政责任的重合。当同一生态损害行为同时出现功能相同的民事责任和行政责任时，依"行政权优先原则"，应对责任主体优先适用环境行政责任。但是，"环境侵权的停止侵害、排除妨碍、损害赔偿责任等构成要件不同于行政责任，无须达到承担行政责任的违法性标准"[1]。这意味着在不构成行政违法性标准却存在侵权行为的情形下，环境侵权责任的适用可以发挥救济功能。

其次，在生态损害与传统环境侵权损害重叠的情形下，生态修复责任比赔偿损失责任的承担方式更有可能对生态损害进行充分救济。[2]以生态修复的方式填补损害，无须评估受损之物的价值，从而可以绕开损害难以量化的救济障碍。而且，以恢复原状的方式填补损害，可以在对传统利益损害进行救济的同时实现对生态损害的充分救济。

因此，即使特定条件下的传统环境侵权诉讼在救济传统损害的同时能兼顾生态损害之救济，也并非所有的责任形式都能最终实现这一救济效果。总之，在当前环境侵权私益救济不畅的背景下，强化环境侵权诉讼救济，不仅有助于对环境私益损害进行及时有效的救济，而且，通过侵权责任法的生态化也可能间接对生态损害进行救济。当然，生态损害的环境侵权诉讼救济的功能有明显的限度，生态损害的充分救济呼唤着专门以生态损害救济为己任的公益诉讼制度。

1　蔡唱.民法典时代环境侵权的法律适用研究［J］.法商研究，2020（4）：158-172.
2　笔者认为生态修复责任不同于传统民事责任中的恢复原状责任，具体论述详见本书的第五章。

第五章　生态损害之民事公益诉讼救济

随着生态损害后果的日益严重与新型生态损害问题的不断出现，通过传统侵权法的生态化来救济生态损害的限度日渐突显，生态损害之充分救济成为法学界普遍关注的问题。正是在这一背景下，环境公益诉讼研究在环境法学界兴起。作为专门以生态利益之维护与增进为目的之制度，环境公益诉讼制度是诉讼理念适应现代社会公众普遍需求的必然选择。时至今日，环境公益诉讼制度在理论研究上已经展开了充分的讨论并呈现日渐深入之势，司法实践走在立法之前并进行了主动积极的探索，环境民事公益诉讼和环境行政公益诉讼在立法上均已经正式确定下来，本书将遵循从环境公益诉讼的一般法理再到具体细致探讨环境民事公益诉讼和环境行政公益诉讼的顺序展开论述。

第一节　环境公益诉讼制度的逻辑起点

环境公益诉讼的概念界定、特征分析与类型界分是构建环境公益诉讼制度的逻辑起点。

一、环境公益诉讼的概念与特征

关于环境公益诉讼的概念之争，首先反映在环境公益诉讼之公益的界定上。学者们普遍认为环境公益是指为不特定多数人所享有的不可分割的环境利益，也即本书所称的生态利益，具有共享性和普惠性等特性。吕霞在《环境公益诉讼的性质和种类——从对"公益"的解剖入手》一文中，从对"公益"的精细考察入手，将公益诉讼中的公益依主体构成不同分为多人公益和集体公益，并指出多人公益是多个人可分属的利益，多人公益诉讼其实质为侵权之诉，其理论基础为私人权利；集体公益是不可为起诉者分割的共同利益，集体公益诉讼才是真正的公益诉讼，其理论基础是人类共同的环境利益。据此，该文主张将多人公益诉讼称为环境公益诉讼，而将集体公益诉讼称为环境诉讼。[1]笔者认为，对公益作细致考察十分必要，当前在环境公益诉讼的理论研究中确实存在对公益本身界定不清的现象，而在司法实践中，有些所谓的环境公益诉讼案件其实质是私益诉讼。但笔者并不赞同将多人公益诉讼称为环境公益诉讼的观点，因为为多个人可分之利益诉讼不应当称之为环境公益诉讼，司法实务中的误用不能成为将之冠名为公益诉讼的理由，此类诉讼对应的制度应该为集团诉讼或我国现行民法已经有了的代表人诉讼制度。而将真正的公益诉讼称为环境诉讼不仅会造成理解上的困难，更会造成概念使用上的混乱。

学界曾经对环境公益诉讼的概念做出了不同的界定：有观点认为，环境公益诉讼是指任何单位和个人都有权对污染环境、破坏自然资源的单位和个人提起经济公益诉讼，由人民法院依经济公益诉讼程序进行审判，依法追究责任人的民事、经济、刑事责任。[2]蔡守秋教授主张环境公益诉讼是指自然人、法人、政府组织、非政府非营利组织和其他组织认为其环境权即环境公益权受到侵犯时向法院提起的诉讼，或者说是因为法律保护的公共环境利益受到侵犯时向法院提起的诉讼。目前学界普遍认可的定义是："所谓环境公益诉讼是指在任何行政机

1　吕霞.环境公益诉讼的性质和种类——从对"公益"的解剖入手［J］.中国人口·资源与环境，2009（3）：54-59.

2　韩志红，阮大强.新型诉讼——经济公益诉讼的理论与实践［M］.北京：法律出版社，1999：173.

关或其他公共权力机构、法人或其他组织及个人的行为有使环境遭受侵害或有侵害之虞时，任何公民、法人、公众团体或国家机关为维护环境公共利益而向法院提起诉讼的制度。"[1]可见，学界最初对环境公益诉讼的认识较为粗浅，将刑事诉讼也包括在环境公益诉讼的概念当中。随着认识的不断深入，关于环境公益诉讼的概念已经基本达成共识。学界亦普遍认识到，与传统诉讼相比，环境公益诉讼具有如下特征：①诉讼目的的公益性。环境公益诉讼的被诉行为侵害或危及的是具有社会性的生态利益，诉讼目的是救济公共利益。②诉讼主体的广泛性。环境公益诉讼放宽了起诉主体的资格要求，突破了传统诉讼中"利益相关人""直接利害关系人"之限制。③诉讼功能的预防性。公益诉讼的启动并不要求一定有损害事实发生，存在依情况合理判断有生态利益侵害的可能，亦可提起诉讼。④诉讼裁决效力的扩展性。公益诉讼之诉讼裁决结果不仅仅拘束诉讼当事人，而且对未参与诉讼的其他人亦产生拘束力，其他公民和组织不得以同样的理由再次提起诉讼。

二、环境公益诉讼的类型界分

然而，关于环境公益诉讼的类型界分学界却一直存在争议，具体是指，环境公益诉讼究竟是一种独立的诉讼类型，还是仍能被界分为环境民事公益诉讼与环境行政公益诉讼？我国学者一般认为，环境公益诉讼仍可分为环境民事公益诉讼与环境行政公益诉讼。环境民事公益诉讼即公民或组织针对其他公民或组织侵害生态利益的行为，请求法院提供民事性质救济的诉讼。而环境行政公益诉讼则是公民或法人以行政机关的具体环境行政行为损害生态利益为由，向法院提起的司法审查之诉。[2]

---

1 吕忠梅.论生态健康保护的法律机制：环境公益诉讼 [J].前进论坛，2010（1）：29-30.
2 别涛.环境公益诉讼的立法构想 [J].环境保护，2005（12）：23-27.

吕忠梅教授在《环境公益诉讼辨析》一文中提出，环境公益诉讼既不是传统的民事诉讼，也不是行政诉讼，而是一种代表国家政治意愿的特殊诉讼，从而否定环境公益诉讼有环境民事公益诉讼和环境行政公益诉讼的二分法。主要理由有：第一，依罗马法关于公益诉讼与私益诉讼的划分标准，她认为现阶段我国的民事诉讼与行政诉讼都属于私益诉讼的范畴，与环境公益不协调；第二，民事诉讼中的原被告双方地位平等，而环境公益诉讼中的原被告双方地位却是不平等的；第三，行政诉讼的基本理念是私权对公权的制衡，而在以国家行政机关为被告的环境公益诉讼中，原告因代表了公共利益而成为公权力主体的代表，因此这时的诉讼是两个公权力之间的博弈。[1] 毋庸置疑，否定环境公益诉讼有环境民事公益诉讼与环境行政公益诉讼之分的观点敏锐地捕捉到环境公益诉讼与传统诉讼的差异，在环境法学界产生了广泛影响，并将学者们对环境公益诉讼性质及类型的思考引向深入。不少学者赞同环境公益诉讼类型不能二分的观点，甚至有研究者主张，因环境公益诉讼具有独特的诉讼目的、价值和机能，与传统的诉讼制度有着本质的不同，可考虑将其归属为独立的第四种诉讼制度。巩固教授也认为："作为以诉讼手段保护公益的特殊司法机制，公益诉讼不是传统诉讼的具体类型，而是跨越公法与私法领域、调整不同国家权力关系、调动相关部门、各方合力的重大制度创新。"

笔者认为，环境公益诉讼从诉讼理念、诉权基础到具体制度设计均对传统诉讼有显著突破，但环境公益诉讼并没有特殊到为传统的诉讼类型所不容甚至应该成为独立的"第四种诉讼制度"。

首先，传统民事诉讼、行政诉讼的确是私益诉讼，我国目前所进行的民事诉讼与行政诉讼也主要属于私益诉讼的范围，但随着现代社会诉讼理念的不断更新，传统诉讼正逐渐接纳并为公益服务，而不再固守私益诉讼的性质。"环境公益诉讼是环境公益嵌入诉讼的结果，

1　吕忠梅.环境公益诉讼辨析［J］.法商研究，2008（6）：131-137.

是环境公益与诉讼这种权益救济方式的融合，是诉讼法律理念适应现代社会需求的重要发展。"[1]由旨在对私益进行救济的传统诉讼向旨在预防和救济"对环境本身之损害"、维护和增进环境公益的现代诉讼转变，是诉讼理念适应社会生活之变化的结果，但这一诉讼目标的改变并不必然导致需要在传统的诉讼框架之外构建一个全新的诉讼类型，而是需要拓展传统司法救济的范围，即从仅仅对私益进行救济转变为私益和公益救济并重。事实上，随着公、私法的交融，私法领域诸多传统法律范畴和法律原则因公共利益的考虑而被不断修正甚至逐渐失效，作为国家公权力象征的司法也已不再局限于仅仅救济私益。同时，诉讼类型的划分依不同的标准可以有不同的分类。依诉讼救济目的和利益归属的不同，诉讼可以分为公益诉讼和私益诉讼；依诉讼主体间关系的性质和责任性质的不同，诉讼又分为民事诉讼、行政诉讼和刑事诉讼。环境公益诉讼依第一类分类标准属于公益诉讼的范围，但这并不影响其依第二类分类标准再继续被划分为环境民事公益诉讼和环境行政公益诉讼。因环境公益诉讼以维护公益为目的而与私益诉讼相区别就认定其改变了民事诉讼和行政诉讼之本质的观点，有混淆两种不同诉讼类型划分标准之嫌。

其次，环境公益诉讼的确在制度设计上突破了传统诉讼理论中的"当事人适格"理论和"诉之利益"理论，那么，环境公益诉讼中原被告之间的关系是否仍然符合民事诉讼与行政诉讼主体间关系的基本属性？学界一般认为，环境公益诉讼的潜在原告包括公民个人、环保团体、检察机关、环境行政监管部门，其中公民个人与环保团体为一类起诉主体，检察机关与环境行政监管部门为另一类起诉主体；被告则包括企业等私主体和行政主体。因此，环境公益诉讼的诉讼形态大致可以分为以下四类：公民和环保团体对企业等私主体的诉讼、公民和环保团体对行政主体的诉讼、检察机关或环境行政监管部门对企业

1　李义松，苏胜利.环境公益诉讼的环保逻辑与法律逻辑［J］.青海社会科学，2011（1）：61-66.

等私主体的诉讼、检察机关或环境行政监管部门对行政主体的诉讼。吕忠梅教授认为，依"私人检察长"理论，作为原告的公民个人或法人团体因获得了国家授权而成为公权力的代表，不再是私主体，因此由其提起的对企业等私主体的公益诉讼不再是平等主体之间的诉讼，因而违背了民事诉讼的本质属性。同理，在环境公益诉讼中，因获得特别授权代表环境公益的原告，对行政主体提起的诉讼也不再是私权与公权之间的对抗，而是两个公权之间的博弈，从而也违背了行政诉讼"民告官"的本质属性。[1]从表面上看，这一分析颇有见地，尤其是当环境行政监管部门为了环境公益诉企业的排污行为时，其寻求救济的诉讼还是民事诉讼吗？或者当检察机关为了环境公益告行政机关的行政违法行为时，其诉讼还是行政诉讼吗？似乎前者与民事诉讼的本质属性即当事人地位平等相矛盾，后者则与行政诉讼原告恒定为行政管理相对人的要求不符。笔者认为，环境公益诉讼的起诉主体是因其为环境公益的利益归属主体中的一分子而提起诉讼的，一般主体并不需要升格为公权力的拥有者才能提起环境公益诉讼，相反，包括公权力机关在内的诸多主体在提起公益诉讼时均是以私主体的身份进行的。如此，环境公益诉讼不管在制度设计上赋予谁公益诉讼的原告资格，均不会与民事诉讼和行政诉讼的本质属性相冲突。

最后，环境公益诉讼"二分法"否定观点可能对环境公益诉讼基本功能的定位引入歧途。环境公益诉讼的目标在于有效预防和救济"对环境本身之损害"，构建该制度的基本前提是生态损害行政矫正手段在应对生态损害问题上的失效，这点在学界已经达成共识。然而，环境公益诉讼制度具体是通过何种途径来弥补生态损害行政矫正之不足从而达到救济"对环境本身之损害"这一目标的呢？这一问题直接关系到环境公益诉讼的性质及功能的界定，学界却未能对其进行更细致的思考。主流观点认为，环境公益诉讼制度的设立

1　吕忠梅.环境公益诉讼辨析［J］.法商研究，2008（6）：131–137.

是为了通过对在行政系统中处于弱势地位的环境行政权的补强而起到维护环境公益之目标，但这一认识从一开始就与环境公益诉讼是通过对公权力的监督而实现环境公益之维护的基本功能相背离。将环境公益诉讼救济生态利益的具体途径界定为对环境行政权的补强而非对国家公权力的监督，会导致环境公益诉讼制度的基本功能定位出现偏离。

第二节　环境公益诉讼制度的基本意涵

自环境公益诉讼的概念被引入以来，关于环境公益诉讼的讨论和理论成果不可谓不丰富。就笔者的观察来看，虽然这些论著中不乏有真知灼见、发人深思之力作，但却存在大量的跟风研究、重复研究之作。若要环境公益诉讼制度在正确的轨道上良性运行，学界则需要就该制度的本质属性、基本功能等基础理论问题做更深入、更细致的思考。

一、基于"凡市民"概念之起诉主体资格

从公益诉讼的起源来看，与私益诉讼相对的公益诉讼最早起源于罗马法。在罗马法中，私益诉讼是指为了保护个人所有的权利的诉讼，仅特定人才可以提起；公益诉讼是指为了保护社会公共利益的诉讼，除法律有特别规定外，凡市民均可以提起。[1] 很显然，在罗马法中，提起公益诉讼的起诉主体是以"凡市民"中一份子的身份来提起公益诉讼的，即提起公益诉讼的普通市民是以自己的名义直接代表公共利益而诉诸司法的，任何市民均是公共利益的直接代表。

我国《海洋环境保护法》第八十九条规定："对破坏海洋生态、海洋水产资源、海洋保护区，给国家造成重大损失的，由依照本法规定行使海洋环境监督管理权的部门代表国家对责任者提出损害赔偿要

1　周枏.罗马法原论（下册）［M］.北京：商务印书馆，1994：958.

求。"这一规定将"给国家造成重大损失"作为"提出损害赔偿要求"的条件，并将"行使海洋环境监督管理权的部门"作为国家的代表规定为"提出损害赔偿要求"的唯一适格主体，体现出将生态利益理解为国家财产，并认为公权力主体是生态利益唯一代表主体的基本思路。然而，国家并非生态利益的所有权主体。在理论上，法律可以规定森林资源归国家所有，但却无法规定森林资源所具有的生态价值归国家所有，因为事实上一定区域内甚至是整个地球上的所有居民都共同享受着森林资源的生态功能。如《中华人民共和国水法》规定水资源归国家所有，但这一法律规则仅仅是"从经济功能的角度界定了水资源所有权，但我们并不能从这条法律规则中推出水的环境功能也专属国家所有，因为河流流域的所有居民共同享受着河流容纳污染物的环境功能"[1]。生态利益不能成为国家财产的根本原因在于，"国家财产可以划归具体的个体排他性使用，而环境公共利益却不能划归具体的个体排他性使用"[2]。其次，国家公权力机关并非生态利益的唯一适格代表。生态利益并非归国家所有的国家财产，生态利益的最终归属主体为社会公众，社会公众作为一个抽象概念的存在是由千万个普通主体将其具体化的。因此，从应然的意义上来说，任何主体均可以作为生态利益的代表来提起诉讼，能够代表环境公益提起诉讼的主体应该是多元的。

也正因为如此，任何主体在提起环境公益诉讼时均不需要通过代表国家这一中间环节来代表环境公益，而是以自己的名义直接代表环境公益。环境公益诉讼的起诉主体是因其为生态利益的利益归属主体中的一分子而提起诉讼的，这与罗马法将公益诉讼界定为以"凡市民"中一分子的身份来诉诸司法的本质是一脉相承的。因此，一般主体并不需要升格为公权力的拥有者才能提起环境公益诉讼，

1　王小钢.论环境公益诉讼的利益和权利基础［J］.浙江大学学报（人文社会科学版），2011（3）：50-57.
2　王小钢.论环境公益诉讼的利益和权利基础［J］.浙江大学学报（人文社会科学版），2011（3）：50-57.

相反，包括公权力机关在内的诸多主体在提起公益诉讼时均是以"凡市民"中一份子的身份即私主体的身份进行的。如此，环境公益诉讼不管在制度设计上赋予谁公益诉讼的原告资格，均不会与民事诉讼和行政诉讼的本质属性相冲突。由公民、社会团体提起的以私主体为被告的诉讼不违背民事诉讼的本质，由其提起的以公权力主体为被告的诉讼同样不违背行政诉讼之本质。即便是检察机关或环境行政监管部门对私主体提起的公益诉讼[1]，也并未违背当事人地位平等的民事诉讼之本质属性。因为公权力主体作为环境公益诉讼的起诉主体时，是以降格为"凡市民"中一分子的身份而提起诉讼的，其起诉地位与一般主体并无本质区别，在整个诉讼过程中只能发挥其职业优势而不能行使其职权优势。从表面来看，在检察机关或行政监管部门为了环境公益状告另一行政机关行政行为违法的诉讼中，原告与被告具有"民告官"的属性。

需要说明的是，作为美国环境法中公民诉讼制度重要基础的"私人检察长"理论，是否通过理论假设和特别授权而将普通个体上升为"检察长"这样的公权力主体呢？仔细考察美国的"私人检察长"理论，可以发现"私人检察长"是对"联邦检察总长"的类比化使用，"联邦检察总长"履行职责的核心是以"公力救济"保障社会公共利益和政府利益。该理论有两个前提：假定每个人都是执法者；假定"私力救济"能够起到与"公力救济"相同的法律效果。[2]学界往往只注意到该理论的第一个假设即"每个人都是执法者"，就匆忙得出美国公民诉讼中的原告是公权力的行使者之结论。事实上，该理论强调的重点是第二个假设，即通过被授权主体的诉讼救济在保护环境公益的功能上能起到与"公力救济"相同的效果。"私人检察长"强调的"实际上并不是一种职位"，因为被授权的"私人检察长"并没有获得像

1　笔者主张公权力主体在一般情况不宜作为环境公益诉讼的起诉主体，只有当出现"勇敢者缺位"时，公权力主体才可以作为替补主体获得起诉资格。（谢玲.再辩"怠于行政职责论"——就环境公益诉讼原告资格与曹树青先生商榷［J］.河北法学，2015（5）：123-132.）
2　张辉.美国公民诉讼之"私人检察总长理论"解析［J］.环球法律评论，2014（1）：164-175.

"检察总长"那样广泛的法定权力。[1] 换言之，"私人检察长"理论并非认为每个被授权的公民真的是检察总长，而是强调被授权的公民通过提起保护环境公益之诉讼事实上能够起到防范和阻却违法行为之效果，而这一效果与检察总长履行公职所发挥的功能相同。

二、"监管监管者"之制度基本功能定位

环境公益诉讼作为直接以维护与增进生态利益为目的的一项制度创新，同时具有预防、惩罚、填补生态损害之功能，并依民事公益诉讼与行政公益诉讼规制的对象和责任承担方式的不同，其功能的侧重点亦有不同。但将环境公益诉讼制度放在更广泛的环境治理背景下来思考，则发现无论是环境民事公益诉讼制度还是行政公益诉讼制度，其制度所共有的更为根本性的功能是对行政权运行的监督功能，即环境公益诉讼制度应为一项"监管监管者"制度。

在环境问题的公共治理领域中，一方面公民主体一方要依靠公共行政矫正私人选择失灵问题，另一方面行政主体一方则需要依靠对权力的监督机制来解决公共选择失灵问题。由于公共行政本身存在着变异之风险，因此只有这两重关系大体上达成均势方可实现理想的公共治理愿景。然而，我国当下环境治理的现实是公民一方对权力运行之监督明显偏弱而导致这两重关系的失衡。从环境公益诉讼的制度生成背景来看，构建环境公益诉讼制度的直接动因源于我国现行环境行政监管效果的不尽如人意，"行政执法在公益救济方面的内在缺陷是公益诉讼兴起的根源，具体分为执法动力不足和损害填补责任缺失两方面"，因而环境公益诉讼是对现行环境行政执法不足的一种弥补。但是，环境公益诉讼制度具体是通过何种途径来弥补现行环境行政执法机制的不足，从而达致生态利益维护之目标的呢？

学界主流的观点认为，环境公益诉讼是通过对在行政系统中处于

1　张辉.美国公民诉讼之"私人检察总长理论"解析［J］.环球法律评论，2014（1）：164-175.

弱势地位的环境行政权的补强，替代行政矫正对生态利益维护之不能，从而实现环境公益之维护。巩固教授认为环境公益诉讼是"在执法者不积极履职时起诉违法者，通过判决追究其法律责任，从而起到相当于积极执法的效果"，并将环境公益诉讼直接称为"代位执法"诉讼。这一认识的确契合了当前环境行政执法的部分现实，触及了环境行政执法的某种无奈，因而得到了理论界和事务部门一定程度的认可。如此，环境公益诉讼被纳入与环境行政监管者结盟的内部关系来看待。然而，环境公益诉讼欲求的目标是监督行政执法以在一定程度上克服生态损害行政矫正的固有缺陷，而并非通过加入环境行政监管者寻求与其结盟而为环境行政监管补强。

首先，环境公益诉讼制度的建构是以承认生态损害的行政矫正存在固有缺陷为前提的。由于受代表环境公共利益的行政部门的理性有限、地位中立有限、执法实力有限等因素的影响，实践中行政执法部门怠于履行行政职权的情形普遍存在。也正是生态损害行政矫正的"失灵"才催生了环境公益诉讼制度。美国的"私人检察长"理论也以承认"公力救济"环境公益的效果有限为理论假设之前提。在此前提下，借助一个类比化概念（私人检察长）为普通个体提起公益诉讼提供理论依据的"私人检察长"理论，其目的当然不是通过授权寻求更多的"公力救济"，而是寻求在"公力救济"之外通过私人启动司法救济程序来弥补"公力救济"对生态利益维护之不足。试想，如果将环境公益诉讼定位为一种"代为执法"诉讼，即将其理解为是另一种行使"权力"的公法诉讼[1]，那么，环境行政监管权之内在缺陷，能否通过多增加一项同为公权力的"监管权力"就有效克服呢？[2]

其次，环境公益诉讼是在现行生态损害行政矫正之外设置的另外一种补充救济机制，即通过广泛的一般主体启动司法程序以实现对生

1　巩固.环境民事公益诉讼性质定位省思［J］.法学研究，2019（3）：127–147.
2　事实上，对于行政权的监督而言，我国的制度设计中从来不缺体制内的监督，缺的正是强有力的来自体制外的监督。

态利益的维护。环境公益诉讼的基本功能是实现对公权力运行的监督，其性质为私权对公权的制衡。梁慧星教授指出，依传统做法，对公权的制衡适用"公权制衡公权"的法理，即"某个政府机关被授权行使某项行政权（如行政审批、行政许可），就相应设置或授权另一个政府机关来予以制衡、控制。而对于被授权的另一个政府机关的行为，又需要再设置、再授权第三个政府机关予以制衡、控制"[1]。但这种以公权制衡公权的实践并未取得良好效果，因此必须在公权制衡公权的机制之外，建立私权制衡公权的制度。公益诉讼的本质属性即为私权对公权的制衡。环境行政公益诉讼直接针对的是行政机关的违法行政行为，在性质上是私权对公权的监督。即使在环境民事公益诉讼中，穷尽行政手段的行政前置程序同样意味着环境民事公益诉讼也是私权对公权的一种监督，原告起诉前须告知负有职责的行政主体，这一程序设置的目的之一是敦促有责的公权力机关全面履行职责[2]，因此，环境民事公益诉讼也是对行政执法的一种监督。概言之，环境公益诉讼制度的基本功能定位为"监管监管者"，环境公益诉讼中并非如有的学者所言，"公民原告的出场是以行政的消极退让为前提的"，恰恰相反，敦促行政主体勤勉履职是该制度运行的基本前提和首要目标。

事实上，将环境公益诉讼界定为行政矫正机制之外的另一种救济方式和将环境公益诉讼界定为与行政矫正结盟的内部机制，均能实现对现行环境行政执法不足的弥补，并达致维护公益之目的，但是对实现目标具体路径判别的不同会导致对环境公益诉讼基本属性和功能界定的迥异。若将环境公益诉讼制度定位为与行政主体的联盟，则环境公益诉讼制度的规制对象主要限定为私主体（包括企业和个人）的环

1　林莉红. 行政救济基本理论问题研究［J］. 中国法学，1999（1）：41-49.

2　2015年1月7日起实施的《最高人民法院关于审理环境民事公益诉讼案件适用法律若干问题的解释》第十二条规定："人民法院受理环境民事公益诉讼后，应当在十日内告知对被告负有环境保护监督管理职责的部门。"这一起诉后的告知程序不同于诉前告知程序，难以起到敦促有责主体履行行政职责之功能。我国这一现行立法的缺陷也是导致学界对环境民事公益诉讼功能定位出现偏差的原因。

境违法行为，即环境公益诉讼的主要规制对象与环境行政监管的对象是同一的，这时环境公益诉讼的实质是私权对私权的监督或者公权对私权的监管。如此，构建环境公益诉讼制度以克服生态损害行政矫正之固有缺陷的目标则无法实现。

三、"利益归属主体"与"利益代表主体"之疏离

传统诉讼中"诉之利益"理论和"当事人适格"理论，将诉权的赋予限制在与系争纠纷有直接利害关系的主体范围内，而环境公益诉讼的显著不同就在于对"诉之利益"和"当事人适格"的范围进行了扩展。环境公益诉讼是以私主体的身份直接代表环境公益而诉诸司法之诉讼，那么，与生态损害行为没有直接利害关系的主体缘何可以代表公共利益提起诉讼呢？

笔者认为，从根本意义上而言，作为公共利益的生态利益与私人利益的内在关联是私主体可以代表公益诉诸司法的最终根据。生态利益与私人利益是辩证统一的关系：一方面，生态利益有着不同于私人利益的特征。作为一种共同的善，生态利益具有普惠性、均享性和不可分割性，生态利益并不归属于任何一个特定的个体，也并非个人利益的总和，"它实质上是在共同体内不受任何人自发控制的利益"[1]。另一方面，生态利益与私人利益又密不可分。生态利益概念的争议性和其边界划定的艰难性恰恰佐证了公益与私益的内在关联性。作为一般的、普遍的生态利益寓于作为个别的、特殊的私人利益之中，离开具有个性特征的具体的私人利益，生态利益就只是一个虚幻的概念。同时，公共利益是私人利益实现的条件，"众多权利都是以捍卫个人自由的名义而提出的，但其实现却有赖于确保公共利益的社会背景。

1　Joseph Raz. Ethics in the Public Domain：Essays in the Morality of Law and Politics［M］. Clarendon：The Clarendon Press，1995：37.

没有公共利益作支撑，这些个人权利将无法实现其既定目标"[1]。当生态利益表现为共同的善时，我们习以为常地共享着，但对其重要性的认识仍然不够。然而，一旦共同的善受到严重损害而转化为共同的恶（如雾霾）时，共同的善的重要性即凸显出来。当生态损害日益普遍而行政矫正乏力并威胁到私益的享有时，私主体采用补充救济方式就成为必然。正是源于环境公益不能归属于任何一个特定的主体，传统的私益诉讼难以有效维护生态利益，也正是生态利益不归属于任何主体却与任何主体都有利益关联的特性，赋予了私主体直接代表环境公益提起诉讼的动力和诉权依据。[2]

生态利益与私人利益的内在关联促使生态利益的归属主体与生态利益的代表主体出现了分离，也成为环境公益诉讼制度能够扩大传统"诉之利益"的救济范围和突破"当事人适格"理论的正当性基础。但这种突破是否意味着公益诉讼已超出现有诉讼理论的制度框架而成了一种独立的诉讼类型呢？考察诉讼理论中已有的制度安排后发现，虽然在一般情况下诉讼当事人与实体权利主体是一致的，但诉权与实体权利主体相分离的现象也并不鲜见。诉讼法学界一般认为，诉讼担当、诉讼承担、诉讼信托和代位诉讼是诉权与实体权利主体相分离的基本类型。生态利益最终归属于社会公众，却并不属于任何一个特定主体，因为任何一个特定主体是社会公众中的一分子，却不是社会公众本身，因此，任何一个主体直接代表生态利益提起的诉讼均属于利益归属主体与利益代表主体相分离的情形。利益归属主体与利益代表主体的分离有效融合了私益与公益之间的界限，这一现象在诉讼法中表现为诉权与实体权利主体相分离的制度安排。环境公益诉讼应当归为诉讼信托的范围，只是将诉讼信托的当事人范围从传统的社会团体扩展至更广泛的主体而已。可见，与生态利

---

1 Joseph Raz. The Morality of Freedom ［M］.Clarendon：The Clarendon Press，1986：251.

2 那些认为即使赋予公民个人环境公益诉讼起诉资格，个人也必定缺乏起诉动力的观点正是过分强调了公益与私益之间的对立而忽视了二者之间的内在关联。

益没有直接利害关系的私主体直接代表环境公益提起诉讼并未突破传统的诉讼框架，而只是对已有的"诉权与实体权利主体相分离"制度的一种延伸。2018 年最高人民法院、最高人民检察院发布了《关于检察公益诉讼案件适用法律若干问题的解释》，2019 年最高人民法院发布《最高人民法院关于审理生态环境损害赔偿案件的若干规定（试行）》，以"试行"的方式，规定了生态损害赔偿案件与环境民事公益诉讼的衔接问题，2022 年最高人民法院、最高人民检察院发布《关于办理海洋自然资源与生态环境公益诉讼案件若干问题的规定》，就海洋环境公益诉讼作出规定。

第三节　环境民事公益诉讼的规范基础与实践面向

无论是环境法学界还是环境司法的实践领域，对环境公益诉讼的最初认识都是将环境民事公益诉讼作为研究、制度构建和司法实践的重点。[1] 因此，我国环境公益诉讼制度首先在民事诉讼领域中得以展开。

一、环境民事公益诉讼的规范基础

2005 年《国务院关于落实科学发展观加强环境保护的决定》提出要"推动环境公益诉讼"。2012 年 8 月 31 日，第十一届全国人大常委会第二十八次会议通过了全国人大常委会关于修改民事诉讼法的决定，修改后的《中华人民共和国民事诉讼法》第五十五条规定："对污染环境、侵害众多消费者合法权益等损害社会公共利益的行为，法律规定的机关和有关组织可以向人民法院提起诉讼。"这一规定回应

1　如吕忠梅老师认为："环境公益诉讼是国家以排除环境危害和赔偿环境损害所带来或可能带来的环境损害为基本诉求，主要是通过追究环境污染或破坏责任人的民事责任来实现对环境社会公共利益的保护和救济的一种专门诉讼。"（吕忠梅.环境司法理性不能止于"天价"赔偿：泰州环境公益诉讼案评析 [J] .中国法学，2016（3）：244-264.）

了多年来理论和司法实践的呼求，对公益诉讼作出原则性规定。但该法较为原则，在条文中仅规定了公益诉讼的主体为"法律规定的机关和有关组织"，尚未确定其具体涵盖范围，操作性不强，导致通过环境公益诉讼加大环境保护力度的制度功能受到限制。2014 年《环境保护法》第五十八条对可以提起环境公益诉讼的社会组织应符合的条件作出了细化规定，法律规定具有原告主体资格的社会组织必须符合非营利性、依法登记于设区的市级以上人民政府民政部门、连续五年专门从事环保公益活动且无违法记录的条件，并在《民事诉讼法》确认环境污染类公益诉讼的基础上，将生态破坏造成的生态损害纳入环境公益诉讼的范围。2015 年 1 月 6 日，为进一步细化审理环境民事公益诉讼案件的规则，最高人民法院颁布了《关于审理环境民事公益诉讼案件适用法律若干问题的解释》，明确了 2014 年《环境保护法》中的"设区的市级以上人民政府民政部门""专门从事环境保护公益活动""无违法记录"的认定标准，并对第一审环境民事公益诉讼案件的管辖问题、诉讼成本负担问题进行了具体化。[1] 至此，环境民事公益诉讼的制度框架已经基本建立。2017 年修订的《民事诉讼法》规定了检察机关提起民事公益诉讼的主体资格，这意味着环境民事公益诉讼"国家化"的趋势日益明显。2018 年最高人民法院、最高人民检察院发布了《关于检察公益诉讼案件适用法律若干问题的解释》，2019 年最高人民法院发布《最高人民法院关于审理生态环境损害赔偿案件的若干规定（试行）》，以"试行"的方式，规定了生态损害赔偿案件与环境民事公益诉讼的衔接问题，2022 年最高人民法院、 最高人民检察院发布《关于办理海洋自然资源与生态环境公益诉讼案件若干问题的规定》，就海洋环境公益诉讼作出规定。

1　学界普遍认为 2017 年修订的《海洋环境保护法》第八十九条第二款："对破坏海洋生态、海洋水产资源、海洋保护区，给国家造成重大损失的，由依照本法规定行使海洋环境监督管理权的部门代表国家对责任者提出损害赔偿要求。"为环境民事公益诉讼的最早法律依据，但笔者认为此处规定的海洋环境监督管理部门代表国家对责任者提出损害赔偿途径即使是通过诉讼方式进行，也不能算作真正意义上的环境公益诉讼，理由将在下文详述。

二、环境民事公益诉讼的实践面向

从 2007 年开始，各地立法开始探索建立环境公益诉讼制度，贵阳市、无锡市、昆明市等相继制定了地方性法规或规范性文件，明确规定检察机关、环境保护管理机构以及环保公益组织可以为环境公共利益提起环境公益诉讼。例如，贵阳市中级人民法院于 2007 年发布了《关于贵阳市中级人民法院环境保护审判庭、清镇市人民法院环境保护法庭案件受理范围的规定》，无锡市中级人民法院和无锡市人民检察院于 2008 年出台了《关于办理环境民事公益诉讼案件的试行规定》等。在地方性法规及规范性文件的推动下，各地相继出现了一些环境公益诉讼案件，例如 2007 年 12 月，贵阳市"两湖一库"管理局向清镇市人民法院起诉贵州天峰化工有限责任公司，请求判令被告立即停止对贵阳市红枫湖及其上游河流羊昌河的环境的侵害，并排除妨碍、清除危险。自 2007 年至 2014 年年底，贵阳法院共受理环境公益诉讼案件 18 件。[1]2014 年《环境保护法》实施及相关司法解释相继出台后，全国范围内的环境公益诉讼案件有所增加，2015 年一年全国由环境组织提起的环境民事公益诉讼受案总量达到 38 件。[2]2021 年，全国共受理环境公益诉讼案件 5917 件，其中，受理检察机关提起的环境公益诉讼 5610 件，受理社会组织提起的环境民事公益诉讼案件 299 件。[3]同时，环境司法专门化的步伐加快，声称"为环境公益诉讼而生"的

1　吕忠梅.环境司法专门化现状调查与制度重构［M］.北京：法律出版社，2015.贵阳法院受理的 18 件是否全部为环境民事公益诉讼案件还有待进一步考察。

2　其实确切的数字存在多个版本，如中国生物多样性保护与绿色发展基金会于 2015 年 12 月 16 日发布的 2015 年工作总结称全国"提起"环境公益诉讼案件 45 件，2015 年 12 月 29 日最高人民法院新闻通气会上，最高人民法院环境资源审判庭副庭长王旭光则称 2015 年各级法院共"受理"环境民事公益诉讼案件 45 件，而 2016 年 3 月 11 日，当时的环保部部长陈吉宁在两会期间答记者问时称 2015 年全国法院"受理"民事公益诉讼案件 47 件。（巩固.2015 年中国环境民事公益诉讼的实证分析［J］.法学，2016（9）：16-33.）

3　最高人民法院.最高法发布《中国环境资源审判（2021）》［EB/OL］.（2022-06-05）［2023-01-29］.https://www.court.gov.cn/zixun-xiangqing-361291.html，最后访问时间：2023 年 1 月 29 日。

环保法庭也在各地建立起来。[1]

可以肯定的事实是，在环境公益诉讼的制度框架已经建立的前提下，环境公益诉讼的数量并未像之前所预想的那样出现"井喷"，单从受案数量来看[2]，新法实施后环境民事公益诉讼数量增长有限。已经受理或审结的环境公益诉讼案件在案件受理、原告资格的确认、诉讼特殊程序、损害鉴定、因果关系认定、责任承担方式等方面呈现出诸多的问题。环境民事公益诉讼制度运行和功能发挥所面临的挑战，一方面说明该制度距离成熟、完善的常规法律机制尚有较大距离；另一方面也正是该制度实施中彰显的种种问题才促使环境法学界对环境民事公益诉讼制度进行更深入地探索并寻求完善之策。

第四节　后《环境保护法》时代环境民事公益诉讼救济之完善

随着新《环境保护法》的实施以及一系列司法解释的出台，我国环境民事公益诉讼制度建设取得了长足的进展。然而，新《环境保护法》实施的前三个月，全国仅受理三起环境公益诉讼案件[3]；而被称为"为环境公益诉讼而生"的环保法庭，有的甚至出现了一年半时间里环境公益诉讼零受理的尴尬局面[4]。随着检察机关提起公益诉讼试点方案的实施，这一状况有所改善。2015 年 1 月至 2016 年 12月 31 日，全国法院共受理社会组织和试点地区检察机关提起的环境民事公益诉讼一审案件 189 件，这一案件数量与 2015 年之前年均 8 件

1　截至 2021 年年底，全国共有环境资源专门审判机构 2149 个，其中环境资源审判庭 649 个（包括 30 家高级人民法院、158 家中级人民法院及 460 家基层人民法院），合议庭 1285 个，人民法庭 215 个。最高人民法院.最高法发布《中国环境资源审判（2021）》［EB/OL］.（2022-06-05）［2023-01-29］.https://www.court.gov.cn/zixun-xiangqing-361291.html，截至 2022 年年底，全国共有环境资源专门审判机构 2426 个。最高人民法院.最高人民法院发布环境公益诉讼专题指导性案例［EB/OL］.（2023-01-11）［2023-01-29］.https://www.chinacourt.org/article/detail/2023/01/id/7097851.shtml.

2　受案数量中还包括一些不能正常审结的案件，因此仅仅是受案数量本身还不能等于通过诉讼程序回应环境公益损害本身的程度。

3　刘晓星.环境公益诉讼缘何叫好不叫座［N］.中国环境报，2015-03-13（08）.

4　曹红蕾.环境公益诉讼一年半零受理［N］.云南信息报，2015-06-03（A18）.

相比有了较大幅度的增长。但相对于我国环境违法及公益受损的现实而言，仍严重偏少，远未出现之前专家预测与公众期待的"井喷"之势。在已经有明确法律依据的前提下，环境民事公益诉讼仍出现叫好不叫座之现象，引发了学界对环境公益诉讼制度构建时偏好环境民事公益诉讼制度之合理性的怀疑，[1]尤其是随着环境行政公益诉讼制度的建立以及生态损害国家索赔制度的探索，学界甚至一度出现了环境民事公益诉讼是否还有存在之必要的质疑。

笔者认为，环境民事公益诉讼的确只能在其有限范围内发挥作用，环境行政公益诉讼才是环境公益诉讼制度构建的重心，从环境公益诉讼的本质属性与功能定位出发，以民事公益诉讼为重心的环境公益诉讼制度构建的确存在问题。但只要生态损害行政矫正的功能限度存在，环境民事公益制度就有存在之必要。环境民事公益诉讼在弥补填补功能之不足以及通过诉前告知程序监督、敦促行政执法这两个方面发挥着其独特之功能。因此，笔者认为讨论环境民事公益诉讼是否有存在之必要有矫枉过正之嫌。关于环境民事公益诉讼，关注的重心应当是如何结合我国的具体国情，在深入分析和准确把握环境公益诉讼的本质及在我国现有体制下的基本功能前提下，提出完善该制度的可行性建议。鉴于本书讨论的是新《环境保护法》实施以来，环境民事公益诉讼制度法律适用所遭遇的新情况、新困境与立法应对问题，故本书将这一问题称之为后《环境保护法》时代环境民事公益诉讼救济之完善。

一、原告起诉资格确认之苛严与放松

学界一致认为原告资格是环境公益诉讼法律制度构建的重心，因此，关于环境公益诉讼制度，最初争议的焦点在于赋予哪些主体以提

---

1 如王明远教授提出："从行政法的总体发展趋势来看，环境民事公益诉讼并不是环境公益司法化的重点"，"需要明确行政机关在环境公共事务上的主导权，在此基础上，将环境行政公益诉讼作为环境公益诉讼的重点和发展方向。"（王明远.论我国环境公益诉讼的发展方向：基于行政权与司法权关系理论的分析［J］.中国法学，2016（1）：49-68.）

起公益诉讼的原告资格。理论界一般认为，自然体与后代人不宜作为环境公益诉讼的原告[1]，公民与环境非政府组织是环境公益诉讼的适格原告，但对于是否赋予公权力机关（包括作为司法机关的检察机关与隶属行政机关序列的环保部门）环境公益诉讼的原告资格则一直存在激烈的争议。2021 年《民事诉讼法》确认了检察机关提起环境民事公益诉讼的起诉资格，这使环境公益诉讼制度产生了深刻的变化。"将提起公益诉讼的资格一般性地赋予自然人、法人或其他组织，还是严格地限定在行政机关、检察机关、有限范围内的社会组织，体现了公益诉讼'社会化'还是'国家化'的政策考量与制度安排。"[2] 很显然，与制度构建前的司法实践中对环境公益诉讼原告资格所持的开放性态度不同，在法律规范层面，环境公益诉讼"国家化"的趋势越来越明显。这种"国家化"趋势也许契合了中国独特之"国家—社会"的总体关系，具有一定的现实合理性。但是，环境公益诉讼过度的"国家化"将背离该制度社会参与环境治理的本质以及私权制衡公权的基本功能预设。从长远来看，唯有放宽自然人、法人或其他组织进入环境公益诉讼的门槛，才能有益于环境公益的维护。

1. 适当放松对环保团体公益诉讼原告资格的苛严设定

对于环保团体应当成为环境公益诉讼的适格原告，理论界并无争议。社会团体在某种程度上是个体的集合，环保团体具有的公益性、专业性、非营利性等特征，使其比分散的单个个体更能胜任公益诉讼主体角色。而且，"在公益法团体看来，法律不仅仅是一种解决争端的方式，更应该是获得社会正义的工具。他们关注公共问题而不是私人问题，着眼于改变而不仅仅是支持现有的法律和社会结构，特别是社会中权力的分配"[3]。因此，环保团体可能更有动力提起诉讼而成

---

1 也有个别人主张环境公益诉讼的主体还包括了自然体。如朱秋安在《论自然体能否介入环境公益诉讼》（朱秋安.论自然体能否介入环境公益诉讼 [J].商业时代，2012（2）：114-115.）一文中从自然体的环境权入手，认为环境公益诉讼的主体还包括了自然体。

2 陈杭平，周晗隽.公益诉讼"国家化"的反思 [J].北方法学，2019（6）：70-79.

3 蒋小红.通过公益诉讼推动社会变革——印度公益诉讼制度考察 [J].环球法律评论，2006（3）：372-377.

为环境公益诉讼的"勇敢者"。正是在这些理念的支撑下，环保团体成为大多数国家环境公益诉讼的主要力量。2012 年的《民事诉讼法》以"有关组织"的原则性表述优先确认了环保团体的起诉资格，新《环境保护法》及《关于审理环境民事公益诉讼案件适用法律若干问题的解释》将这一规定进一步细化。

　　然而，有数据显示：自 2015 年 1 月 1 日新《环境保护法》施行至 2017 年 6 月，全国法院共受理社会组织提起的环境民事公益诉讼一审案件 246 件，在全部公益诉讼案件中占比不足 20%。全国有 700 余家社会组织具备提起环境公益诉讼的资格。但 3 年来，全国只有 25 家社会组织提起过环境公益诉讼，并且多数都是几家社会组织作为共同原告起诉（社会组织提起环境公益诉讼案件的数量呈下降趋势）。环保团体等社会组织通过环境民事公益诉讼参与环境治理的能力和意愿均显不足，环境民事公益诉讼并没有出现人们预想的井喷之势。在此背景下，环境公益诉讼的起诉主体被扩展至检察机关。2018 年，全国法院受理社会组织提起的环境民事公益诉讼案件 65 件，而受理检察机关提起的环境民事公益诉讼 113 件，刑事附带民事环境公益诉讼案件 1248 件。[1] 2021 年，全国受理环境公益诉讼案件 5917 件，其中受理检察机关提起的环境公益诉讼案件达到了 5610 件，而受理社会组织提起的环境民事公益诉讼案件只有 299 件。[2]

　　很显然，社会组织在环境民事公益诉讼的地位日益被边缘化。究其原因，从立法的角度看，一个不容忽视的因素是，现行法关于环保团体提起环境民事公益诉讼的规定仍不甚明确，加上司法实践中对环保团体起诉资格的苛严认定，影响到环保团体提起环境公益诉讼的积极性。

　　首先，"从事环境保护公益活动连续五年以上"的资格设定不甚

1　最高人民法院 .《中国环境司法发展报告》（绿皮书）及典型案例新闻发布会［EB/OL］.（2019-06-03）［2022-04-23］. http://www.court.gov.cn/zixun-xiangqing-145072.html.

2　最高人民法院 . 最高法发布《中国环境资源审判》（2021）［EB/OL］.（2022-06-05）［2023-01-29］. https://www.court.gov.cn/zixun-xiangqing-361291.html.

合理。在"泰州市环保联合会与锦汇、常隆等公司环境污染侵权纠纷案"[1]中，被告认为：新《环境保护法》第五十八条明确规定，有权提起环境公益诉讼的环保团体必须成立超过五年，而该案中的原告泰州市环保联合会成立于2014年，至起诉时其成立时间不满五年，不符合新《环境保护法》关于环境公益诉讼主体资格的规定。泰州市环保联合会则提出：新《环境保护法》从2015年1月1日起实施，该案提起诉讼时间为2014年8月，早于该法实施时间，因此该案的审理应适用《民事诉讼法》第五十五条而非新《环境保护法》。法院最终以泰州市环保联合会符合《民事诉讼法》第五十五条中的"有关组织"为依据肯定了泰州市环保联合会的起诉主体资格，并以"法不溯及既往"原则排除了新《环境保护法》对环保组织起诉资格之新规定，从法律适用的角度来说并无不妥，而且较圆满地解决了该案中起诉主体资格问题。然而，特殊时间节点下的个案之妥善解决却无法为以后的类似案件处理提供指引。尽管泰州市环保联合会在此案中被确认了其起诉主体资格，并在该案中表现出该组织具有较强的诉讼能力和起诉意愿，但仍然意味着泰州市环保联合会在符合成立五年之前的时间内不能对公益诉讼案件再有任何作为。需要思考的是，如此设定的起诉资格是否有利于激发环保组织的诉讼热情，是否有利于促进环保组织的成长？考虑到我国环保组织整体上较为弱小，目前由环保组织提起环境公益诉讼的数量增长缓慢的现状，"连续五年以上"的时间设定可以适当放宽。另外，对"连续五年以上"的时间起算点是实际活动之时还是登记之时，立法尚不明确，实践中也存在疑问。在"福建绿家园及自然之友诉谢知锦等四被告生态破坏案"中，起诉主体自然之友的登记日期为2010年6月18日，而该案的起诉日期是2015年1月1日，自登记之日至起诉时尚不足5年，故其起诉资格遭到质疑。自然之友以其"前身"（"中国文化书院绿色文化分院"）在1993

1　吕忠梅.环境司法理性不能止于"天价"赔偿：泰州环境公益诉讼案评析[J].中国法学,2016（3）：244-264.

年即成立并且从事了环保公益活动为由主张其符合起诉主体资格并得到法院的认可。但法院并未就社会组织与其前身之间的传承关系作明确表述，因而其认定的妥当性不无疑问。"现有的许多环保组织是在实践中逐渐发展起来的，许多在登记、章程、年检等方面并不规范，由于新《环境保护法》及相关司法解释对环保组织要求的提高，需要变更或重新登记，于是之前身份及实践的可承继性显得十分重要。"鉴于这一现实，笔者赞成以登记日为起算点但认可新登记的环保组织与其前身之传承关系的观点。[1]

其次，对于"专门从事环境保护公益活动"的认定标准不甚明确。依《关于审理环境民事公益诉讼案件适用法律若干问题的解释》第四条，"专门从事环境保护公益活动"是指"社会组织章程确定的宗旨和主要业务范围是维护社会公共利益，且从事环境保护公益活动"，但在司法实践中不同法院对社会组织的章程和活动是否属于"环境保护公益活动"之认定却大相径庭。[2] 在"中国绿发会诉腾格里沙漠污染公益诉讼案"[3]中，受案的两级法院均以原告章程中没有关于"从事环境保护公益活动"的明确表述且业务范围未载明"环境保护业务"，因而不符合法律规定的"专门从事环境保护公益活动"而驳回绿发会的起诉。最高人民法院依法提审并审理后认为，是否"专门从事环境保护公益活动"应从"宗旨和业务范围是否包含维护环境利益""是否实际从事环境保护公益活动"以及"维护的环境公共利益是否与其宗旨和业务范围具有关联性"三方面进行审查，并认为"对于社会组织宗旨和业务范围是否包含维护环境公共利益，应根据其内涵而非简单依据文字表述作出判断"，从而区分了"章程确定的宗旨和主要业务范围是从事环境保护公益活动"与"章程中须包含'从事环境保护

1　巩固.2015 年中国环境民事公益诉讼的实证分析［J］.法学，2016（9）：16-33.

2　如在自然之友诉泰州三家化工厂废酸倾倒案中，泰州中院以自然之友是"从事环境研究的研究机构，不是专门从事环保公益活动的社会组织"为由不予受理。江苏省高院又以"自然之友研究所作为从事环境研究的研究机构，系从事环境保护公益的组织"而认定了自然之友的起诉主体资格。

3　刁凡超.腾格里沙漠污染公益诉讼案终审裁定：确认环保组织诉讼资格［EB/OL］.（2016-01-29）［2023-02-14］. http://www.thepaper.cn/newsDetail_forward_1427140

公益活动'字样"，避免了机械的理解。2017年最高人民法院将此案作为环境公益诉讼的典型案例，并通过发布该案细化了判断环保组织提起环境民事公益诉讼的主体资格认定标准，这无疑具有重要的指引功能。但这一裁定将《关于审理环境民事公益诉讼案件适用法律若干问题的解释》第四条中的"章程确定的宗旨和主要业务范围是从事维护社会公共利益"变为"章程确定的宗旨和主要业务范围是从事环境保护公益活动"，也可能使"许多章程中未明确体现环保内容但实际投身环保实践的公益组织丧失了诉权"[1]，从而限缩了原告资格的范围。当前社会组织提起环境公益诉讼的积极性并不高，自新《环境保护法》实施以来，全国具有环境公益诉讼主体资格的环保组织中也仅有寥寥数家提起过公益诉讼。因此笔者认为，应当以立法的形式对环保团体提起环境公益诉讼的限制条件作宽泛的解释，以降低其提起环境民事公益诉讼的门槛。

除了立法对环保团体起诉资格的苛严限制因素，环保团体自身在资金、人力等方面能力建设的不足也是制约其提起公益诉讼的重要原因。所以，出台一系列措施加强环保团体等社会组织自身能力的建设也至关重要。

2. 确认公民个人的环境公益诉讼原告资格

环境公益诉讼制度的本质属性和基本功能是私权对公权的监督而不是相反，因此，环境公益诉讼的最佳原告应为公民和环保团体。"政府永远不可能有足够的执法资源在全国范围内检测每个污染源，而了解该污染源的公民或者环保组织常常是违法排污行为最经济、最有效的监控者。"[2]笔者认为，从逻辑关系来看，应当是公益的本质决定公益诉讼的主体，而不是诉讼主体决定公益的性质。公益诉讼的本质决定了将公民个人排除在公益诉讼之外的诉讼不是真正意

---

1 巩固.2015年中国环境民事公益诉讼的实证分析[J].法学，2016（9）：16-33.
2 张新宝，庄超.扩张与强化：环境侵权责任的综合适用[J].中国社会科学，2014（3）：125-141，207.

义上的公益诉讼。

学界反对赋予公民个人环境公益诉讼原告资格的理由包括：一是公民个人力量分散、专业知识欠缺从而不具备提起公益诉讼的能力，也无法与作为生态损害的责任主体对抗（生态损害的行为主体往往是实力雄厚的企业）；二是可能会导致滥诉；三是我国公民个人权利意识较差，当个人私益受到侵犯时尚且有许多人不愿寻求诉讼救济，更何况是可以"搭便车"的公益诉讼？即使规定公民个人的原告资格，他们也没有起诉动力。这些堂而皇之的理由无一能够成立。首先，不能以其力量分散、专业知识欠缺为理由而将公民个人拒之于公益诉讼大门之外，是否赋予环境公益诉讼原告资格与其专业知识的多寡和诉讼能力没有必然联系。如若力量分散、专业知识欠缺能够成为否定公民个人原告资格的理由，那么，可以设想，在以私益维护为本位的传统环境侵权中，公民个人同样面对的是强大的侵权责任主体，同样也存在着专业知识缺乏、起诉能力不足的问题，那是不是应该否定环境侵权中处于弱势地位的个人受害者的起诉资格呢？"康菲溢油案"中，当时的农业部代替受损的渔民与责任主体商谈渔业资源损失赔偿，就是遵循了这一强盗逻辑。[1] 从罗尔斯的正义理论出发，"最少受惠者的利益最大化"原则要求给予处于分配正义中的最不利者以最多的关注，而现在却将应当平等给予不同主体的起诉资格仅仅赋予了相对起诉能力更强的主体，明显违背了最基本的正义原则。其次，赋予公民个人起诉资格不会导致滥诉的结果。原因在于：中国长期以来就有厌诉的心理，公民个人的权利意识较差，私权维护的积极性尚且不高，怎么可能会出现为公益之维护而纷纷去起诉的情形呢？笔者认为，担心赋予公民个人起诉资格会导致滥诉的想法纯粹是杞人忧天。而且，新《环境保护法》实施以来环境公益诉讼的数量仍十分有限，很多环保法庭门可罗雀之冷清也印证了这一担忧纯属多余。那么，如此说来，即使

1　"康菲溢油案"中，渔民的渔业资源损失明显是属于私益损害，农业部代替受损渔民去和责任主体协商赔偿问题的理由无非是渔民力量分散，无力与企业抗争等，可这时正是公权力机关发挥作用的时候，有关部门应当支持渔民的索赔请求，为其请求权的行使提供帮助，而不是直接越俎代庖。

赋予公民个人原告资格，事实上公民个人也会因为高昂的诉讼成本以及"事不关己"对公益的漠然心理而不会起诉，从而失去赋予其起诉资格的意义呢？这正是反对赋予公民个人起诉资格的第三个理由，也是被学界普遍接受的理由。问题是，由于公益诉讼之特性不可能出现滥诉就一定会出现无人起诉的情形吗？笔者认为，与第二个反对理由相联系，事实上是我们的思维陷入了非此即彼的绝对论误区之中。公共利益的确不同于个人利益，但作为共享的利益却又与每个人密切相关，公益利益与个人私益既相互区别又存在内在关联，将二者决然对立的观点是片面的。笔者不认为所有人或大多数人会为了公益之维护争先恐后地去法院起诉，但同时又不能否认的确存在"勇敢者"，愿意为了所有人共享的公益之维护挺身而出，司法实践中也不乏这样的主体出现。[1]退一步说，公益诉讼起诉权是诉权，诉权本身是一种权利，权利的本质就在于对权利主体而言既可以放弃亦可以行使，怎么能因为权利主体有可能放弃权利之行使就剥夺赋予其权利本身呢？而且，正因为不管赋予哪个主体起诉资格，公益诉讼起诉主体的起诉意愿都不可能很强，所以才应该尽可能多地赋予适格主体以原告资格，并设置合理的起诉激励机制，而不是对环保团体与公民个人提起公益诉讼设置种种不合理的限制。

3. 明确公权力主体提起环境民事公益诉讼之起诉地位

如前所述，自 2017 年检察机关被正式授予提起环境公益诉讼的主体资格以来，检察机关在环境民事公益诉讼中的表现越来越突出，尤其是在 2018 年"两高"出台的司法解释授予检察机关就环境犯罪提起刑事附带民事公益诉讼的情况下。与自身发展尚不充分的社会组织相比，检察机关在诉讼能力方面具有明显的制度优势，事实上也逐渐成为了生态利益强有力的维护者。然而，检察机关提起环境民事公益诉讼却存在如下问题：其一，检察机关相对于行政主体而

1　环境维权勇士陈法庆、康菲溢油事故发生后律师贾卫方曾以个人名义向法院提起公益诉讼。

言都处于强势地位[1]，那么，相对于一般的民事主体而言，在诉讼能力上往往处于明显的强势地位，尤其是面对的被告是普通的自然人而不是实力超强的大企业时。这种当事人之间诉讼能力和诉讼地位差别大的诉讼，可能有违民事诉讼当事人的平等原则。其二，检察机关在环境民事诉讼领域的过度活跃，将进一步挤压社会组织原本就受到诸多限制的作用空间，更加不利于社会组织的发展壮大。其三，赋予检察机关提起环境公益诉讼的起诉权，在本质上为一种诉权，而不是一项法定义务。在对这项公权力主体行使的诉权缺乏有效监督的情况下，避重就轻的选择性诉讼就成为可能，司法适用的公正性将会因此受到质疑。与此同时，真正对生态利益造成或可能造成重大危害的生态损害行为可能并没有被追责。其四，环境公益诉讼制度构建的动因是环境行政主体在环境保护领域存在的行政失灵，然而，检察机关在环境民事公益诉讼中唱主角，让人不无担忧的是，检察机关也是一个公权力主体，也是一个存在自身利益的"理性人"，这一点与行政机关并无实质性区别，所以检察机关同样也存在失灵的风险，也有权力寻租的隐患。

在笔者看来，2017 年修订的《民事诉讼法》第五十五条第二款界定检察机关提起环境民事公益诉讼的起诉地位基本上是合理的，该款强调的是，检察机关在没有前款规定的机关和组织或者前款规定的机关和组织不提起诉讼的情况下，可以向人民法院提起诉讼；前款规定的机关或者组织提起诉讼的，人民检察院可以支持起诉。换言之，检察机关作为环境民事公益诉讼起诉主体是对包括社会组织在内的其他主体的一种补充，是存在"勇敢者缺位"时不得已的一种做法。很显然，当前司法实践中检察机关一跃成为提起环境民事公益诉讼最重要主体的情形，违背了《民事诉讼法》确认检察机关提起环境民事公益诉讼的定位。

其实，检察机关提起环境民事公益诉讼的制度优势完全可以通过

1　从检察机关提起环境行政公益诉讼无一败诉的情况就可见一斑。

《民事诉讼法》第五十五条第三款发挥出来，大可不必充当提起环境民事公益诉讼的"急先锋"。检察机关可以通过支持社会组织提起环境公益诉讼的方式来充分发挥其优势，弥补当前欠发达的社会组织提起环境民事公益诉讼的不足，同时可以在很大程度上避免直接冲锋上阵所带来的隐患。因此，笔者建议检察机关在环境民事公益诉讼中应当回归到补充起诉主体的位置，并规定，在起诉主体需要的情况下，检察机关支持起诉为一项法定义务。

二、责任承担方式之混同与厘清

环境公益诉讼的责任承担方式直接影响着环境公益诉讼目标能否实现以及能在多大程度上得以实现。在我国环境公益诉讼制度的研究初期，学界主要聚焦于环境公益诉讼的主体资格问题，鲜有学者关注法律责任的承担方式。随着新《环境保护法》及司法解释的出台，环境民事公益诉讼的主体资格制度虽然尚不完善，但毕竟已经有了法律依据。而在环境民事公益诉讼司法实践逐步展开的过程中，现有立法及相关司法解释关于环境民事公益诉讼法律责任方式的规定较为模糊，从而导致责任承担方式混乱的问题凸显出来。

1. 环境民事公益诉讼法律责任和传统民事责任之区别与调适

从诉讼的最终目标来看，环境公益诉讼的基本诉求可以归结为：制止已经发生或有发生之重大风险的生态损害行为，并对已经造成的生态损害尽可能地进行修复。前者针对的是生态损害行为，后者针对的是生态损害事实（或后果）。因此，以生态损害之状态可将环境公益诉讼民事责任划分为消除危害、停止侵害、生态修复与损害赔偿，分别对应着可能产生之损害、持续进行之损害、已经造成之损害与已经造成且无法修复之损害。然而，被现有立法及相关司法解释所忽视的一个问题是：无论是作为行为的生态损害还是作为事实的生态损害都与传统的民事侵权行为以及民事损害事实存在诸多的不同，这些不同导致了传统的民事责任方式适用于环境民事公益诉讼的责任承担时出现了种种不适。

首先，环境公益诉讼中预防性与阻却性责任承担方式不同于传统民事责任的承担。其一，传统民法中预防性与阻却性责任承担方式的适用往往意味着正在发生或可能发生的民事侵权行为被彻底制止或消除，但环境公益诉讼中被诉的生态损害行为一般为具有社会正当性的生产经营行为之副产品，停产停业等措施的确也可以实现生态损害行为的彻底制止或消除，但也因这些责任承担所带来的社会成本过巨而不会轻易采用，实践中更有可能采用将可能导致生态损害之行为控制在一个合理限度内的责任承担方式。其二，传统民事责任中的"停止侵害"一般是以不作为的方式来实施的，即只要被告消极停止侵权行为即可实现，但环境民事公益诉讼责任中的"停止侵害"却在大多数情况下需要被告的积极作为方可实现。如停止污染、停止超标排污等停止侵害责任的实现，可能需要重新安装排污处理设施或对污染物进行无害化处理等一系列的积极行为，自然也需要付出一些甚至是较高的经济成本。因此，环境公益诉讼中的消除危害、排除妨害、停止侵害等预防性与阻却性责任承担方式的落实难度大。更重要的是，这些预防性与阻却性责任承担方式的最终实施效果需要负有监管职责的有关行政部门的监管配合，法院并无监督这些责任落实的专业技术、设备和专业判别能力。其三，在传统的民事损害中，由于侵权行为与损害后果在大多数情况下是同时发生的，制止损害行为就意味着损害后果会随之停止。但生态损害中，"停止侵害、排除妨碍、消除危险可以停止环境侵权行为的继续实施，新的损害也许会因侵权行为的停止而不再发生，但因污染物或者被破坏环境要素的自然过程并不会因为人的侵权行为的停止而停止，损害后果还在持续，并且这种持续还可能造成进一步的损害后果"[1]。因此，仅仅适用预防性与阻却性责任

---

[1]　吕忠梅.环境司法理性不能止于"天价"赔偿：泰州环境公益诉讼案评析[J].中国法学，2016（3）：244-264.

承担方式往往难以实现对生态损害的周全救济。

综上，环境公益诉讼中预防性、阻却性责任承担方式与传统民事责任的承担有诸多的差异。因此，将消除危害、排除妨害、停止侵害等预防性与阻却性责任承担方式适用于环境民事公益诉讼责任承担时，需要根据具体情形作出相应的制度安排。其一，贯彻利益衡量的司法理念。司法适用应当在生态利益、经济利益和其他社会利益（包括其他社会公益）之间进行平衡和综合考量，在有效维护生态利益的前提下尽可能选择对其他利益损害最小的责任方式。其二，加强司法裁判与行政监管的合作。"除了探索建立环保协助法院执行的合作机制外，对常规案件，由人民法院委托环保部门执行也是一个可行的思路。在此方面，浙江省慈溪市早在 2007 年就出台了《慈溪市人民法院关于非诉行政执行案件委托执行的若干规定（试行）》，委托环保部门在环保非诉执行案件中行使执行权。"[1] 其三，依据具体情形，在适用预防性与阻却性责任承担方式时，整体把握环境民事公益诉讼法律责任并综合运用不同的责任形式，以实现对生态损害之全面救济。

其次，环境民事公益诉讼中的生态修复责任不同于传统民事责任中的恢复原状责任。《关于审理环境民事公益诉讼案件适用法律若干问题的解释》将"生态环境修复"作为"恢复原状"的一种具体形式，规定了直接修复、替代性修复、承担修复费用等不同方式，并就生态环境修复费用的构成要素、参酌因素、资金用途等作出了具体规定。然而，"生态修复"责任不同于传统民法中的"恢复原状"。"恢复原状"作为传统民法中最基本的责任方式之一，以保持利益或完整利益为价值导向，旨在维持被损害权利或法益的完整性，即试图"重建赔偿权利人受侵害权利法益之原貌，如同损害事故未曾发生者然"[2]，

1　巩固 . 2015 年中国环境民事公益诉讼的实证分析［J］. 法学，2016（9）：16-33.
2　曾世雄 . 损害赔偿法原理［M］. 北京：中国政法大学出版社，2001：148.

因而被认为最符合损害赔偿之目的。"恢复原状"有狭义和广义之分：狭义的"恢复原状"是指"恢复受损之物本身"，即《德国民法典》立法者们所持的"事实恢复原状"之概念；而在《德国民法典》的实施过程中，各级法院逐渐放弃了"恢复受损之物本身"的解释，有意识地将恢复原状扩大解释为"恢复受损之物的经济功能"，即广义的"恢复原状"概念。[1]《关于审理环境民事公益诉讼案件适用法律若干问题的解释》第二十条规定："原告请求恢复原状的，人民法院可以依法判决被告将生态环境修复到损害发生之前的状态和功能。"以此规定，该解释中所称的"恢复原状"意指"恢复受损之物本身"之狭义的"恢复原状"概念，这与我国民法中关于"恢复原状"这一概念的使用保持了一致。然而，问题是：生态损害发生后是否能恢复到与"损害发生前"一样的状态？很显然，生态系统受损与传统民法上的财产损害不同，有些生态损害是不可逆的，因而根本无法修复，即使是可以进行的生态修复，也无法修复至损害发生前的状态。

可见，我国民法中的"恢复原状"这一责任形式并不能直接套用于环境民事公益诉讼责任之承担，而应当对其进行改造与调适。其一，扩大"恢复原状"的适用范围，科学确立生态修复标准。我国民法中"恢复原状"责任适用于环境民事公益诉讼责任出现不适的根本原因在于我国民法中"恢复原状"责任的涵义过于狭窄，因此无法涵盖与传统财产损害所不同的生态损害。应当借鉴德国民法中将"恢复原状"作扩大解释的做法，将恢复原状的目标定位于恢复受损生态系统的功能，而并非恢复受损环境或生态系统至受到损害之前的状态，并根据生态损害的特质、现有技术、人体健康安全等因素来分类确定应当恢复的环境标准。达到规定的环境质量标准即可视为恢复原状。[2]如在污染场地的生态修复中，"受修复时间、修复费用及最佳可得技术等限制，

1 陈红梅.生态损害的私法救济［J］.中州学刊，2013（1）：55-61.
2 王灿发.环境法学教程［M］.北京：中国政法大学出版社，1997：134-135.

将污染场地修复到可满足任何用途的标准是不现实的。污染场地修复的总体趋势以'适用性'为修复目标，通常按土地的农业、住宅及工业或商业用途设定不同的修复目标"[1]。其二，合理确定和实施生态修复方案。由于被损环境修复的复杂性和系统性，往往需要政府和相关部门的长远规划和统筹安排，个案裁判启动往往效果欠佳，加上生态修复本身具有较强的专业性，"'恢复原状'并不一定会带来良好的生态环境治理结果，而最终往往会造成生态问题没有得到根本解决，更造成'恢复资源的浪费'"[2]，甚至可能造成新的生态问题。因此，除了较为简单的恢复原状责任方式可以由责任人实施之外，宜将局部性的生态修复责任纳入系统性的生态修复工程中，由专业性的生态修复第三方通过招投标的市场化运作方式来组织实施。此时出现了恢复原状责任的代履行，责任主体通过承担恢复原状代履行的费用来承担责任，法院裁判恢复原状的责任承担转换为向统一设立的、独立的生态损害修复基金支付代履行费用，有关部门对生态修复方案的制定和执行负监管责任。

2. 环境民事公益诉讼法律责任与环境行政命令的混同与厘清

在早期的司法实践中，环境民事公益诉讼法律责任与环境行政命令混同的现象较为突出。在"中华环保联合会诉江苏宁沪高速公路股份有限公司噪声污染案"[3]中，法院判令被告采取措施使噪声监测达标；在"中华环保联合会诉宜兴市江山生物制剂有限公司环境污染公益诉讼纠纷案"[4]中，法院判令被告采取措施整改并提交整改报告。很显然，责令限期达标、责令限期整改均为环境行政命令的内容，这

---

1 胡卫. 环境污染侵权与恢复原状的调适［J］. 理论界，2014（12）：111-120.

2 高吉喜，杨兆平. 生态功能恢复：中国生态恢复的目标与方向［J］. 生态与农村环境学报，2015（1）：1-6.

3 江苏省法院. 江苏法院 2014 年环境资源典型案例［EB/OL］.（2014-12-03）［2023-02-14］. https://www.jsfy.gov.cn/article/91620.html

4 江苏省无锡市中级人民法院. 中华环保联合会与宜兴市江山生物制剂有限公司环境污染公益诉讼纠纷一审民事判决书［EB/OL］.（2022-05-12）［2023-02-14］. http://huanbao.acef.com.cn/index.php?m=content&c=index&a=show&catid=22&id=83.

些判决仅仅只是采用了民事判决的形式，实际上存在将环境民事公益诉讼法律责任与环境行政命令混同的问题。

在《关于审理环境民事公益诉讼案件适用法律若干问题的解释》的规范与指引下，上述问题有所改观。环境民事公益诉讼的多数诉讼请求能依据具体案情围绕停止侵害、恢复原状、赔偿损失、赔礼道歉等形式而展开，但环境公益诉讼民事法律责任与环境行政责任混同的问题尚未得到彻底的解决。在 2017 年最高法院发布的十起环境公益诉讼典型案例中，有两起案例的诉讼请求与法院的判决值得关注，其一是"重庆市绿色志愿者联合会诉湖北恩施自治州建始磺厂坪矿业有限责任公司水库污染案"[1]，该案的原告重庆绿联会，请求判令"磺厂坪矿业公司停止侵害，不再生产或者避免再次造成污染，对今后可能出现的污染地下溶洞水体和污染水库的风险重新作出环境影响评价，并由法院根据环境影响评价结果，作出是否要求磺厂坪矿业公司搬迁的裁判"。一审法院判决磺厂坪矿业公司"立即停止侵害，履行重新申请环境影响评价的义务，未经环境保护行政主管部门批复、环境保护设施未经验收的，不得生产"。其二是"中华环保联合会诉山东德州晶华集团振华有限公司大气污染案"[2]，该案的原告中华环保联合会，请求判令"振华公司立即停止超标向大气排放污染物，增设大气污染防治设施，经环境保护行政主管部门验收合格并投入使用后方可进行生产经营活动"。法院以该项诉讼请求不属于环境民事公益诉讼司法解释规定的承担责任的方式中的任何一种而不予支持。这两起案件均属于"停止侵害"的责任承担形式，且都需要被告的积极作为方可具体实现"停止侵害"之效果，只是一个是需要重新申请环评，另一个是增设防污设施，但责令申请环评与责令安装防污设施均为环境

1　市高法院公布 2016—2017 重庆环境资源审判十大典型案例［N］.重庆日报，2018-05-18（009）.
2　张小雪，张鹏，吴凯敏，等.《中华环保联合会诉德州晶华集团振华有限公司大气污染责任民事公益诉讼案》的理解与参照——传统侵权责任法理论下被告主体资格的扩展与延伸［J］.人民司法，2022（11）：61-63.

行政命令，二者在性质上并无实质差异。但案件的判决结果却截然不同，一个支持了其诉讼请求并被誉为"结合污染预防和治理的需要，创新了民事责任承担方式"，另一个则被认为不属于环境民事公益诉讼承担责任方式而未被支持。两个同为典型的案件对同一性质的诉讼请求作出如此不同的判决，集中反映出环境民事公益诉讼法律责任与环境行政命令的混同对司法实践带来的困扰与混乱。是故，深入剖析环境民事公益诉讼法律责任与环境行政命令出现混同的原因，并寻求应对之策显得十分迫切。

前文已经述及，生态损害行政矫正与生态损害司法救济均能实现对生态利益之维护，二者在最终目标上是一致的。生态损害行政矫正主要是通过预防、制止和惩罚生态损害行为以实现生态利益之维护，生态损害行政矫正在法律责任上主要表现为行政处罚与责令安装、责令限期治理等行政命令；而生态损害司法救济中的环境民事公益诉讼，则主要是通过预防、制止生态损害行为和填补已经造成的损害以维护生态利益。虽然二者实现同一目标的责任性质截然不同，责任功能也不尽相同，但仔细分析会发现二者达致目标的方式有重合交叉之处，即无论是生态损害行政矫正手段还是环境民事公益诉讼均存在通过预防、制止生态损害行为以维护生态利益之路径。具体而言，责令安装、责令限期治理等行政命令与停止侵害、消除妨害等民事责任的功能是一样的，此为司法实践中环境民事公益诉讼法律责任与环境行政命令出现混同之前提条件。更为重要的是，一方面，停止侵害等环境公益诉讼民事责任的承担往往需要有关行政部门的监督方可实现；另一方面，生态损害行为的持续存在往往又与行政部门怠于履行生态损害行政矫正职权不无关系，当环境行政公益诉讼存在结构性缺位时导致起诉主体无法直接提起要求有关行政主体履行职责的诉讼请求，这才是上述案件中环境民事公益诉讼法律责任与环境行政命令出现混同的真正原因。从起诉主体的角度来看，仅仅提起停止侵害等传统民法上的诉讼请求无法将该民事责任真正落实，所以才出现"重庆市绿色志愿者联合会诉湖北恩施自治州建始磺厂坪矿业有限责任公司水库污染案"中，原告在请求判令矿业公司停止侵害的同时，为避免再次造成污染，而要求对今后可能出现的风险重新作出环境影响评价之诉讼请求。从法院的角度来看，法院也是深知仅仅是简单地判令磺厂坪矿业公司停止侵害并不必然导致再次造成污染的消除，于是才出现了前文表述中的创新性判决。目前，检察机关是提起环境行政公益诉讼的唯一适格主体，因此，在社会组织提起的环境民事公益诉讼案件中，环境公益诉讼民事法律责任与环境行政责任仍可能出现混同的情形。

环境公益诉讼民事法律责任与环境行政责任之混同会带来诸多的不利后果，一是可能导致司法权与行政权的边界模糊，有司法权侵蚀行政权之嫌。环境司法的能动并不等于环境司法之任性，环境公益诉讼民事法律责任与环境行政责任之混同可能进一步加剧行政权与司法权之间的张力与冲突。二是可能进一步强化环境公益诉讼的功能是"政府不管法院替其管"的错误认识，使环境公益诉讼制度构建在歧路上愈行愈远。三是这些混同的创新判决并无明确的法律依据，而且不同的法院对同一性质的诉讼请求可能作出不同的判决，有损司法之权威。因此，当务之急是建立多元主体均具有起诉资格的环境行政公益诉讼制度和环境行政公益诉讼附带民事诉讼，厘清环境民事公益诉讼法律责任与环境行政命令各自之适用条件。

三、起诉激励之"扬"与诉讼前置之"抑"

1. 设置环境公益诉讼前置程序

正如王明远教授指出，为了应对环境公益利益保护时所遭遇的科技性、民主性等方面的挑战，我国环境民事公益诉讼制度突出强化了司法权，并要求行政权与司法权配合，这容易使司法权突破其职权范围，从而损害行政权和司法权之间的合理分工与权力平衡。[1] 而诉前告知程序一方面可以起到尊重"行政机关的专业性"并贯彻"行政权优先"原则的作用，从而避免司法权对行政权造成不当干涉；另一方面，该程序也是私权对公权的一种监督，原告起诉前须告知负有职责的行政主体，从而可以敦促有责的公权力机关积极履行职责。因此，在环境民事公益诉讼中设置诉讼前置程序，既可以发挥公益诉讼对行政权行使的监督功能，又能有效抑制司法权对行政权的取代或超越。

然而，《关于审理环境民事公益诉讼案件适用法律若干问题的解释》第十二条规定："人民法院受理环境民事公益诉讼后，应当在十日内告知对被告行为负有环境保护监督管理职责的部门。"这一起诉后的告之程序不同于诉前告之程序，无法起到贯彻"行政权优先"并敦促有责主体履行行政职责之功能。应该借鉴美国公民诉讼制度，规定适格主体在提起环境民事公益诉讼的 60 日之前，必须告知对被告行为负有环境保护监督管理职责的部门，在期限届满后被告行为所致生态损害仍未获得有效救济时，方可对其提起环境民事公益诉讼。

2. 设置环境公益诉讼起诉激励机制

作为"勇敢者诉讼"，环境公益诉讼成本的高昂与诉讼利益并不归属于起诉主体之特性容易导致其陷入政治经济学中的"集体行动"困境。奥尔森指出，对于具有共同利益追求的集团成员而言，除非集团成员人数很少，或者除非存在强制或其他特殊手段以使集团成员按照他们的共同利益行事，否则有理性的、寻求自我利益的集团成员不会采取行动以实现他们共同的或集团的利益。[2] 我国向来有厌诉的传统，环境公益诉讼叫好不叫座现象"不过是公共选择理论中的'理性冷漠'

---

1 王明远.论我国环境公益诉讼的发展方向：基于行政权与司法权关系理论的分析［J］.中国法学，2016（1）：49-68.

2 ［美］曼瑟尔·奥尔森.集体行动的逻辑［M］.陈郁，等译.上海：上海人民出版社，1995：1-3.

现象在环境维权领域中的具体体现，是经济人追求自身利益最大化的必然结果"[1]。起诉激励机制的缺失无疑会使环境公益诉讼遇冷现象雪上加霜。

环境公益诉讼原告诉讼收益与诉讼成本的巨额反差是导致公益诉讼遇冷的重要原因，一般而言，通过合理的制度安排解决环境公益诉讼原告的成本分摊是解决这一问题的关键。"败诉方负担"规则[2]即为一种诉讼成本的分摊机制。《关于审理环境民事公益诉讼案件适用法律若干问题的解释》第二十四条、第三十三条对环境公益诉讼的原告诉讼成本作出了一些特殊安排。

2017年1月25日，"常州毒地"公益诉讼案在常州市中级人民法院宣判，原告北京市朝阳区自然之友环境研究所与绿发会败诉，案件受理费人民币189.18万元，由两名原告共同负担。[3]这起新《环境保护法》实施以来第一例一审社会组织败诉的公益诉讼案件，因原告可能承担"天价"诉讼费而曾在学界引起轩然大波。虽然2018年12月，该案二审法院支持了原告部分的诉讼，认为三家造成污染的化工企业应该就造成污染的行为向公众赔礼道歉，并向两家公益组织支付律师费和差旅费，案件受理费按非财产案件计算处理，但该案反映了一个事实，环境公益诉讼的起诉激励机制恐怕不仅仅是确认"败诉方负担"规则那么简单，而是应当在进一步细化原告诉讼成本负担规则，尤其是确立败诉后原告的诉讼成本的合理负担规则，让起诉主体在没有后顾之忧的前提下，进一步思考和探索对原告提起环境公益诉讼行为进行肯定和金钱补偿或物质奖励的有效制度，如设立公益诉讼补偿专项基金，建立将公益诉讼裁判资金统一监管、有序有效使用的基金管理制度，以激励"勇敢

1　陈亮.环境公益诉讼"零受案率"之反思［J］.法学，2013（7）：129-135.

2　即法律授权法院，在其认为适当的时候，将胜诉原告所应承担的诉讼成本判给败诉被告承担的一种诉讼成本分摊方式.陈亮，刘强.纠缠于正诉激励与滥诉预防之间——美国环境公民诉讼中"败诉方负担"规则之考察［J］.法律适用，2007（8）：90-92.

3　李超.难以承受的"天价诉讼费"［N］.中国青年报，2017-02-07（4）.

者"提起公益诉讼，实现维护生态利益之目的。司法实践中社会组织在起诉时主张被告承担生态修复费用而不列明具体赔偿金额，法院则将此案件认定为非财产性案件，实行按件收取受理费。这些实践中减轻或免除环境公益诉讼原告诉讼费的做法，也值得认真加以研究。

第六章　生态损害之行政公益诉讼救济

　　在环境公益诉讼制度的构建之初，环境民事公益诉讼入法的步伐每前进一步，都引起了学界热烈的欢呼，建立环境行政公益诉讼的讨论与呼声曾一度被环境民事公益诉讼制度入法所带来的振奋所淹没。直到 2017 年，《行政诉讼法》的修订规定了检察机关为目前提起环境行政公益诉讼的唯一适格主体，环境行政公益诉讼制度才得以建立。与此同时，《民事诉讼法》也确认了检察机关提起环境民事公益诉讼的主体资格，此后，检察机关逐渐成为环境公益诉讼最重要的发动主体，环境公益诉讼"国家化"的特征进一步得到加强。在环境公益诉讼的基本框架已经建立的前提下，环境公益诉讼司法实践却仍然遭遇了种种困境，这一现象促使学界开始反思：从环境公益诉讼的本质与功能定位出发，究竟应当如何确认环境行政公益诉讼在环境公益诉讼中的地位？是否需要对环境公益诉讼的"国家化"进行理性反思？现有制度框架下，环境行政公益诉讼制度应该如何加以完善？

第一节　生态损害行政公益诉讼为环境公益诉讼制度构建之重心

　　笔者认为，环境公益诉讼的性质、基本功能以及我国环境公益诉讼制度的生成背景都决定了我国环境公益诉讼的主要规制对象是公权力主体的行政行为。环境公益诉讼的制度构建重心是环境行政公益诉讼而非环境民事公益诉讼。

一、环境公益诉讼的制度生成背景之预设

从环境公益诉讼的制度生成背景来看，环境管理公权力运行在应对环境损害问题上的失效是需要构建该制度的基本前提。

生态利益的公共产品属性使市场机制在生态利益的提供和配置上发挥的作用十分有限，市场这只"看不见的手"难以自发对环境公益进行有效调节，市场机制在生态利益的充分供给和合理配置上的失灵为政府公权力介入环境管理提供了合理性，在此基础上通过立法赋予环境行政执法部门对环境保护的职权成为必然。如果享有环境行政管理权的环境行政部门始终代表着环境公益并勤勉履行职权，则生态利益的供给大体上是充分的，环境产品的配置基本上合理，环境保护的现状应该逐渐好转。然而，事实并非如此，我国环境行政执法乏力成为不争的事实。

构建环境公益诉讼制度的必要性正是源于行政执法机制在环境保护上失效这一基本事实。从实证的角度来考察，再强大的行政执法权也会存在执法资源不足的问题。从管理学的角度来看，即使环境行政部门始终代表环境公益并勤勉履行职权，环境行政部门的行政决策也有可能存在失误，信息不对称、环境监管的高成本等因素决定了环境行政部门的理性是有限的，环境行政执法行为并非都会导致环境公益的增加。而且，作为监管者的环境执法主体并非始终代表环境公益的"理想人"，环境行政部门也是有着自身利益追求的"经济人"，当其部门自身利益与环境公益之间缺乏关联性时就会失去严格执法的动力甚至基于利益而与污染企业合谋，从而导致行政执法机制在环境保护领域的失效。是故，建立环境公益诉讼制度的基本目标是：通过对传统诉讼机制的突破，借助司法的力量，敦促公权力机关勤勉履行行政职权，对减损或可能减损生态利益的行为进行监督，并填补传统救

济机制对生态损害法律救济的缺位，以维护或增进生态利益。环境公益诉讼制度的规制对象主要是公权力机关的行政行为。

建立在公共信托理论基础上的环境公益诉讼制度的目标是维护环境公益，实现途径是通过诉讼对所有减损或可能减损生态利益的行为进行监督，既包括私主体的危害行为，也包括公权力机关的危害行为，环境公益诉讼的性质可以是私权对私权的监督或者是私权对公权的监督。然而，由于公共信托理论"始终要严加防范公权力对公共信托财产的侵蚀，如何制约公权力、最大限度地维护公共信托财产是公共信托理论的核心"[1]。而我国环境管理公权力运行的失效是构建环境公益诉讼制度的前提，因此，环境公益诉讼制度的规制对象主要是公权力机关的行政行为，环境公益诉讼制度的本质属性和基本功能是私权对公权的监督而不是相反。

二、环境公益诉讼价值取向之逻辑演绎

正是由于以国家权力为中心的权威型环境治理模式在实践运行中陷入多重困境，为有效化解当前环境治理所面临的困境，另一种治理模式正在兴起。该治理模式认为，公权力机关、企业、公众和环保团体等多个主体之间不仅存在着"命令—服从"型的垂直关系，更包含着"协商—合作"的横向关系，"将公共权力、公共行政过程置于公众持续且直接的参与和表达之上"[2]。环境公益诉讼是民主合作型环境治理模式下以法律形式为落实公众参与而开辟的一条新路径，环境民主是环境公益诉讼的基本价值取向。

"伴随着多中心、交互性的公共治理模式的兴起，行政法似乎理所当然地规避正当性批评的豁免权已经不复存在。"[3]行政权的扩张

1　侯宇.美国公共信托理论的形成与发展［J］.中外法学，2009（4）：618–630.
2　杜辉.论制度逻辑框架下环境治理模式之转换［J］.法商研究，2013（1）：69–76.
3　罗豪才，宋功德.行政法的治理逻辑［J］.中国法学，2011（2）：5–26.

导致行政机关越来越远离传统的代议制民主框架，公众参与环境管理的过程可以为社会公众的利益诉求表达提供渠道，并为环境治理提供更全面的信息，从而可以提高环境行政决策的公平性与科学性。在美国，"法院在（二十世纪）六七十年代乃开始加强对行政管理机构行动的程序性和实质性进行司法审查，并出现了愈来愈强调后者的趋势。值得注意的是，这种司法审查的加强并非要限制行政国家的发展，而是要行政国家的扩大不偏离维护公共利益的轨道"[1]。环境公益诉讼主要是为了促进并服务于这一趋势。而只有环境行政公益诉讼而不是环境民事公益诉讼，通过司法程序对行政权的运行进行审查，才能为公众在行政程序中的参与提供有力保障。因此，环境公益诉讼民主参与的价值取向逻辑演绎出环境公益诉讼制度构建的重心在于环境行政公益诉讼制度。

三、基于环境公益诉讼功能实现之具体路径

吕忠梅教授在《八问检察院试点环境公益诉讼》一文中提出："公益诉讼制度起源于美国的公民诉讼，其本意在于为了维护社会公共利益，授予私人主体以公权力，从而获得代表公共利益提起诉讼的资格。'政府不管让老百姓替政府管'是其基本含义，因此才有'私人检察长'理论，以及公民诉讼是'管闲事之诉''勇敢者之诉'之说。"[2]然而，公益诉讼制度的基本内涵真的就是"政府不管让老百姓替政府管"吗？将环境公益诉讼基本涵义界定为"政府不管让老百姓替政府管"之机制，其实质就是如上文中已经论述的，将环境公益诉讼的基本功能界定为是对公权力运行不足之补强或者说替代，这偏离了环境公益诉讼主要是对公权力运行之监督的基本功能定位。在我国环境公益诉讼制度的构建过程中，的确存在问题应对思路下出于

1　韩铁.新政以来美国行政法的发展与司法审查的新领域［J］.史学月刊，2008（6）：68-81.

2　吕忠梅.八问检察院试点环境公益诉讼［EB/OL］.（2015-07-01）［2023-02-14］. https：//www. h2o-china.com/news/227101.html

功利主义考虑而导致对环境公益诉讼制度基本属性认识的偏差。王明远教授就指出："在很多情况下，环境行政机关面临各种阻力，环保公益组织出面提起诉讼，客观上可以声援弱势的环境行政机关，弥补环境行政的不足。"[1] 正是源于对环境公益诉讼制度功能实现之具体路径认识的偏差，才导致在环境公益诉讼制度构建的初期环境行政公益诉讼立法遇冷的局面。

随着环境民事公益诉讼司法实践的逐步展开，环境行政公益诉讼制度缺失所带来的问题日益凸显出来，学界开始重新审视环境公益诉讼构建的重心问题。王明远教授从行政权与司法权关系分析的角度提出："从行政法的总体发展趋势来看，环境民事公益诉讼并不是环境公益司法化的重点"，"需要明确行政机关在环境公共事务上的主导权，在此基础上，将环境行政公益诉讼作为环境公益诉讼的重点和发展方向"[2]。王曦教授提出："不论是从宪法和法律、政治、审判机关与行政机关的不同职责及其特点，还是从我国政府的特殊性看，环境公益诉讼的立法都应当以环境行政公益诉讼制度优先，而非以环境民事公益诉讼制度优先。"[3]

第二节 检察机关提起环境行政公益诉讼热的冷思考

虽然新《环境保护法》第五十八条并未明确该法所确立的环境公益诉讼是否包括环境行政公益诉讼制度，2014 年《行政诉讼法》的修改也对环境行政公益诉讼只字未提，但并不意味着学界与立法部门否定了环境行政公益诉讼制度建构的必要性。党的十八届四中全会提出探索建立检察机关提起公益诉讼制度的改革要求，最高人民检察院于

---

1 王明远.论我国环境公益诉讼的发展方向：基于行政权与司法权关系理论的分析［J］.中国法学，2016（1）：49-68.
2 王明远.论我国环境公益诉讼的发展方向：基于行政权与司法权关系理论的分析［J］.中国法学，2016（1）：49-68.
3 王曦.论环境公益诉讼制度的立法顺序［J］.清华法学，2016（6）：101-114.

2015年6月24日向全国人大常委会请求授权在部分地区开展公益诉讼改革试点工作，7月1日，全国人大常委会表决通过了《关于授权最高人民检察院在部分地区开展公益诉讼试点工作的决定》，决定授权最高人民检察院在北京等13个省、自治区、直辖市开展提起公益诉讼改革试点，试点期为两年。7月2日，最高人民检察院公布了《检察机关提起公益诉讼改革试点方案》，明确规定了检察机关提起民事公益诉讼和行政公益诉讼的目标和原则、案件范围、诉前程序、起诉条件、诉讼请求等有关内容。2016年2月29日，最高人民法院发布《人民法院审理人民检察院提起公益诉讼案件试点工作实施办法》，就人民法院审理检察机关提起民事公益诉讼和行政公益诉讼的起诉条件、诉讼请求、诉讼管辖、审判形式、是否适用和解或调解、被告反诉以及上诉或抗诉的审判规则等内容作出了规定。

自试点方案实施以来，检察机关提起公益诉讼尤其是提起行政公益诉讼可谓硕果累累。截至2016年12月底，各试点地区检察机关共办理公益诉讼案件4378件，其中诉前程序案件3883件，提起诉讼案件495件。在试点地区检察机关提起的495件公益诉讼案件中，民事公益诉讼57件，行政公益诉讼437件，行政公益附带民事公益诉讼1件，行政公益诉讼案件的占比超过80%；同时，在检察机关办理的3883件诉前程序中，涉及行政公益诉讼的3763件，占比97%。[1] 2017年1月4日最高人民检察院围绕"检察机关提起公益诉讼"发布了五个指导性案例[2]，其中有四个为检察机关提起的环境行政公益诉讼案件。2017年3月7日最高人民法院发布十起环境公益诉讼典型案例，其中两起为检察院提起的环境行政公益诉讼案件。[3] 一时间，各大媒

1 徐卉.探索检察机关提起公益诉讼的中国模式［N］.学习时报，2017-02-22（7）.

2 分别是江苏省常州市检察院诉许建惠、许玉仙民事公益诉讼案；吉林省白山市检察院诉白山市江源区卫生和计生育局及江源区中医院行政附带民事公益诉讼案；湖北省十堰市郧阳区检察院诉郧阳区林业局行政公益诉讼案；福建省清流县检察院诉清流县环保局行政公益诉讼案；贵州省锦屏县检察院诉锦屏县环保局行政公益诉讼案。

3 即贵州省六盘水市六枝特区人民检察院诉贵州省镇宁布依族苗族自治县丁旗镇人民政府环境行政公益诉讼案与吉林省白山市人民检察院诉白山市江源区卫生和计生育局、白山市江源区中医院环境行政附带民事公益诉讼案，准确地说是一个环境行政公益诉讼，一个环境行政公益诉讼附带民事公益诉讼。

体也在争相报道各地检察机关提起环境行政公益诉讼所取得的实际效果，总之，"检察机关提起公益诉讼制度的优越性逐步显现"[1]。"不仅进一步有效发挥了检察机关作为国家法律监督机关的职能，而且大大释放了行政诉讼制度的能量，积极拓展了对行政机关违法行为司法监督的空间，开拓了依法维护国家利益和公共利益的领域，开辟了司法维护国家利益和社会公共利益的中国式道路。"[2]

2017 年 7 月 1 日起施行的《行政诉讼法》新增了第二十五条第四款，正式赋予检察机关就生态资源和环境保护、食品药品安全、国有财产保护、国有土地使用权出让等领域提起行政公益诉讼的主体资格。2018 年 3 月 2 日起施行《最高人民法院最高人民检察院关于检察公益诉讼案件适用法律若干问题的解释》，对检察机关提起环境公益诉讼的原则、目的、管辖、种类等作出了更为详细的规定，自此检察机关提起环境行政公益诉讼有了更为体系化的规范指引。

从司法实践来看，2018 年，全国法院受理检察机关环境行政公益诉讼案件 376 件。[3] 此外，2018 年检察机关还发起环境行政公益诉讼诉前程序 53521 次，经诉前程序行政机关整改率达到了 97%。[4] 2019 年全国检察机关办理的生态环境领域案件为 50263 件，挽回、复垦被非法改变用途和占用的耕地 2.98 万余亩（合 1987 余公顷），挽回各级集体林地中的生态公益林 1.35 万余亩（合 900 余公顷），督促恢复被非法开垦和占用的草原 9300 余亩（合 620 余公顷），在防治环境污染、保护自然资源、维护生态健康等方面，作出了重大贡献。[5] 2021 年，在全国受理的 5917 件环境公益诉讼案件中，检

1　王治国，徐盈雁.检察机关提起公益诉讼制度的优越性逐步显现［N］.检察日报，2016-11-07（4）.

2　黄学贤.行政公益诉讼回顾与展望——基于"一决定三解释"及试点期间相关案例和《行政诉讼法》修正案的分析［J］.苏州大学学报（哲学社会科学版），2018（2）：41-53，191.

3　最高人民法院.《中国环境司法发展报告》（绿皮书）及典型案例新闻发布会［EB/OL］.［2019-06-03］.http://www.court.gov.cn/zixun-xiangqing-145072.html.

4　于潇，郭璐璐.公益诉讼诉前程序行政机关整改率达到 97%［EB/OL］.［2019-06-03］.http://www.spp.gov.cn/spp/zdgz/201902/ t20190214_408047.shtml.

5　最高人民检察院.2019 年已办理行政公益诉讼生态环境领域案件 50263 件［EB/OL］.（2019-03-05）.https://tech.sina.cn/2020-03-05/detail-iimxxstf6539291.d.html.

察机关提起的案件数达到了 5610 件，占到了该年全部环境公益诉讼案件数的 94.8%。[1]显而易见，检察机关提起的环境行政公益诉讼案件获得迅猛增长，将检察机关通过诉前程序办结的大量环境行政公益诉讼案件涵括进去，则似乎可以得出当前环境行政公益诉讼已经成为环境公益诉讼制度重心之结论。然而，检察机关是否为提起环境行政公益诉讼的最佳主体？在检察机关提起公益诉讼尤其是环境行政公益诉讼之数量剧增的背后，是否仍然存在着我们不得不面对的诘难？笔者认为，应当透过司法实践，对检察机关提起环境行政公益诉讼进行一个由表及里、从现象到本质的冷静思考，以期对环境公益诉讼制度的完善有所裨益。

一、检察机关提起环境行政公益诉讼之身份尴尬

关于检察机关在环境行政公益诉讼中的身份认定，一直是环境法学界讨论的焦点之一。依宪法规定，检察机关到底为我国的法律监督机关，但在环境公益诉讼制度中，检察机关的身份到底是法律监督主体还是公共利益代表人？有研究者认为由检察机关代表国家提起环境行政公益诉讼，"对环境违法行政行为进行监督，是履行法律监督职能的一种体现，完全符合检察机关作为法律监督机关的宪法地位和提起公诉的法定职能"[2]。我国检察权的性质是多重复合的，有的地方检察院甚至将检察机关的多项职能混同并作为检察机关提起行政公益诉讼的优势。[3]还有人认为，"在检察机关提起的公益诉讼案件中，

1　最高人民法院.最高法发布《中国环境资源审判（2021）》［EB/OL］.（2022-06-05）［2023-01-29］.https://www.court.gov.cn/zixun-xiangqing-361291.html.

2　喻文光.提起环境行政公益诉讼还需构建配套制度［N］.检察日报，2015-07-27（3）.

3　柳北区人民检察院课题组在《试论检察机关提起行政公益诉讼的制度构建》中提出："在整个行政公益诉讼的程序当中，作为提起公益诉讼的主体检察机关应当是以准原告的身份出现，理由有以下几点：一是检察机关作为行政公益诉讼的原告，能对法院的确定判决以抗诉的形式进行审判监督，确保公共利益能及时被保护；二是检察机关作为诉讼主体，只能对公共利益进行法定程序上的维护，不能处分实体权利；三是作为提起诉讼的主体，检察机关并不具体承担法院对公益诉讼判决的实体责任，法院也不能驳回检察机关的诉讼请求，只能对诉讼进行确认，保护一方利益。"如此，则"检察机关准原告之身份是最有利于其提起行政公益诉讼的"。可是，这还是行政公益诉讼吗？

检察机关的身份不是'原告'也不是'公诉人'，而是'公益诉讼人'"[1]。2018 年 3 月 2 日起施行的《最高人民法院最高人民检察院关于检察公益诉讼案件适用法律若干问题的解释》第四条规定："人民检察院以公益诉讼起诉人身份提起公益诉讼，依照民事诉讼法、行政诉讼法享有相应的诉讼权利，履行相应的诉讼义务，但法律、司法解释另有规定的除外。"

　　笔者认为，司法解释将检察机关定位为"公益诉讼起诉人"是有其合理性的。首先，因为检察机关公诉人的身份仅适用于刑事诉讼中，显然不符合此时检察机关提起环境公益诉讼时的身份。其次，检察机关提起行政公益诉讼的目的并非维护其自身利益，也不能简单地将其认定为法律监督，而是以环境公益代表人的身份出现的。再次，环境行政公益诉讼也属于行政诉讼的范畴，无论谁成为环境公益代表人而提起诉讼，其诉讼地位当然是公益诉讼原告，不存在什么"准原告"、非"原告"、非"公诉人"之类的称呼。最高人民检察院的相关负责人曾表示，"准确地说，检察机关提起公益诉讼并不是'官告官'，而是检察机关起诉行政机关""提起公益诉讼是检察机关履行法律监督职责的一种方式和手段，检察机关所行使的只是监督权，而不是处置权"[2]。2017 年 8 月 27 日人民日报刊登的《公益诉讼促进依法行政》一文中再次提到最高人民检察院有关负责人表示，检察机关行使的只是监督权而不是处置权。[3] 笔者曾为这一表述的具体内涵深表困惑，此处的"监督权"是指什么样的监督权？"处置权"又意指何处？目前被现行法肯定的以行政主体为被告的诉讼形式除了以普通行政管理相对人为原告的典型的"民告官"这一形式外，还有一种形式是，国家机关作为行政管理相对人提起的行政诉讼。最高检负责人明确表示检察机关提起行政公益诉讼并非"官告官"，则

1　贾阳.始终明确检察机关在公益诉讼中的定位［N］.检察日报，2015-07-07（1）.

2　刘子阳.检察机关起诉行政机关不是"官告官"［N］.法制日报，2015-07-03（5）.

3　彭波.公益诉讼 促进依法行政［N］.人民日报，2017-08-27（1）.

意味着检察机关提起环境行政公益诉讼未曾突破行政诉讼的基本结构，那么，检察机关代表公益提起环境行政公益诉讼的地位类似于行政诉讼的第二种形式，只是因公益抛弃了"有法律上的利害关系"之限制。如此，方可解释检察机关提起行政公益诉讼并非"官告官"。但此时检察机关行使的主要应当是环境公益的代表权而非作为公权力机关的法定监督权。

"公益诉讼起诉人"的身份表明检察机关与环境公益诉讼的其他原告应该处于同等地位。然而，检察机关拥有明显强于普通行政诉讼原告的调查取证权和专业、资金等方面的优势，检察机关作为环境行政公益诉讼的起诉人其实与普通行政诉讼原告是有区别的，在司法实践中检察机关其实难以保证其发挥的是专业优势而不是其职权优势。

需要特别说明的是，检察机关提起环境公益诉讼时的地位与检察机关在环境公益诉讼中的地位是不同的，后者既包括检察机关提起环境公益诉讼时的地位，也包括在审判监督程序中作为法定监督机关的地位。换言之，检察机关在提起环境公益诉讼时行使的是公共利益（归属主体为社会公众而非国家或政府）的代表权而非法律监督权，而一旦进入诉讼程序，则在有可能启动的审判监督程序中行使的是法律监督权。[1]

二、"引导者"而非"行动者"之最佳定位

检察机关在提起环境公益诉讼的司法实践中容易出现角色的混同，"检察机关作为法律监督机关和公益诉讼人的角色混同，在造成检察机关适用诉讼程序困难的同时，影响法院的正常审判和环境行政

---

[1] 检察机关这一身份的转换在 2018 年珲春市人民检察院诉珲春市国土资源局不履行法定职责案中得到了体现，法院在一审案件中判决检察机关败诉，二审法院又驳回了检察机关上诉，2019 年，吉林省检察院又向吉林省高院提出抗诉。该案中检察机关在一审时是以公益诉讼起诉人身份提起的，所以不服一审判决只能提起上诉，而在二审后提起抗诉时其身份为法律监督主体而非公益诉讼起诉人。

效率"[1]。在笔者看来，检察机关并非环境行政公益诉讼的最佳原告，检察机关在环境公益诉讼中的最佳定位应当为"引导者"而非"行动者"。理由如下：

首先，从环境公益诉讼的价值取向来看，环境公益诉讼是多元共治的现代型环境治理模式下，为落实公众参与而开辟的一条新路径，环境民主是环境公益诉讼的基本价值取向。因此，让更多的主体参与环境治理，优先保证公民个人和环保团体的参与权是多元共治环境治理模式的题中之义。而与环境民事公益诉讼不同的是，环境行政公益诉讼从一开始就仅仅规定检察机关为提前诉讼的唯一适格主体，体现出对社会组织和公民个人的不信任。生态利益为不特定多人所共享的"共同之善"，维护和增进生态利益与每个人都息息相关，参与环境治理既是公众的一项权利，也是其承担社会责任的一种体现。检察机关垄断环境行政公益诉讼起诉资格违背了环境公益诉讼多元共治的价值取向。

其次，检察机关提起行政公益诉讼的最大优势在于其作为公权力主体，可以与同为公权力主体的行政主体形成有效制衡，从而增强环境行政公益诉讼的威慑力。然而，从环境行政公益诉讼的基本属性来看，环境行政公益诉讼最基本的功能是私权对公权的监督，是我国现行监督体制中已有的公权对公权的监督之外的另一种监督机制，是为了弥补公权监督公权之不足的一种社会监督机制。虽然检察机关提起公益诉讼时是以公益代表人身份出现的，但检察机关毕竟不完全等同于一般的私主体，实质体现的仍然是公权对公权之监督。"以权力监督权力，主要是宪法议题而非行政法议题，并不适合通过授予检察机关行政诉讼权利的方式监督行政权力的运行。"[2]检察机关垄断环境行政公益诉讼原告资格更是让环境行政公益诉讼社会监督的本意荡然

1　余彦，黄金梓.对检察机关垄断行政公益诉讼起诉资格之质疑及正位：以环境行政公益诉讼为分析重点［J］.常州大学学报（社会科学版），2018，（1）：12-19.
2　高琪.检察机关提起环境公益诉讼：历程与评价［J］.南京工业大学学报（社会科学版），2020（1）：47-58，111-112.

无存了。

再次，从诉讼结果来看，目前已经审结的环境行政公益诉讼，检察机关无一例案件败诉，均是以检察机关胜诉而结案，这本身就违背了诉讼两造的结构和基本规律。在检察机关提起行政公益诉讼的试点阶段，就存在着绝大多数案件的诉讼对象针对的是县级以及县级以下的行政机关[1]，这一现象意味着检察机关对行政主体监督的效果将比较有限。"仅瞄准县及其以下，有违环境保护的自然生态系统属性，只看局部而看不到整体，效果难以彰显，甚至可能相互抵消。在这个意义上，从省一级监督比县一级会有效。"[2]更重要的是，这一现象是否凸显了检察机关履行公益代表人身份时的选择性监督倾向？难以摆脱"拣软柿子捏"之嫌疑。无论是检察环境民事公益诉讼还是检察环境行政公益诉讼，无论是试点阶段还是正式立法之后至今，检察环境公益诉讼在诉讼对象和案件类型上的避重就轻嫌疑一直存在。

最后，环境行政公益诉讼监督的是行政机关怠于履行行政职权之行为，检察机关本身也是身兼数职的公权力主体，即使其在提起环境行政公益诉讼时是公益代表人身份，但又如何保证作为监督者的检察机关本身不怠于履行监督责任呢？而且，无法回避的一个事实是，与公民个人和环保团体相比，作为国家机关的检察机关，本身并非承受生态损害恶果、对环境污染和生态破坏有切肤之痛的实体，并不会比直接受到生态损害影响的个人和以生态利益维护为宗旨的环保团体更有提起环境公益诉讼的内在动力，目前检察机关在环境公益诉讼领域的过度活跃无法排除是受"政绩考核"等非法律因素影响的结果，当这些非法律因素不再推动检察机关去提起环境公益诉讼时，则环境公益诉讼的前景将变得更加迷茫。

---

1 2017年1月4日最高人民检察院围绕"检察机关提起公益诉讼"发布的五个指导性案例中，四个行政公益诉讼案件均指向的是县及县以下的行政机关。

2 高鑫，王晓飞.吕忠梅接受专访 提议生态文明入宪［N］.京华时报，2017-03-05（5）.

综上，检察机关并非提起环境行政公益的最佳原告。无论从环境公益诉讼的价值取向、基本功能来看，还是着眼于检察机关提起环境公益诉讼的司法现实，公民个人、环保团体才是提起环境行政公益诉讼的优先主体。将检察机关确认为环境行政公益诉讼唯一起诉主体的环境行政公益诉讼，是丢了初心的环境行政公益诉讼。检察机关参与环境行政公益诉讼的最佳方式是支持起诉，只有在出现"勇敢者缺位"时检察机关才应替补成为环境行政公益诉讼的原告。[1] 检察机关在环境公益诉讼中的最佳定位为"引导者"而非"行动者"。

第三节　生态损害行政公益诉讼制度的完善方向

环境行政公益诉讼制度的正式确立一直是环境法学界的重要追求，检察环境公益诉讼制度有力地推动了司法参与环境治理的进程。但检察机关作为提起环境行政公益诉讼唯一主体的司法实践也的确呈现出诸多的问题。以生态损害救济为旨趣的环境行政公益诉讼制度需要有直面问题的勇气，敢于有实质性的突破和创新，以便环境公益诉讼制度能在正确的轨道上运行。

1. 扩大起诉主体的范围

与环境民事公益诉讼对社会组织起诉资格过于苛严的限制相比，环境行政公益诉讼一开始就走上了"国家化"的道路，未能给社会组织参与环境行政公益诉讼留有余地。立法的这一规定有现实因素的考量，一方面源于环境行政公益诉讼的特殊性。环境行政公益诉讼的被告为处于强势地位的行政主体，普通行政诉讼尚且存在起诉

---

1 在《检察机关提起公益诉讼改革试点方案》中，明确检察机关提起民事公益诉讼的案件范围时表述为"检察机关在履行职责中发现污染环境、食品药品安全领域侵害众多消费者合法权益等损害社会公共利益的行为，在没有适格主体或者适格主体不提起诉讼的情况下，可以向人民法院提起民事公益诉讼"。在明确检察机关提起行政公益诉讼的案件范围表述为"检察机关在履行职责中发现生态环境和资源保护、国有资产保护、国有土地使用权出让等领域负有监督管理职责的行政机关违法行使职权或者不作为，造成国家和社会公共利益受到侵害，公民、法人和其他社会组织由于没有直接利害关系，没有也无法提起诉讼的，可以向人民法院提起行政公益诉讼"。即意味着授权者一开始是考虑到检察机关并非提起环境公益诉讼的最佳原告。（检察机关提起公益诉讼改革试点方案［N］.检察日报，2015-07-03（2）.）

难、审理难、执行难的问题，环境行政公益诉讼可能遇到的诉讼阻力可想而知。另一方面，环境公益诉讼本身具有复杂性，调查取证难度大、因果关系的认定复杂、专业性强等，对资金、技术等诉讼能力的要求较高。目前环境民事公益诉讼的司法实践也显示出，社会组织提起环境公益诉讼的意愿和能力均现不足。在此情形下，授予社会组织或公民个人提起环境行政公益诉讼的主体资格，其实施效果可能也难尽如人意。

毫无疑问，检察机关提起环境行政公益诉讼能够平衡行政诉讼中原被告之间的地位差距，从而减少环境行政公益诉讼的运行阻力。然而，检察机关垄断环境行政公益诉讼起诉资格带来了诸多的风险，环境公益诉讼过度"国家化"并不利于该制度的健康发展。而且，社会组织和公民个人通过环境公益诉讼参与社会治理，代表了我国治理体系完善的重要方向。尽管现阶段社会组织和公民个人在环境公益诉讼中能发挥的作用可能有限，但并不能因此否定其参与环境公益诉讼的价值。恰恰相反，正是源于当前社会组织和公民个人参与环境公益诉讼的能力有限，才需要为其成长和发挥更大的作用提供可以作为的空间和条件。有学者指出，社会组织在环境公益诉讼中发挥着权力监督制约、诉求表达以及责任分担的作用，而且这些作用无可替代。[1]

因此，环境行政公益诉讼制度的完善首先需要扩大起诉主体的范围，尽快赋予社会组织和公民个人提起环境行政公益诉讼的原告资格。

2. 构建检察机关支持起诉制度

一方面，赋予社会组织和公民个人提起环境行政公益诉讼的原告资格是完善我国环境治理体系必定的方向；另一方面，从客观的国情出发，目前我国社会组织和公民的诉讼能力毕竟有限，检察机关在环

1　陈杭平，周晗隽.公益诉讼"国家化"的反思［J］.北方法学，2019（6）：70-79.

境行政公益诉讼发挥作用的优势明显。鉴于上述两方面事实均客观存在，笔者认为，环境行政公益诉讼的良性发展既应当发挥检察机关的公权力主体优势，又不能挤压社会组织和公民个人发挥作用的空间，所以笔者主张在扩大环境行政公益诉讼起诉主体范围的前提下，应当重点构建检察机关支持起诉制度。

《民事诉讼法》第十五条将支持起诉原则规定为我国民事诉讼法的基本原则之一。2015 年最高人民法院颁布的《关于审理环境民事公益诉讼案件适用法律若干问题的解释》第十一条规定："检察机关、负有环境保护监督管理职责的部门及其他机关、社会组织、企业事业单位依据民事诉讼法第十五条的规定，可以通过提供法律咨询、提交书面意见、协助调查取证等方式支持社会组织依法提起环境民事公益诉讼。"该条明确了检察机关可以通过提供法律咨询、提交书面意见、协助调查取证等方式支持社会组织依法提起环境民事公益诉讼。2017 年修订的《民事诉讼法》第五十五条规定："人民检察院在履行职责中发现破坏生态环境和资源保护、食品药品安全领域侵害众多消费者合法权益等损害社会公共利益的行为，在没有前款规定的机关和组织或者前款规定的机关和组织不提起诉讼的情况下，可以向人民法院提起诉讼。前款规定的机关或者组织提起诉讼的，人民检察院可以支持起诉。"该条在明确检察机关补充起诉的起诉顺位的同时，确立了检察机关支持起诉制度。至此，检察机关支持起诉制度在环境民事公益诉讼中以法律的形式得以确认。

从司法实践来看，在检察公益诉讼试点开始前，立法未能明确检察机关提起环境公益诉讼的诉权，故检察机关主要作为支持起诉人参与到环境公益诉讼过程中。检察机关曾作为环境公益诉讼各类支持起诉主体最重要的主体，在环境公益诉讼中发挥了积极作用。2016 年 6 月 13 日，江苏省盐城市检察院对扬州腾达化工厂、泰兴市康鹏专用化学品有限公司等污染环境案，向江苏省盐城市中级法院提起民事公益诉讼。后中国生物多样性保护与绿色发展基金会参加诉讼，江苏省盐城市人民检察院撤回了检察机关对本案的起诉，转为以支持机关身份参与诉讼。2016 年 12 月，江苏省盐城市中级人民法院作出判决，全部采纳了检察机关的支持意见。[1] 在这个案例中，当社会组织加入诉讼后，检察机关将起诉撤回转而变为支持起诉，一方面遵循了社会组织诉权优先的起诉顺位限制，另一方面检察机关的支持起诉发挥了重要作用，取得了良好的诉讼效果。

然而，"在检察公益诉讼试点开始后，检察机关更多地作为一方当事人提起诉讼，支持起诉的工作相对弱化"[2]。随着检察机关提起环境公益诉讼诉权在立法中的确认和检察环境公益诉讼案件数量的剧增，社会组织在环境公益诉讼中的作为空间被挤压，检察机关支持起诉制度的作用进一步被弱化。尤其是 2018 年"两高"发布《关于检察公益诉讼案件适用法律若干问题的解释》以后，由于该解释增加了检察机关提起刑事附带民事公益诉讼制度，这一新途径为检察机关参与环境公益诉讼提供了便捷的渠道，也进一步冲击了检察机关支持起诉制度的适用。

值得欣慰的是，学界已经对以检察环境公益诉讼为代表的公益诉讼"国家化"现象进行理性反思，意识到了环境公益诉讼"国家化"可能带来的制度风险及在环境治理上存在的隐忧，重新认识到社会组织在公共利益保护中能够发挥的权力监督制约、诉求表达、责任分担的独特功能[3]，与此同时，检察机关支持起诉制度的价值得到关注[4]。

如前所述，检察机关在环境行政公益诉讼中的最佳定位为"引导

---

[1] 贾阳.江苏省盐城市人民检察院对扬州腾达化工厂、张百锋等污染环境案提起民事公益诉讼 [N].检察日报，2016-06-15（1）.

[2] 江必新.中国环境公益诉讼的实践发展及制度完善 [J].法律适用，2019（1）：5-12.

[3] 代表性论文有：陈杭平，周晗隽.公益诉讼"国家化"的反思 [J].北方法学，2019（6）：70-79.高琪.检察机关提起环境公益诉讼历程与评价 [J].南京工业大学学报（社会科学版），2020（1）：47-58，111-112.

[4] 2020 年代表性的研究有：周庆，李佳航.检察机关支持起诉的权利与义务——以民事公益诉讼为视角 [J].榆林学院学报，2020（3）：66-70.张萌.检察机关支持起诉环境污染民事公益诉讼研究 [J].运城学院学报，2020（1）：42-48.

者"而非"行动者"，即只有在出现"勇敢者缺位"时检察机关才应替补成为环境行政公益诉讼的原告。检察机关参与环境行政公益诉讼的最佳方式是支持起诉，检察机关支持起诉的制度优势在于：一方面可以理顺环境行政公益诉讼原告之间的起诉顺位问题，一旦环境行政公益诉讼的原告资格扩大至检察机关以外的其他主体，则不同主体的起诉顺位是必须要明确的一个问题。另一方面，检察机关支持起诉制度可以克服目前仅由检察机关提起环境行政公益诉讼带来的制度风险以及社会组织单独提起环境行政公益诉讼的诉讼能力不足问题。由于环境行政公益诉讼的被告为行政主体，社会组织独立于公权力主体的监督具有独特价值，同时被告的强势地位也意味着检察机关的诉讼支持意义重大，因此，环境行政公益诉讼中检察机关支持起诉制度的构建，可以充分整合社会组织和检察机关在环境公益保护领域各自的优势，凝聚环境治理中不同社会主体的力量，真正形成多元共治、多赢共赢的新格局。

检察机关支持起诉的作用在环境民事公益诉讼中未能得到充分发挥的原因，一方面是受到检察机关直接起诉方式的冲击，另一方面也与检察机关支持起诉制度本身的不完善有关。环境行政公益诉讼中检察机关支持起诉制度的构建，应当总结环境民事公益诉讼中检察机关支持起诉制度运行存在的问题，明确检察机关在支持起诉中诉讼辅助人的诉讼地位、细化支持起诉的方式和权责范围并明确支持起诉的有关程序性规定。

3. 明确环境行政公益诉讼与环境民事公益诉讼并存时的制度选择

一个不容忽视的事实是，在多数情况下，民事主体的生态损害行为背后，往往都夹杂着行政主体怠于履行职权的影子。当一般主体的生态损害行为与行政主体的违法行为同时出现时，环境行政公益诉讼与环境民事公益诉讼两分并用模式是否还能适用并有效救济被损害的生态利益呢？这也是否定两分并用模式，主张将环境公益诉讼作为独立的特别诉讼模式论者的基本依据。其理由是：在民事主体实施的生态损害行为与行政主体的违法行为交织的情形下，分别处理会导致起诉的不同步与分别审理，造成这种具有关联性的诉讼处理上的困难，同时不利于纠纷的一次性解决。[1]

笔者认为，在民事主体实施的生态损害行为与行政主体的违法行为或不作为行为交织的情形下，分别起诉分别审理的确存在诉讼不经济甚至诉讼处理困难的问题，此时可以适用行政诉讼附带民事诉讼的诉讼类型来应对。这样既不会造成对既有诉讼结构的严重冲击，也能有效化解关联案件分案处理所带来的一系列问题。但是，当一个具体案件同时具备提起民事公益诉讼和行政公益诉讼的条件时，公益诉讼的起诉主体是可以任意选择诉讼类型，还是公益诉讼可以作出特别的规定呢？的确，针对何种行为起诉的选择权在起诉主体本身，但由于公益诉讼的诉讼目的之特殊性，公益诉讼制度可以做出特殊的安排：首先，对于普通起诉主体，当一个具体案件同时具备提起民事公益诉讼和行政公益诉讼的条件，而仅提起民事公益诉讼或行政公益诉讼不足以救济生态公益时，法院负有向起诉主体释明归加当事人或提起环境行政公益诉讼附带民事公益诉讼更有利于实现其诉讼目的的法定义务，最终的选择权仍然归起诉主体。如果起诉主体遵循了法院的建议，则可以同时实现民事责任和行政责任的归责；如果起诉主体选择提起单纯的民事公益诉讼或行政公益诉讼，则由检察机关提起补充诉讼，法院可合并审理。其次，对于检察机关提起的公益诉讼而言，则可以明确规定在此种情况下应当选择提起行政附带民事公益诉讼。

4. 明确行政机关的履职标准

在目前的环境行政公益诉讼司法实践中，以行政机关"违法行使职权"为诉由的案件数量很少。[2]检察机关提起环境行政公益诉讼的大部分诉由是行政机关"不依法履行职责"，即行政机关履行职

---

[1] 晋松.困惑与突破：环境司法保护的诉讼模式——基于行政公益诉讼制度构建的反思［J］.法律适用，2014（2）：69-74.

[2] 这一现象与行政执法中存在违法行为导致生态损害的直观感受不符，该现象的出现是否与检察机关的选择性起诉问题有关，仍有待观察和进一步研究。

责不彻底、不充分、不全面的问题。按现行的制度安排，行政机关未"依法履行职责"不仅是检察机关提起诉讼请求、案件由诉前程序转入诉讼程序的必要条件，也是法院受理案件后审查并作出裁决的关键。因此，判断行政机关是否"依法履行职责"的认定标准就显得极为重要。

行政机关的履职标准问题已经在学界引起了广泛关注。学者们一致认为我国环境行政公益诉讼存在行政机关履职标准不明确和履职期限设置不甚合理的问题，但对应该如何确定行政机关的履职标准却并未形成共识。张旭勇在《行政公益诉讼中"不依法履行职责"的认定》（下文称为"张文"）一文中提出从行政机关的职责范围界定、履职期限计算和判断标准选择等方面全面揭示行政公益诉讼中"不依法履行职责"的认定，笔者对此深表赞同。相对于对行政机关履职标准的笼统讨论，该文关于行政机关"不依法履行法定职责"之职责范围的类型化、行政机关履职期限的起算点确定并考虑公益诉讼案件履职特殊性对履职期限的影响、行政机关履职行为标准与结果标准之间的关系及标准选择的可行性分析，有利于启发我们对行政机关履职标准的认定问题进行更细致的思考，并有利于将对该问题的讨论引向深入。下文将结合张文关于行政机关履职标准认定的分析，阐述笔者对该问题的看法。

（一）关于"不依法履行法定职责"之职责范围的界定

1. 生效行政决定的执行监督是否应该纳入行政公益诉讼的范围？

张文将行政公益诉讼司法实践中检察机关起诉行政机关"不依法履行职责"的情形区分为两类：一是认为行政机关对相对人的违法行为没有履行法定监管职责，没有及时作出行政处理决定；二是认为行政机关对相对人作出处理决定之后，没有依法督促履行、依法强制执行或者申请法院强制执行，并提出对后一种行政机关的"不依法履行职责"的监督，即生效行政决定的执行监督不应该纳入行政公益诉讼的范围。理由如下：一是诉讼审判是对权利义务的确认和宣示，而在保证生效行政决定内容实现的执行程序中并不存在权利义务内容的争议，所以不需要将其纳入行政公益诉讼；二是现行行政诉讼法已经安排了行政决定的非诉执行监督，检察机关没有必要也不应该提起行政公益诉讼监督；三是对涉及国家利益或社会公共利益的行政决定，今后立法可以直接赋予检察机关申请法院强制执行的权利，以提高行政非诉执行监督的效率和强度。

笔者认为该文关于行政机关"不依法履行职责"的类型化分析对我们细致深入地了解行政机关的不作为行为很有启发，但也觉得将生效行政决定的执行监督排除在行政公益诉讼范围之外值得商榷。原因在于：一是诉讼审判是对权利义务的确认和宣示，执行程序的确也是为了保证生效行政决定内容的实现，但是，对生效行政决定的执行监督诉讼中却并非没有权利义务内容的争议，这个争议涉及的是行政机关是否有监督生效行政决定执行的职责、是否依法定方式履行了其监督职责的问题，这也成为法院审查的重点。很显然，张文认为生效行政决定的执行监督中并不存在权利义务内容争议的观点，混淆了生效行政决定的执行和其执行监督诉讼的区别，前者不存在权利义务内容争议，因为行政决定已经生效，对行政法律关系中的行政主体和行政管理相对人双方而言，其权利义务均是确定的。但在执行监督诉讼中，诉讼法律关系的当事人是检察机关和行政机关，争议的对象是行政机关是否有监督生效行政决定执行的职责、是否依法定方式履行了其监督职责，因此，对该类行政不作为行为的诉讼审判仍然是对权利义务的确认和宣示。二是现行行政诉讼法已经安排的对行政决定非诉执行的监督，指人民检察院依据人民检察院组织法的授权对人民法院行使行政非诉执行职能活动的监督，其监督对象是人民法院，与检察机关对行政机关的执行监督显然不是一回事。而且，如果真如该文所言，检察机关通过检察建议或移交纪委监委追究相关人员的失职渎职责任就可以实现检察机关对环境生效行政决定的执行监督，那检察环境公益诉讼制度就失去了存在的价值，因为这两项制度对未作出行政决定的行政不作为行为也同样适用。三是在行政机关不履行生效行政决定的执行职责的情况下，直接赋予检察机关申请法院强制执行的权利的行为不可取。暂且不论如此安排是否会真正提高行政非诉执行监督的效率和强度，单就行政权和检察监督权的性质而言就存在疑问，行政权和检察监督权有自己的权力边界，后者行使的目的是敦促行政权的全面、及时履行，而不是要取而代之。四是即使张文陈述的上述三个理由全部能够成立，也不能得出生效行政决定的执行监督均不应该纳入行政公益诉讼的结论。因为他陈述的支持其观点的三个理由均针对的是行政机关对相对人作出处理决定后没有依法申请法院强制执行的非诉执行监督，而遗漏了另外一种情形即行政机关对相对人作出处理决定后没有依法督促履行、依法强制执行的情形。

2. 未及时书面回复检察建议是否构成"不依法履行职责"？

张文认为，行政机关回复检察建议的职责具有独立性，属于行政机关的履职范围。行政机关接到检察建议后积极履行了监督管理职责，但是没有在法定期限内回复检察建议亦构成"不依法履行职责"。笔者对此观点不敢苟同。行政机关在规定的期限内以法定的形式回复检察建议的确属于行政机关应当履行的一项职责，回复检察建议程序的敦促功能也不容置疑。然而，行政诉讼法中作为审查对象的行政行为的类型和范围是法定的。"不依法履行职责"认定中行政主体履职的对象为行政管理相对人，检察机关能够提起诉讼要求法院进行审查的行政行为，只能是针对行政管理相对人的行为。很显然，回复检察建议的对象为检察机关，而此处的检察机关无论如何也无法成为行政主体的行政管理相对人。因此，笔者认为珲春市人民检察院诉珲春市国土资源局公益诉讼案中，法院在国土局已经全面充分履职后，关于延迟作出书面回复行为不属于本案审理标的的认定是合理的。

（二）环境行政公益诉讼中履职期限的计算

依《关于检察公益诉讼案件适用法律若干问题的解释》第二十一条第二款的规定："行政机关应当在收到检察建议书之日起两个月内依法履行职责，并书面回复人民检察院。出现国家利益或者社会公共利益损害继续扩大等紧急情形的，行政机关应当在十五日内书面回复。"司法解释关于行政机关履职期限的该项规定在学界引起了较大争议，为环境行政主体履职确定合理的履职期限，需要注意以下两点：一是需要明确司法解释的这项规定是完成履职的期限规定还是回复期限的规定。在笔者看来，一般情况下的"两个月"履职期限首先是回复期限，但同时也是被监督行政行为自接到检察建议后启动监管并一直在积极履职的期限，而并非完成全部履职行为的完整期限。二是源于行政机关履职的复杂性，将两个月期限内不能完成履职的情形区分为主观不能和客观不能。主观不能是指行政机关主观上存在怠于履职的故意，客观不能是指政主体一直都在积极履职，但由于客观原因导致其无法在两个月的期限内全部完成履职。对于前者，期限届满即可提起诉讼；对于后者，则应当适当放宽履职期限。二者的区分标准就在于行政机关能否证明自收到检察建议后一直在积极履职，并能否明确导致客观不能的具体原因，如调查、鉴定、案件移送、行政审批[1]等。

（三）判断"全面充分履行职责"的标准选择

学界关于行政机关是否依法履行职权的争议，主要集中在行政机关是否全面充分履职的问题上，因为从环境行政公益诉讼的实践来看，

---

[1] 当然，这些客观不能完成履职的具体原因的归纳提炼还需要做更细致的工作，有时厘清主观不能和客观不能并非易事。

经检察建议程序后行政机关明确表示不履行职责或完全不履行职责的情况很少。学界对于"全面充分履行职责"的标准选择形成了行为标准和结果标准两类。所谓行为标准，就是法院只对行政机关的履职行为是否全面充分进行审查，不论相对人违法行为是否已经停止或被纠正、国家利益或社会公共利益受侵害的状态是否已经完全消除。所谓结果标准，就是不仅仅看行政机关是否履行了法定职责，还要看相对人的违法行为是否已经停止或被纠正、国家利益或社会公共利益是否仍然处于受损害的状态。[1] 那么，到底应该以何种标准来判断行政机关是否已经全面充分履行了职责呢？主流的观点认为，坚持结果标准对行政机关过于苛严，亦不契合环境公益诉讼制度设计的价值目标。[2] 对于行政机关是否"已经全面充分履行了职责"判断标准的选择反映的是司法对行政行为审查的强度问题，司法权应该对行政权的行使进行有效监督，但同时也不应该过度介入而影响到行政机关对行政监管强度的专业判断。笔者认为：①一般情况下，宜采用行为标准。对于结果标准，应该分为相对人违法行为是否已经停止或被纠正和生态利益受侵害的状态是否已经完全消除两种不同情形，并区别对待。由于生态损害的持续性、潜伏性以及有时损害后果的不可逆，即使违法行为被制止也并不等于生态利益受侵害的状态能完全消除。所以生态利益受损害的状态是否已经完全消除不应该成为行政机关是否充分完全履职的判断标准。《最高人民法院关于审理环境公益诉讼案件的工作规范（试行）》第五十三条规定："行政机关虽已作出足以保护社会公共利益的行政行为，但社会公共利益仍处于受侵害状态，检察机关提起环境行政公益诉讼的，应予受理。"很显然，这里采用的结果标准，对于行政机关来说的确过于苛严。"行政机关虽已作出足以保护社会公共利益的行政行为"，意味着行政机关已经完全充分地履行了

1　张旭勇.行政公益诉讼中"不依法履行职责"的认定［J］.浙江社会科学，2020（1）：67-76，157-158.

2　刘超.环境行政公益诉讼诉前程序省思［J］.法学，2018（1）：114-123.

其职责，此时生态利益仍处于受损害状态与行政机关是无关的，这时应该提起的是针对生态利益损害主体的环境民事公益诉讼。②《行政诉讼法》第二十五条规定，检察行政公益诉讼的起诉条件是发现"负有监督管理职责的行政机关违法行使职权或者不作为，致使国家利益或者社会公共利益受到侵害"，这里采用的是行为标准，"致使国家利益或者社会公共利益受到侵害"是行政机关违法作为或不作为的必然结果。但如果采用纯粹的行为标准，完全不考虑行政行为所导致的效果，则可能难以达到有效监督行政机关充分履行职责的目的。行政管理相对人的违法行为是否停止这一结果，有时可以作为判断行政机关是否全面履行法定职责的标准。但此时可以加上行政机关是否穷尽行政监管手段的考量，以实现对行政机关是否全面充分履行法定职权的合理判断。

第七章　生态损害之刑事司法救济

　　生态损害行政矫正的功能限度及我国环境行政监管乏力的现状反映出仅仅依靠行政责任的承担无法有效遏制生态损害的日趋严重态势，这促使研究者们在生态损害的行政矫正方式之外，寻求多元化的生态损害司法救济路径。其中包括了对传统环境侵权诉讼的生态化之探索，和专门以生态损害救济为己任的环境公益诉讼制度之构建，也包括了作为法益保障最后一道屏障的生态损害刑事司法救济之反思与优化。无论是以生态法益为直接保护客体的环境犯罪刑法规制还是以传统人身法益与财产法益为直接保护客体却间接保障了生态利益的环境犯罪刑法规制，均属于生态损害刑事司法救济的范畴，因此，生态损害刑事司法救济在外延上与环境犯罪刑法规制重合。生态损害的刑事司法救济主要是通过相关的刑事立法与刑事司法来实施的。

第一节　生态损害刑事司法救济之立法演进

　　从刑法修改的角度来看，自 1979 年至今，我国环境犯罪立法的修订力度之大为国内外所罕见。1979 年《刑法》有部分条款直接或者间接地涉及环境资源犯罪，具体包括：违反危险物品管理规定肇事罪（第一百一十五条），盗伐、滥伐林木罪（第一百二十八条），非法捕捞水产品罪（第一百二十九条）以及非法狩猎（第一百三十条），我国环境刑事立法由此开始起步。随着危害环境的行为日益猖獗，

1979 年《刑法》对环境犯罪的寥寥数条规定已经难以满足惩治损害生态行为的需要。于是，环境刑事立法采取了制定单行刑法和附属刑法的方法增补环境犯罪罪名，来扩展刑法对环境犯罪的规制范围。1988年通过的《全国人民代表大会常务委员会关于惩治捕杀国家重点保护的珍贵、濒危野生动物的补充规定》将非法捕杀珍贵、濒危野生动物的行为规定为犯罪，并使之与刑法中原有的非法捕捞水产品罪和非法狩猎罪相分离。1995 年的《大气污染防治法》《固体废物污染环境防治法》以及 1996 年的《水污染防治法》分别创立了大气污染罪，违反规定收集、贮存、处置危险废物罪和水污染罪三个新的罪名。这些新增的立法规定在一定程度上填补了 1979 年《刑法》规制的空白，也为 1997 年修订《刑法》奠定了基础。

1997 年《刑法》颁布，标志着我国环境犯罪的刑事法律规制进入一个崭新的阶段。1997 年新《刑法》分则在第六章"妨害社会管理秩序罪"中，以 9 个条文 15 种罪名专设了"破坏环境资源保护罪"。在类型上分为污染型环境犯罪与破坏型环境犯罪，分别是：重大环境污染事故罪，非法处置进口的固体废物罪，擅自进口固体废物罪，走私固体废物罪；以及非法捕捞水产品罪，非法猎捕、杀害珍贵、濒危野生动物罪，非法收购、运输、出售珍贵、濒危野生动物、珍贵、濒危野生动物制品罪，非法狩猎罪，非法占用耕地罪，非法采矿罪，破坏性采矿罪，非法采伐、毁坏珍贵树木罪，盗伐林木罪，滥伐林木罪，非法收购盗伐、滥伐的林木罪。1997 年修订的《刑法》意味着我国环境犯罪的规定取得了重大突破与进展。

此后，针对环境犯罪中出现的新情况，为严密刑事法网，扩大惩治范围，完善环境犯罪罪名体系，立法机关通过一系列的刑法修正案对环境犯罪的刑法立法不断地进行了修正与完善。2001 年通过《刑法修正案（二）》，将《刑法》第三百四十二条的"非法占用耕地罪"修改为"非法占用农用地罪"，弥补了刑法对乱占滥用林地、草地等耕地以外的农用地行为的规制，更好地体现了刑法对农用地资源的保护。2002年通过《刑法修正案（四）》，将《刑法》第三百四十四条"非法采伐、毁坏珍贵树木罪"修改增补为两个罪名，即"非法采伐、毁坏国家重点保护植物罪"和"非法收购、运输、加工、出售国家重点保护植物及其制品罪"；同时修改了《刑法》第三百四十五条第三款"非法收购盗伐、滥伐的林木罪"的规定，删去了"以牟利为目的"的规定和"在林区"的限制，增补了"非法运输"的行为，从而将罪名更改为"非法收购、运输盗伐、滥伐的林木罪"。

如果说2011年以前的环境刑事立法基本上是以保障传统的人身、财产法益为核心并间接地实现了生态损害刑法救济的部分功能，那么，2011年通过的《刑法修正案（八）》则在立法理念上发生了重大改变。该修正案将《刑法》第三百三十八条的"重大环境污染事故罪"进行了较大修改，将原来条文中"造成重大环境污染事故，致使公私财产遭受重大损失或者人身伤亡的严重后果"的污染环境行为的表述修改为"严重污染环境的"行为，理论界普遍认为，修订后的刑法第三百三十八条的罪名实质上已变动为"污染环境罪"。[1]修改后的《刑法》第三百三十八条不仅降低了该罪的入罪门槛，增强了司法适用的可操作性，更为重大的改变是，直接将"严重污染环境"作为该罪的构成要件，在法益保护形式上取消了与财产法益、人身法益的依附关系，将生态法益直接上升为该罪所侵犯的实质性客体，标志着环境犯罪的刑事立法理念已经发生重大转变。2013年6月，《最高人民法院、最高人民检察院关于办理环境污染刑事案件适用法律若干问题的解释》（以下简称《2013年解释》）出台，该解释针对污染环境案件处理中出现的认定难、取证难、鉴定难等突出问题，列举了认定严重污染环境的14项明确具体、操作性强的判断标准，进一步密织了生态损害的刑事规制法网，被称为"史上最严的环保司法解释"。[2]

1 高铭暄.中华人民共和国刑法的孕育诞生和发展完善［M］.北京：北京大学出版社，2012：563.
2 喻海松，马剑.从32件到1691件——《关于办理环境污染刑事案件适用法律若干问题的解释》实施情况分析［N］.中国青年报，2016-04-06（5）.

2016 年 12 月 26 日，距《2013 年解释》的公布仅三年半左右的时间，最高人民法院、最高人民检察院又联合发布《关于办理环境污染刑事案件适用法律若干问题的解释》。新司法解释针对"危险废物犯罪呈现出产业化迹象，大气污染犯罪取证困难，篡改、伪造自动监测数据和破坏环境质量监测系统的刑事规制存在争议等"[1] 环境污染犯罪出现的新情况和新问题进行了规定，细化了重金属污染环境入罪标准，并对重污染天气预警期间排放有害物质、环境监测设施维护人员篡改数据的从重处罚以及明知无经营许可提供贮存的共同犯罪、公安机关单独检测数据的证据使用等作出了新规定。2020 年 12 月 26 日通过了《刑法修正案（十一）》，该修正案首先针对近年来日益突出的环境监测造假、项目环评造假等新情况，将环境影响评价、环境监测机构"弄虚作假"首次纳入刑法定罪量刑的范围；其次，对刑法原有的"污染环境罪"的适用情形提高了处罚档次，将"情节特别严重的"刑罚适用提高至"七年以上"，并明确了"情节特别严重的"污染环境犯罪的四种具体情形；再次，补充了在自然保护区非法建设以及非法引入外来物种两类新的犯罪。

需要说明的是，我国环境刑事立法采取的是以《刑法》为主、以附属刑法为辅的复合立法模式，因此，除了《刑法》及其司法解释对环境犯罪较为系统的规定外，《环境保护法》《海洋环境保护法》《水污染防治法》《渔业法》等其他环保法律中也有涉及刑事责任的条款。这些法律规定共同构成了我国环境刑法规制的基本框架。

第二节　生态损害刑事司法实践及存在的问题

环境犯罪的类型分为污染型环境犯罪与资源型环境犯罪，生态损害的刑事司法救济同样也分为污染型刑事司法救济与资源破坏型刑

1　最高人民法院网."两高"发布办理环境污染刑事案件司法解释［EB/OL］.（2016-12-23）［2023-02-14］. http://www.court.gov.cn/zixun-xiangqing-33681.html.

事司法救济。但从刑事司法实践来看，这两类不同类型的刑事司法救济现状呈现出极大的不平衡性。整体上来说是资源破坏类刑事案件较多，而环境污染类刑事案件较少，而且，环境污染类刑事案件的数量以 2011 年为分界线，前后亦发生了明显的变化。1997 年《刑法》确立了环境污染犯罪的相关罪名，然而，通过对公开的有关数据统计发现，自 1997 年至 2010 年，全国法院系统以"重大环境污染事故罪"罪名作出刑事判决的数量极为有限。2001 年至 2010 年十年中仅有 37 个既判案件，平均每年为 3.7 个。换言之，"我国绝大多数地方法院是没有进行过环境污染的刑事判决的，也就是说在绝大多数地方法院出现了环境污染犯罪的'零判决'现象。与'零判决'的'孤孤单单几个案'形成鲜明对比的是我国环境管理领域内行政处罚案件数量的庞大数据"[1]。很显然，2011 年以前环境污染类的刑事既判案件年均只有寥寥数件，这与近年来环境污染形势日益严峻尤其是重大环境污染事故频发的现状不相吻合，也与同时期我国环境管理领域中行政处罚案件的数量庞大并仍在攀升形成了鲜明的对比。[2]有研究者将此现象称为"我国环境司法存在严重的结构性失调"[3]。学界普遍认为，新刑法对环境污染的打击力度不够，实践中以罚代刑的现象严重，环境污染犯罪刑法规制的威慑力未能得以显现。一时间，呼吁修改刑法、严惩环境犯罪的呼声高涨，尤其是 1997 年《刑法》第三百三十八条以"重大环境污染事故"的发生作为入罪前提的重大环境污染事故罪因入罪门槛高而备受诟病。在环境治理入罪化的立法导向下，《刑法修正案（八）》、2013 年司法解释、2016 年司法解释及 2017 年《环境保护行政执法与刑事司法衔接工作办法》纷纷出台。

2011 年《刑法修正案（八）》和其后的环境刑法司法解释以及相

1 焦艳鹏.生态文明视野下生态法益的刑事法律保护［J］.法学评论，2013（3）：90-97.
2 有关统计数据显示：1999 年我国环境管理领域的行政处罚案件数量为 53101 件，至 2010 年案件数则攀升为 116820 件。（焦艳鹏.生态文明视野下生态法益的刑事法律保护［J］.法学评论，2013（3）：90-97.）
3 焦艳鹏.生态文明视野下生态法益的刑事法律保护［J］.法学评论，2013（3）：90-97.

关规定降低了环境污染犯罪的入罪门槛，并在定罪量刑的标准明确性、行政执法与刑事司法的衔接性等方面有明显的进步，环境污染罪的可操作性得以增强。事实上，环境刑事立法较强的修订力度也带来了明显的实施效果，2011 年、2012 年"污染环境罪"的相关案件数基本上还徘徊在 20 件左右；但其后污染环境刑事案件数激增，2013 年，相关案件数达到 104 件，首次达到三位数；2014 年，相关案件数达到 988 件，逼近四位数；2015 年，相关案件数达到 1691 件。[1] 自 2017 年以来，人民法院审理的刑事案件量持续增长，年均超过 2000 件。[2] 从环境污染刑事案件的数据上看，不断加大的环境犯罪立法修订力度及随之而来的环境刑法法网的不断严密导致了环境污染犯罪案件数量的急剧上升，但数量的大幅度上升是否就等同于环境刑事司法在惩治环境污染犯罪行为、保障生态法益的效能大大增强呢？透过近几年（尤其是 2013 年以后）环境污染犯罪案件总数大幅增加的现象背后，我们看到了环境刑法适用中存在的突出问题：其一，从环境污染入罪的主体来看，2013 年 7 月至 2015 年 12 月的数据统计表明，在污染环境罪生效判决为罪犯的 1104 人中，私营企业主、个体劳动者共 282 人，占 25.54%，农民、农民工共 496 人，占 44.93%。环境污染刑事案件的主体主要为小企业的业主和从业人员，而规模以上企业成为污染环境罪主体的情况较为少见。[3] 这一现象的出现排除规模以上的企业环保守法意识及污染处置能力更强的因素之外，无法否认的一个事实是，实践中对规模以上企业污染环境行为查处力度不够，环境犯罪选择性司法适用的问题显现了出来。其二，仍以上述时段统计数据为例，从环境污染刑事案件的地域分布来看，全国八成以上的污染环境刑事案件集中在浙江、河北、山东、广东、江苏五省，浙江的收案量和结案

1　喻海松，马剑. 从 32 件到 1691 件——《关于办理环境污染刑事案件适用法律若干问题的解释》实施情况分析［N］. 中国青年报，2016-04-06（5）.

2　周加海，喻海松. 保留《关于办理环境污染刑事案件有关问题座谈会纪要》的理解与适用［J］. 人民司法，2019（16）：27-33.

3　喻海松，马剑. 从 32 件到 1691 件——《关于办理环境污染刑事案件适用法律若干问题的解释》实施情况分析［N］. 中国青年报，2016-04-06（5）.

量均保持在全国收案量和结案量总数的三分之一以上[1]，案件的地域分布相当集中。从理论上分析，环境污染犯罪案件的多寡应与不同地区的环境污染严重程度、环境质量状况成正向比例关系，然而，我们看到的是河南等环境问题严重的地区环境污染犯罪的案件较少，浙江等环境法治建设水平和政府环境保护表现较好的省份反而环境污染犯罪案件较多。由此可见，地方政府的环境意愿与打击环境污染犯罪的力度而不是与环境污染严重程度密切相关的环境污染犯罪的概率决定了环境污染犯罪案件的数量，构成环境犯罪的违法行为未能一视同仁地被刑事追责的问题在案件的地域分布中亦显现出来，从而导致环境刑事司法对生态法益进行保障的实际效能大打折扣。

　　综上所述，在新刑法修订之前，我国生态损害刑事司法救济存在的最大问题是环境犯罪刑事法网不够严密而导致司法惩治环境犯罪尤其是环境污染犯罪行为的效力甚微。在环境刑事立法入罪化的思维模式下，随着环境刑事立法修订的力度不断加大、环境污染犯罪案件数量的增加，当前生态损害刑事司法救济的问题重心已转化为：在环境刑事法网日趋严密的情况下，司法在惩治环境犯罪中未能将环境刑罚一体适用以实现环境犯罪的必罚性问题凸显。这是关系到环境刑法适用公平性的大问题，也直接影响到环境刑事司法能否发挥出其应有的威慑力。

第三节　生态损害刑事司法困境之深层反思

　　生态损害刑事司法在惩治环境犯罪中出现未能将环境刑罚一体适用的原因是多方面的。既有立法理念、立法技术上的原因，也存在行政执法对刑事司法适用效能的消解，还与人们普遍认为环境犯罪的道德可责难性较低的错误认知有关。

1　喻海松，马剑.从32件到1691件——《关于办理环境污染刑事案件适用法律若干问题的解释》实施情况分析［N］.中国青年报，2016-04-06（5）.

一、入罪化思维模式下环境犯罪立法理念之偏差

如前所述，在 1997 年刑法实施以后，环境污染类刑事案件的数量仍极为有限。学界对新刑法有关环境污染犯罪规定的最大的指责就是"入罪门槛高"，有研究者认为"以'重大环境污染事故'的发生作为入罪的前提是造成既判案例缺失的直接成因"[1]，几乎将板子都打在环境刑事立法不够严厉的问题上。降低入罪门槛、扩大犯罪圈成为众口之词。的确，环境犯罪的入罪门槛高直接影响着环境刑事司法功能的发挥。在环境问题日益严重、环境行政执法乏力的大背景下，降低入罪门槛、扩大犯罪圈的确有利于加大环境刑法对环境犯罪行为的打击力度。环境刑事立法修订力的不断加强与环境污染类刑事案件数量的正相关对应关系也在一定程度佐证了严密环境刑事法网之必要性。然而，刑法的扩展应有其边界。在环境刑事立法日趋严密的情况下，片面强调扩大犯罪圈、加大刑罚力度的入罪化思维模式，将导致环境犯罪立法理念出现偏差。

首先，环境刑法的扩张有其限度。如前所述，修改后的污染环境罪确立了将生态法益作为直接保护对象的法益观，同时也导致了环境刑法介入环境治理的提前，这是环境刑法积极参与环境治理、释放刑法保障功能的必然，也是环境刑法对当前日益严峻的生态损害问题之回应。环境刑罚权启动的慎重并不等于被动，环境刑罚权的慎重性不应牵制环境刑法功能的发挥，环境刑法适时主动应对生态风险和扩大法益保护范围是当前形势下非常必要的转变，环境刑法立法的活性化是这一转变的集中体现，可以预见，在今后一段时间内，环境刑法的犯罪圈仍然会呈继续扩大的趋势。但环境刑法的扩展有其限度，谦抑主义始终应是刑事立法的精髓。"'刑法最小化'，在大陆法系刑法上习惯称为'刑法谦抑主义'，强调的是刑法应将

---

1 焦艳鹏.我国环境污染刑事判决阙如的成因与反思——基于相关资料的统计分析［J］.法学，2013（6）：74-83.

处罚范围限制在绝对必要的限度内。"[1]学界倾向于从"环境污染刑事既判案件数量"与同时期环境管理领域"行政处罚案件数量"的对比中,直接得出"刑法所应具有的威慑力并没有减少环境行政违法,行政处罚案件数量的激增直接拷问了刑事司法在环境污染防治上的效果"[2]这一结论。然而,并不能从行政处罚案件数量的逐年攀升直接得出环境行政执法失效或需加强刑法威慑力之结论。一方面,环境问题本身有其规律性,生态损害的累积性可能会导致长期以来的环境污染在一段时间内集中爆发;另一方面,环境行政执法力度的增强亦可能增加环境行政处罚案件的数量。因此,在严密生态损害刑事法网的同时,也需要通过完善环境行政法以加强对环境违法行为的规制。

　　其次,入罪化思维模式可能会掩饰环境刑事司法功能不彰背后的根本原因。环境犯罪刑事法网不够严密的确会影响到环境刑事司法之功能发挥,但笔者认为,相对于立法的疏漏,生态损害刑事司法在惩治环境污染犯罪中未能实现环境犯罪的必罚性才是环境刑事司法功能不彰的根本原因。其实,在 2011 年《刑法修正案(八)》出台之前,污染类环境刑事案件的数量就十分有限。汪劲教授曾专门统计过重特大环境污染事故被刑事追责的情况,"1998 年到 2002 年这 5 年,中国重特大环境污染事故发生了 387 起,有 25 起被追究了重大环境污染事故犯罪。2003 年到 2007 年我国发生重特大环境污染事故 90 多起,被追究违法犯罪的仅 12 起"[3]。刑法惩处率分别为 6.5% 和 13.3%,而根据当时 1997 年刑法及有关司法解释的相关规定,环境污染造成直接经济损失 30 万元以上或者造成 1 人以上死亡 3 人以上重伤、10 人以上轻伤的,只要具备其中一个条件都可以认定为重大坏境污染犯罪,很显然上述重特大环境污染事故均符合

1　何荣功.社会治理"过度刑法化"的法哲学批判[J].中外法学,2015(2):523-547.
2　焦艳鹏.生态文明视野下生态法益的刑事法律保护[J].法学评论,2013(3):90-97.
3　郄建荣.环境犯罪为何游离于刑事处罚之外[N].法制日报,2010-05-27(11).

该罪的犯罪构成却很少被追责刑事责任。[1]"这种极低的刑事责任追究率几乎消解了对'刑罚的必定性'的确信，行为实质上构成犯罪与行为客观上不被追究刑事责任具有一定的等价性，由此，我国刑法关于环境犯罪的规定在进一步走向'软法化'"[2]。可见，生态损害刑事司法在惩治环境污染犯罪中未能实现环境犯罪的必罚性问题一开始就存在，但却被入罪化呼声所掩饰。更为重要的是，在犯罪圈扩大的情况下，如果"刑罚的必定性"得不到实现，那么，选择性司法所导致的环境刑罚适用的不公平性问题就会对环境法治带来更大的损害。

二、立法技术缺陷影响环境犯罪"刑法必定性"之实现

环境犯罪具有明显的行政从属性。[3]"环境犯罪的行政从属性，系指依据环境刑法条文规定，其可罚性之依赖性，取决于环境行政法或基于该法所发布之行政处分而言。"[4]换言之，环境犯罪的构成取决于相应的环境行政法律法规的内容，如《刑法》第三百三十八条污染环境罪构成要件中的"违反国家规定"这一空白罪状之表述即为适例。环境犯罪的行政从属性特征意味着环境刑法所保护的社会关系的性质由环境行政法来规定，区分行政不法与刑事违法的实质性因素是环境刑事犯罪构成中的罪量因素。例如：2017年实施的《关于办理环境污染刑事案件适用法律若干问题的解释》第一条第

1　这种情况在 2011 年修改后的污染环境罪的适用中是否有所改观呢？带着这个疑问笔者以涉海污染环境罪为例，以最近十年检索到的裁判文书为依据，在中国裁判文书网上仅检索到 9 起海洋类污染环境罪的案例。很显然，这个裁判文书的数量与近十年来海洋环境污染的严峻现实及海洋环境污染事故的频发不相吻合。虽然海洋类污染环境罪的适用并不能准确反映出污染环境罪的适用现状，但的确可以在一定程度上折射出污染环境犯罪尤其是重大污染环境犯罪的必罚性问题仍然存在。

2　刘艳红.环境犯罪刑事治理早期化之反对［J］.政治与法律，2015（7）：2-13.

3　关于环境刑法是否具有行政从属性特征，学界存在着争议。笔者认为，迄今为止反对环境刑法具有行政从属性的论者并没有给出令人信服的否定理由，而更多的是对环境刑法的行政从属性的理解存在误区。有的以环境刑法与环境行政法是保障法与前置法的关系来理解从属的内容，从而消解了环境刑法的行政从属性；有的将行政从属简单理解为环境刑法的适用是对环境行政执法的依附；还有学者将行政从属做绝对化理解，认为从属意味着环境刑法的处罚范围应与环境行政法的违法范围完全对应。拨开这些认知迷雾，我们发现，环境刑法具有行政从属性，但环境刑法的行政从属性并不影响环境刑法的独立性。

4　郑昆山.环境刑法之基础理论［M］.台北：五南图书出版公司，1999：179-180.

五款规定：通过暗管、渗井、渗坑、裂隙、溶洞、灌注等逃避监管的方式排放、倾倒、处置有放射性的废物、含传染病病原体的废物、有毒物质的，应当认定为"严重污染环境"，从而构成《刑法》第三百三十八条的污染环境罪。然而，《水污染防治法》第八十三条第三款将"利用渗井、渗坑、裂隙、溶洞，私设暗管，篡改、伪造监测数据，或者不正常运行水污染防治设施等逃避监管的方式排放水污染物的"行为规定为行政违法。由此观之，2017 年司法解释中的"通过暗管、渗井、渗坑、裂隙、溶洞、灌注等逃避监管的方式排放、倾倒、处置有放射性的废物、含传染病病原体的废物、有毒物质"的行为既构成犯罪，又构成行政违法，而在刑事立法上却没有对这一犯罪行为的定量描述，从而在实践中难以区分此类水污染行为之行政不法与刑事违法，从而模糊了定罪量刑的标准，可能导致以罚代刑的结果出现。

另外，刑罚种类的单一也影响着环境犯罪"刑法必定性"之实现。在入罪化思维模式下入罪门槛的降低意味着犯罪圈的扩大，"基于罪刑相适应原则，降低环境犯罪的起刑点必然附随带动刑罚种类的多样化和轻缓化变革，进而会引起刑罚制度改革并推动刑罚结构体系的科学演进"[1]。一方面，我国环境刑罚的种类较为单一，主要适用的是以罚金刑与自由刑为主的环境犯罪刑事处罚方式，这两种刑罚种类的适用对象主要为自然人。对于单位犯罪而言，威慑力较大是限制其行为的资格刑，而我国环境刑法却缺乏资格刑的设置。另外，体现恢复性司法理念的刑罚种类也没有在现行立法中被确认。另一方面，某些环境犯罪在刑罚量的设置上不甚合理。如《刑法》第三百四十一条非法猎捕、杀害珍贵、濒危野生动物罪的规定就存在法定刑的处罚幅度不合理的问题。从犯罪行为的社会危害性来看，很显然非法杀害珍贵、濒危野生动物比非法猎捕行为的性质要严重，只非法猎捕仍活着的野

1 王利.强化环境污染犯罪理念 破解污染治理困局——以江苏宣判首例"污染环境罪"环保刑事案件为例［J］.环境保护，2013（23）：45-47.

生动物还有回归自然的可能，而杀害行为所造成的生态损害是不可逆的，但环境刑法对这两种行为未做区分，在法定刑的幅度上是一样的，如此规定既违背了罪责刑相适应的原则，也不真正有利于珍贵、濒危野生动物的保护。另外，该罪属于选择性罪名，单纯地收购或运输即使没有获利也构成本罪。而该罪情节特别严重的起刑点为十年，对于珍贵、濒危野生动物而言，有时达到情节特别严重的标准只需一只。该罪法定刑的设置对于长期以收购、运输珍贵、濒危野生动物为生的行为人适用并不为过，但对于单纯收购或运输用于饲养的行为人则显得处罚过重。刑罚种类的单一性和刑罚结构体系的不甚科学在一定程度上影响了环境犯罪"刑法必定性"之实现。

三、"两法"衔接不畅对环境刑事法律规制功能之消解

生态损害刑事司法在惩治环境污染犯罪中未能将环境刑罚一体适用以实现环境犯罪必罚性的另一个重要原因，是环境行政执法与环境刑事司法衔接不畅造成了环境刑事法律规制功能的消解。

环境犯罪行政从属性特征意味着环境犯罪之成立以该行为的行政违法性认定作为前置性条件，"违反国家法律规定"之空白罪状使我国环境犯罪具有典型的开放性构成要件特征。这一方面使得环境犯罪的惩处受相应的行政法律法规的实质性影响，另一方面环境案件中司法程序的启动受案件移送程序的影响而具有被动性。环境犯罪案件的处理程序包括行政部门对涉嫌犯罪案件的移送、公安机关对移送案件的受理和立案侦查、检察机关提起公诉等多个环节，任何一个环节出现问题都会影响到环境案件行政执法与刑事司法之间的衔接，从而直接影响到环境刑事法律规制功能的发挥。

目前规范环境行政执法与刑事司法衔接问题的规范性法律文件主要有：2021 年修订的《中华人民共和国行政处罚法》第八条概括性地规定了"违法行为构成犯罪，应当依法追究刑事责任的，不

得以行政处罚代替刑事处罚"，第二十七条对行政机关与司法机关的双向移送以及行政机关与司法机关之间的协调配合作出了规定。2020 年修订的《行政执法机关移送涉嫌犯罪案件的规定》就行政机关对涉嫌犯罪案件的移送、公安机关的立案审查、检察机关的监督及相应主体的法律责任均作出了规定。这些法律规范的修改回应了实践中行政执法与刑事司法衔接存在的问题，对促进行政执法与刑事司法的有效衔接将发挥积极作用。2017 年出台的《环境保护行政执法与刑事司法衔接工作办法》则专门针对环境保护行政执法与刑事司法的衔接问题，对涉嫌环境犯罪案件的移送条件与时限、公安机关的受理、检察机关对案件移送与立案的法律监督，以及健全环境行政执法与刑事司法衔接的长效机制等内容作出了规定，这的确在一定程度上有利于缓解环境行政执法与刑事司法衔接不畅的问题。

但是，笔者认为，作为专门规范环境行政执法与刑事司法衔接问题的法律规范，《环境保护行政执法与刑事司法衔接工作办法》仍存在不少问题，可能影响到环境犯罪必罚性的实现。 在环境犯罪案件的诸多处理程序中，环境监管部门处于前期调查、取证、移送阶段的关键环节，确保其依法履行职责，是解决污染环境罪适用率低的司法困境的关键所在。[1] 环境行政执法部门缺乏涉嫌犯罪案件移送动力才是实践中以罚代刑现象存在的根本原因。那么，为什么环境行政执法部门不依法移送案件呢？ 首先，地方保护主义导致当地政府可能对环境行政执法部门的依法移送施加压力，环境行政部门受制于当地政府的压力而选择以罚代刑处理相关涉嫌环境犯罪的案件，尤其是涉嫌犯罪案件行为主体为当地的利税大户时情况尤甚。"环境法律法规的违法者并非传统意义上的刑事犯，而通常是那些在社会上被尊重的公民，他们拥有更多的经济和政治权力，在一个诉讼案件中，他们也

1　王炜. 环境污染犯罪若干重要问题辨析——从环保部门的角度解读《关于办理环境污染刑事案件适用法律若干问题的解释》［N］. 中国环境报，2013-07-15（3）.

毫无疑问地会试图使用经济或政治权力去规避法律的制裁。"[1] 其次，环境犯罪与环境行政监管不力之间往往存在密切的联系，尤其是在特重大环境污染事故中，环境污染犯罪背后几乎都隐藏着行政监管失职甚至是环境渎职犯罪的影子。环境行政执法部门自身"不够硬气"使其担心涉嫌犯罪案件的移送会"拔出萝卜带出泥"，自然会选择对涉嫌案件做宽容处理，以罚代刑就不足为奇了。据最高人民检察院披露的 2008 年 4 月至 2009 年 11 月深入查办危害能源资源和生态环境渎职犯罪专项活动统计数据，其间共立案侦查 5603 件案件，其中涉及玩忽职守罪、滥用职权罪的分别占案件总数的 55% 和 35%；涉案人员中具有环境行政执法权的机关工作人员占案件总数的 70.4%；重特大案件所占案件比重为 49%。[2]

《环境保护行政执法与刑事司法衔接工作办法》显然是在意识到行政执法部门案件移送动力不足的前提下出台的，但笔者就该办法对上述问题开出的"药方"之效果存怀疑态度。其一，该办法第五条规定，"环保部门在查办环境违法案件过程中，发现涉嫌环境犯罪案件，应当核实情况并作出移送涉嫌环境犯罪案件的书面报告。本机关负责人应当自接到报告之日起 3 日内作出批准移送或者不批准移送的决定"。此款关于案件移送的时限规定实际上难以操作，因为"作出移送涉嫌环境犯罪案件的书面报告"的主体行政隶属于作出是否移送决定的"本机关负责人"，因此，是否"自接到报告之日起 3 日内"作出移送决定事实上完全可以由"本机关负责人"自行决定。其二，该办法第五条关于案件移送条件的规定只能促进被移送案件本身的行政执法合法的问题，无法促使涉嫌犯罪案件转化为被移送案件。其三，该办法第十四条规定，"人民检察院发现环保部门不移送涉嫌环境犯罪案件的，可以派员查询、调阅有关案件材料，认为涉嫌环境犯罪应当移

---

1 迈克尔·福尔，冈特·海因.欧盟为保护生态动刑：欧盟各国环境刑事执法报告 [M].徐平，等译.北京：中央编译出版社，2009：2.

2 王利.强化环境污染犯罪理念破解污染治理困局——以江苏宣判首例"污染环境罪"环保刑事案件为例 [J].环境保护，2013（23）：45-47.

送的，应当提出建议移送的检察意见"。该表达使用的是"可以"而非"应当"，显示出检察机关对案件不移送的监督力度有限。同时，该办法并未具体规定环保部门应当移送而不移送的具体法律责任。

四、环境道德可责难性较低的认知偏差

"道德之恶是刑法之罪的前提、基础和必要条件。"[1]然而，人们普遍认为环境犯罪的道德可责难性较低。产生这一认知的首要原因在于环境污染和生态破坏具有一定程度的可容许性特征。与传统犯罪有显著不同的是，环境犯罪往往是伴随着人们正常生活、生产过程而产生的一种有害副产品，人们普遍认为对环境犯罪行为应该抱宽容的态度。"在普通民众的伦理观念中，许多危害环境的行为，尤其是与切身利益没有直观联系的行为，并不认为是违法犯罪行为"[2]，而是认为，我们应当"尊重人性中的利他欲望，而且更要容忍人性中的利己要求，以人性的伦理道德基础来开拓刑法的现代化进程，填充环境刑法的伦理精神"[3]。的确，环境和生态系统本身有一定的自净能力，人的正常生活及生产对环境所产生的影响如果能被环境自然消解则不会对社会产生多少危害，因而被排除在法的评价范围之外。而大量的生态损害行为虽然可能对环境产生一定的危害，但因为危害程度相对较轻而成为环境行政管理的对象。只有对或可能对环境或社会产生严重危害的行为才会被评价为环境犯罪。

学界认为环境犯罪伦理可责难性较低的另一个依据是：从传统法关于自然犯与法定犯的区分来看，环境犯罪是一种"典型的法定犯"，与自然犯（如杀人、放火）相比，其伦理可责难性较低。依古罗马法，犯罪类型分为自体恶和禁止恶，"自体恶是指某些不法行为本身即具恶

---

1 谢青松.刑法伦理学研究的意义、使命及其学科属性［J］.云南社会科学，2008（4）：100-105.
2 汪劲，田秦.绿色正义——环境的法律保护［M］.广州：广州出版社，2000：228.
3 陈德敏，杜辉.论环境犯罪的伦理特征及其刑法控制基础［J］.江西社会科学，2009（5）：166-172.

性，此等恶性与生俱来，不待法律之规定即已存在于行为之本质中"，而"有些不法行为在伦理道德上是无关紧要的，它之所以成为禁止的不法行为，纯系法律的规定"[1]。后来加洛法罗在此基础上将犯罪类型区分为法定犯和自然犯，"自然犯就是对怜悯和正直两种情感的侵害，而法定犯则是纯粹违反法律规定但并不违背基本道德的行为"[2]。不少学者认为，环境犯罪被规定为犯罪的原因在于犯罪行为对环境行政管理秩序的违反，并无多少伦理上的非难性。的确，如果环境刑法固守人类中心主义的环境伦理观，则环境犯罪的伦理可责难性的确较低。这种环境犯罪伦理可责难性较低的伦理认知增强了人们对环境犯罪的容忍度，在一定程度上也影响到环境刑法必定性的实现。

第四节　生态损害刑事司法救济制度之完善

一、入罪化模式下环境"刑法必定性"理念之强化

　　针对生态损害刑事司法救济功能不彰的现实，不少研究者提出应进一步严格环境刑事立法，如提出加大刑罚力度[3]、进一步扩大刑法的规制范围[4]、将过失危险犯规定为犯罪[5]等主张。必须承认，刑法作为生态法益保护的最后一道屏障，对预防与惩罚严重的生态损害行为负有不可推卸的责任。但刑法的设置应遵循相当性原则，无论是环境刑法规制范围的扩大或刑法力度的加强均应当十分谨慎，即应当将刑

1　陈兴良.本体刑法学［M］.北京：商务印书馆，2001：171.

2　加罗法洛.犯罪学［M］.耿伟，译.北京：中国大百科全书出版社，1996：29-50.

3　加大刑罚力度的理由是："立法上，污染环境罪的最高刑期为7年，刑罚力度普遍低于财产型犯罪"，而"污染环境罪侵害的是环境安全，会危及人类甚至所有生物的生存，其社会危害性显然比普通型财产犯罪大得多，这样的刑罚设计，严重违背了刑法罪刑相适应原则，也造成了同类罪名刑罚适用上的不协调"。参见吴华伟，李素娟.污染环境罪司法适用问题研究——以"两高"《关于办理环境污染刑事案件适用法律若干问题的解释》为视角［J］.河北法学，2014（6）：194-200.

4　有此论述的文章较为多见，代表性的有焦艳鹏.生态文明视野下生态法益的刑事法律保护［J］.法学评论，2013（3）：90-97.穆丽霞.论我国环境刑法的立法价值取向及其实现［J］.法学杂志，2015（1）：82-89.赵秉志，陈璐.当代中国环境犯罪刑法立法及其完善研究［J］.现代法学，2011（6）：90-98.

5　穆丽霞.论我国环境刑法的立法价值取向及其实现［J］.法学杂志，2015（1）：82-89.

法的处罚范围限制在"绝对必要的限度内",警惕刑法万能主义。笔者认为,在当前环境刑事立法修订力度加大的背景下,生态损害刑事司法在惩治环境污染犯罪中未能实现环境犯罪的必罚性问题应该成为学界和实践部门关注的重点。如果行政机关不敢移送、不愿移送的问题没有得到实质性的改观,在入罪化思维模式下,随着环境犯罪圈的扩大,行政执法部门的选择性案件移送和司法机关的选择性司法就成为必然,司法不公就会愈演愈烈。2013年以来污染环境罪的追责主体绝大部分为小企业主和农民就是选择性案件移送下司法不公的表现。刑法的起刑点降低,以前没有入罪的行为被规定为犯罪,行政部门迫于案件移送的压力必然会倾向于选择移送与自己环境监管失职关联性较小、对当地利税影响也较小的小企业主和农民等主体所涉案件,而不会主动移送规模以上企业所涉案件。长此以往,承载了法律人严厉打击环境犯罪厚望的环境刑法的入罪化立法,不仅无法实现保护环境、严惩严重的生态损害行为 [1],而且严重地损害司法的公平性。因此,在强调适度扩大环境刑法的犯罪圈的同时,应当强化环境刑法必罚性理念,强调环境刑罚的有效性。"对于犯罪最强有力的约束力量不是刑罚的严酷性,而是刑罚的必定性。"[2] 因此,一方面要严密环境刑事法网,另一方面应着力提高环境犯罪行为的刑事责任追究率,追求环境刑罚的一体适用。

二、生态法益保护刑事立法技术之优化

笔者赞成刑法谦抑主义的坚守,反对一味强调环境违法的入罪化、重刑化论调,却并非主张环境刑法的犯罪圈越窄越好,也绝不是主张停止犯罪化。"谦抑性的诉求绝不是停止犯罪化。因为停止犯罪化,

---

1　一般而言,大企业的严重环境污染行为对环境和生态系统所造成的损害也更大,"抓小放大"的环境犯罪司法因无法对大企业的严重环境污染行为进行有效规制,其效果自然大打折扣。
2　切萨雷·贝卡里亚.论犯罪与刑罚 [J].黄风,译.北京:北京大学出版社,2008:62.

就无法有效发挥刑法社会利益的保护机能，不但有取消整个刑法正当性的危险，而且也是一种集体不负责任的表现。那种要求停止犯罪化的主张一定程度上是刑法虚无主义的表征，殊不可取。"[1] 因此，笔者认为，在保持环境违法行为的入罪化、重罪化之谨慎与必要之克制的同时，尽可能地优化生态法益保护刑事立法技术，为业已规定的环境犯罪被一体适用提供科学的法律适用条件，实为当前我国环境刑事立法之要务，也将真正有益于当前日益严重的生态损害问题之缓解。具体而言，需要从以下三个方面来完善环境刑法之立法。

（一）逐步确立以生态法益保护为核心的环境刑法之法益保护观

生态法益作为一种新型法益，不同于传统的人身法益与财产法益，生态法益之损害直接反映的是人的行为对环境与生态系统本身所造成之损害。传统的环境刑法通过对环境犯罪行为的刑事归责，也可以起到保护生态法益之功效，但以财产法益、人身法益为保护中心的传统刑法是通过保护财产法益、人身法益而间接实现对生态法益之附随保护功能的，其作用十分有限，无法满足今天日益强烈的生态法益保护之要求。确立以生态法益保护为核心的环境刑法法益保护规则是承认环境、自然资源、生态系统所具有的生态价值，并将其生态价值的法律形态及生态法益上升为刑法的直接保护客体，将严重侵犯生态法益的行为纳入刑法的评价范围。改变主要以财产价值或人身损害的侵害程度来定罪量刑的传统做法，逐步确立以生态法益之损害程度为标准来判别与度量环境犯罪。需要说明的是，在人类中心主义法益观那里，传统环境刑罚以损害人身、财产法益的实害犯为规制对象，为学界所广为诟病；而生态中心主义法益观则认为，自然环境有独立于人类的固有价值，应当在排除人类关联的前提下，对环境与生态系统本身独立

1　孙国祥.犯罪化和刑罚趋重化——从刑法修正案（九）看刑法立法走向［J］.清风苑，2015（10）：58.

实施保护。然而，任何法益都必须能够还原为人的具体生活利益，"不仅是人的生命健康应当通过环境得到保护，使之免受危险的威胁，而且保护植物和动物的多样性，以及保护一个完整的自然，也都是属于一个符合人类尊严的生活内容的，因此是能够融入一个与人类需要相关的法益概念之中的"[1]。因此，笔者认同环境刑法所保护的生态利益是与人的利益相关的"有限生态利益"，"刑法保护环境不是为了环境本身的保护，而是为了免受人类的破坏，环境保护在终局上与人相关"[2]，换言之，现阶段我们需要的环境刑法的法益观是以生态法益为直接保护对象但深层利益仍为人之利益的生态法益观[3]。

（二）区分行政不法与刑事违法之界限，明确环境犯罪罪状描述中的"行政违法"尺度

环境刑法的行政从属性特征体现于语义模糊的空白罪状，空白罪状的采用有利于周延地实现对所有违反环境行政法律法规的严重行为实施刑法制裁之可能，但采用空白罪状所带来的问题是，因环境犯罪开放性的构成要件而导致行政不法与刑事违法边界模糊。无论是边界不清晰还是不同部门法衔接时行为界定标准的不统一，均增加了案件处理中，行政机关因立法本身的模糊而选择不移送司法机关的"选择性"与"灵活性"，从而影响到"刑罚的必定性"。针对环境刑法行政从属性所带来的弊端，有观点提出应"从根本上确立环境犯罪的独立性"，"改变环境犯罪行政从属性的地位，明确环境行政执法属于刑事司法的前置程序，而不是'必要前置程序'和'从属'程序，保障刑事司法的独立性"[4]。"排污行为只要对环境

---

1 克劳斯·罗克辛.德国刑法学总论（第1卷）[M].王世洲，译.北京：法律出版社，2005：18.
2 町野朔.环境刑法与环境伦理（上）[J].上智法学论集，1999（3）：95.
3 有学者将这种折中主义理念下的环境刑法表述为人类生态中心主义环境刑法，帅清华.环境伦理的嬗变与环境刑法的法益[J].西南政法大学学报，2015（2）：90-97.而有的学者却将这种法益观称为生态学的人类中心主义法益观，黄旭巍.污染环境罪法益保护早期化之展开——兼与刘艳红教授商榷[J].法学，2016（7）：144-151.在笔者看来这两种表述在实质上指向应该是同一的.
4 王树义，冯汝.我国环境刑事司法的困境及其对策[J].法学评论，2014（3）：122-129.

中生存的人及生物的核心生态法益造成了侵害，是否违反行政法规，并不应成为构成犯罪的必要前提与条件。"[1]笔者认为，环境刑法的从属性特征决定于环境行政法与环境刑法的内在关系，因而具有必然性，试图改变环境刑法的行政从属性，从而否定将行政违法作为环境犯罪之必要前置条件的观点不仅违背了环境行政法与环境刑法的内在规律性，而且会背离将刑法处罚限制在"绝对必要限度内"的刑法谦抑性。因此，唯有在尊重环境犯罪的行政从属性特征之前提下，明确界定行政不法与刑事违法之界限，清晰界定环境犯罪罪状描述中的"行政违法"尺度，消除环境行政法与刑法衔接中的冲突，实现不同法律规范之间对同一或类似问题规范标准的一致性，方为解决问题的可行之道。

（三）推进环境刑罚种类的多样化，推动刑法体系结构的科学化

首先，针对我国现行环境刑罚种类较为单一，难以真正体现对生态损害之有效救济的现状，应该从环境犯罪损害对象的独特性出发，推进环境刑罚种类的多样化，的强化罚金刑和没收财产的适用。环境犯罪行为主体的犯罪动机往往是经济利益，所以数额较大的罚金刑和没收财产的处罚具有阻却犯罪的威慑力，我国环境刑法应当强化罚金刑的适用，明确罚金刑的适用数额，增强其适用的可操作性和实效。设置资格刑，因为，"在环境犯罪中，无论是破坏资源的行为，还是污染环境的行为，无一不是主体追求利润最大化所使然。而在主体追求利润最大化的过程中，利润的取得无不与其自身所处的位置以及所拥有的资格或权利密切相关"[2]。另外，探索既能惩罚犯罪又能实现生态修复的新的环境刑罚种类。可以借鉴国外的一些成功经验，如《巴西环境犯罪法》规定了对犯罪者实行"权利限制"，具体包括：社区

---

1 焦艳鹏. 刑法生态法益论 [M]. 北京：中国政法大学出版社，2012：234.
2 Sanford H . Kadish and Monrad G . Paulsen. Criminal Law and Its processes [M]. Boston：Little Brown，1969：80.

服务、暂时中止权利、部分或全部中止活动、支付现金，家庭拘禁。上述非监禁的"权利限制"还可以单独适用，其条件是"犯罪没有恶意或者适用的监禁期限最长为 4 年或被定罪者的罪责、背景、社会行为和个性以及犯罪的动机和情节表明，用监禁的替代方式足以实现谴责和预防犯罪的目的"[1]。近年来，地方环境刑事司法实践中出现的恢复性司法刑事处罚方式就是很有价值的探索[2]，值得很好地总结并适时将这些实践成果上升为法定的环境刑罚种类。其次，环境刑罚法定刑设置上的科学化。应本着宽严相济的基本刑事政策，在适当扩大犯罪圈的同时对某些犯罪法定刑的设置进行调整，对社会危害性相对较轻的某些犯罪作轻刑化处理，着力构建"严而不厉"的环境刑事法网，推动刑法体系结构的科学化。如关于《刑法》第三百四十一条，充分考虑非法猎捕珍贵、濒危野生动物和非法杀害珍贵、濒危野生动物两种行为对法益侵害的不同程度和行为本身不同的社会危害性，分别规定不同的处罚幅度；对于收购、运输、出售珍贵、濒危野生动物的行为，需要对长期以此为生的行为人和其他行为人作出区分，对于后者法定刑的处罚幅度应该降低。

三、环境行政执法与刑事司法对接机制之健全

如上所述，2017 年出台的《环境保护行政执法与刑事司法衔接工作办法》，针对实践中环境行政处罚与环境刑罚的对接机制不健全，不同部门之间配合乏力，导致有案不移、有案难移、以罚代刑的现象，从明确案件移送标准、细化检察机关的法律监督、健全部门衔接的协

1　巴西环境犯罪法［M］.郭怡，译.北京：中国环境科学出版社，2009：2-3.转引自焦艳鹏：《生态文明视野下生态法益的刑事法律保护》，载《法学评论》2013 年第 3 期。

2　2016 年 4 月 7 日，男子魏某在巢湖禁渔期内，在肥东县长临河镇毛巾厂巢湖水域，使用电瓶等国家禁止的电鱼工具进行捕鱼，共捕得鲤鱼、鲫鱼、虾等水产品合计 1.6 公斤，被当场查获。2016 年 12 月，魏某在包河法院受审，魏某当庭被判罚金 5000 元，同时向渔政部门缴纳了 6000 元生态补偿款，购买鱼苗投放巢湖。2017 年 3 月 27 日，这笔 6000 元的生态补偿款购买的 500 公斤鱼苗被放入巢湖。据悉这是安徽省首例由法院将生态修复款写进判决书，由渔政部门来执行的案件。参见：男子偷捕 3 斤鱼被判买半吨鱼苗投放［N］.南方都市报，2017-03-29（3）.这些恢复性司法的刑事处罚方式值得研究和总结。

作机制等方面作出了指向性较强的规定，在一定程度上有利于化解行政执法与刑事司法衔接不畅的问题。然而，环境行政处罚与环境刑罚的对接机制能否发挥实效还有待实践的检验。从畅通衔接机制、破解"以罚代刑"现象出发，仍需要从以下几方面来进一步健全环境行政执法与刑事司法的对接机制。其一，进一步明确涉嫌案件应当移送的标准。实践中涉嫌环境犯罪案件移送标准不明表现在两个方面，一方面行政机关收集的证据客观上难以满足刑事司法的需要，移送案件的证据标准究竟要达到何种程度的规定不明，导致从行政证据到刑事证据的认定和转换不畅，实践中出现公安机关对行政机关移送的案件反复退卷，行政机关移送案件的积极性受挫的现象；另一方面是存在涉嫌环境犯罪的案件却因是否该移送的标准不明而出现有案不移的问题。该办法第五条关于案件移送条件的规定只是针对实践中涉嫌环境犯罪案件移送标准不明的第一种表现情形作出了规定，却未能涉及该移送案件的条件界定问题，自然无法促使该移送案件更多地转化为被移送案件，从而启动司法程序对涉嫌犯罪案件进行司法评价。其二，进一步落实环境行政执法与司法衔接的长效机制。实践中有的联席会议议题仅仅是各机关工作的简要汇报，往往流于形式；各地建立的信息共享平台在运行中也暴露出信息录入不及时、选择性录入等问题。因此，如何将联席会议机制、双向案件咨询机制、联合调查机制、重大案件联合挂牌督办机制和信息共享机制落到实处，真正发挥实质性作用，是值得深思的问题。其三，明确环境行政部门有案不移的法律责任，包括具体的行政责任和其他责任，建立具体的问责程序，并进一步强化检察机关对环境行政部门案件移送的监督力度。"2015 年 3 月到 2016 年 12 月，最高检在全国范围部署开展了破坏环境资源犯罪专项立案监督活动，取得明显成效。全国各级检察机关共建议行政执法机关移送破坏环境资源类案件 3868 件 4982 人，监督公安机关立案侦查涉嫌犯罪案件 4017 件 4853 人，同时发现并移送职务犯罪案件线索 171 件 246 人，立案 158 件 271 人。在此期间，最高检单独挂牌督办或与公安部、环境保护部（现已更名为生态环境部，以下简称"环保部"）联合挂牌督办了环境资源领域 9 批 62 件案件，有力震慑了犯罪。""最高检决定于 2017 年 1 月至 2018 年 12 月继续开展破坏环境资源犯罪专项立案监督活动，持续发力，回应百姓关切。"[1] 很显然，最高检的环境犯罪专项立案监督取得了明显效果，但检察机关对行政部门案件移送及立案的法律监督更多地应该依靠长效的法律监督机制，而不是"运动式"的专项监督。其四，建立环境行政公益诉讼制度，完善对环境行政机关依法履行监管职权的监督。实践中以罚代刑现象的一个深层次的原因在于环境行政执法本身"不过硬"而导致其缺乏案件移送的动力，仅仅从衔接机制和公权力部门的监督制度入手，仍然难以解决这一问题。只有建立放开公众与环保团体均可以提起的环境行政公益诉讼，与公权力部门的法律监督形成合力，敦促环境行政执法部门依法履行监管职责，从根本上使环境行政执法部门甩掉"拔出萝卜带出泥"的顾虑，才真正有望解决案件移送难的问题。

四、环境犯罪伦理可责难性较低认知之转变

环境污染和生态破坏一定程度的可容许性并不意味着环境犯罪的伦理可责难性较低。生态损害的可容许性一方面是被自然环境的自净能力和资源的可再生能力"容忍"了，另一方面，因一般的环境违法行为会被评价为行政不法而非环境犯罪而被环境刑法再次"容忍"。但某一行为一旦上升为环境犯罪则就应当受到伦理责难。从行政不法到环境犯罪，绝不仅仅是违法的量的变化，而是因违法程度对违法量边界的突破而产生的违法的质的改变。如果说环境行政不法还具有某种程度上的道德可责难性较低的"容忍"，那么，具有严重社会危害

1 徐日丹.最高检部署开展新一轮破坏环境资源犯罪专项立案监督活动［EB/OL］.（2017-03-30）［2023-02-14］. https://www.spp.gov.cn/zdgz/201703/t20170330_186804.shtml.

性的环境犯罪行为则突破了"容忍"的节点而具备了强烈的道德可责难性。

其实，环境犯罪作为法定犯也仍然具有强烈的道德可责难性。原因在于：其一，无论是自然犯还是法定犯，均具有道德可责难性。"犯罪不但是违反刑法的行为，而且首先是不道德的行为，按照贬恶扬善的道德准则，犯罪必须遭到严厉的道德谴责。"即无论是自体恶还是禁止恶，都终归是一种恶，必定涉及伦理评价。环境犯罪为犯罪的一种，也应当遭到严厉的道德谴责。其二，环境犯罪不仅仅是对环境行政管理秩序的一种违反，它同时也违背了伦理道德规范。环境犯罪不仅可能造成特定主体人身、财产等方面的损害而违反传统社会伦理，而且还会对归属于不特定多数人的生态利益构成严重损害。环境犯罪的严重损害后果甚至在某种程度上超过了某些传统的自然犯，因而对环境犯罪进行道德非难成为必然。其三，自然犯和法定犯的区分不是绝对的。社会伦理要求和基本道德规范的内容是变化发展的，以前不属于违反基本伦理道德的行为现在却可能被纳入社会基本伦理规范的评价范围。随着环境问题的日益严峻和人们环境意识的提高，环境犯罪行为的反伦理性逐渐增强，环境犯罪有从法定犯向自然犯转化的倾向。因此，环境犯罪是一种"道德之恶"，应当受到严厉的道德责难而非人们普遍认为的其伦理道德的可责难性较低。增强人们对环境犯罪具有明显道德可责难性的认知，可以增加人们对环境刑法的认同，从而为环境刑罚必定性的实现提供伦理支持。

第八章　结语：生态损害法律救济多元路径之协调

生态损害是对环境与生态系统本身之损害，有时会与传统环境侵权相伴随，有时会因生态损害行为而单独产生。单一侵害型生态损害（即"纯生态损害"）行为仅仅造成了环境与生态系统本身之损害，而没有造成特定主体的人身利益、财产利益等传统的私益损害，其侵害对象往往是那些所有权不明或不归属于任何主体的生态要素，故不适用侵权责任法，无法通过传统环境侵权诉讼对此类生态损害进行救济，因而需要进行特殊的制度设计来救济这一新型的损害。但在大多数情况下，生态损害行为既造成了环境与生态系统本身之损害，又造成了侵权责任法上的私主体之人身、财产等传统私益损害，还可能造成不同于生态利益的国家利益之损害。在造成生态损害后果的原因行为中，既存在企业、个人等私主体的生态损害行为，又存在公权力主体的违法行为。此种复合型生态损害因不同原因行为和多种损害后果交织、不同性质与不同归属主体的利益损害重叠、不同利益诉求交叉而呈现出错综复杂的关系，"康菲溢油案"是为适例。

面对日益严重和日趋复杂的生态损害，单一的救济方式已经无法实现对其进行充分救济，私益的诉讼救济与公益的行政保护之二元机制被打破。在生态损害行政矫正之外，生态损害国家索赔机制以及环境侵权诉讼救济、环境公益诉讼救济、环境刑事司法救济等司法救济均为生态损害救济的路径。不同的救济制度在生态利益的维护与增进中发挥着各自的独特功能，同时每项制度本身也具有其功能限度。而且，生态损害的不同救济制度之间并非孤立的，而是存在着内在联系。因此，面对日益严峻的生态损害形势，必须从仅仅依靠行政矫正机制的单一救济模式向生态损害多元化救济模式转变。那么，在明确了不同救济制度各自的制度优势、功能定位及其功能限度之后，应该如何理顺各种不同救济途径之间的关系？应当如何去实现生态损害多元化救济制度之间的有效对接与功能互补？面对具体的生态损害纠纷，应当如何选择合适的法律救济方式以实现对生态损害的全面、充分的救济？

首先，遵循"行政权优先"原则，优先适用生态损害的行政矫正手段，即尽可能地通过环境行政监管部门的行政监管预防、制止、惩罚生态损害行为。尽管多种救济途径均可能实现对生态损害的救济，但行政矫正仍然是生态损害法律救济的基本途径。有学者认为，"我国以环境民事公益诉讼和生态环境损害赔偿诉讼为核心发展出了一套司法主导的生态损害救济体系"。其实这是一种误解。当运用生态损害行政矫正手段即可实现对生态损害之完全救济时，则无须适用其他救济方式之必要。如针对有生态损害之虞的违法行为，行政矫正方式可以达致预防、制止该行为之目的，则可能发生生态损害之危险已经消除，又无实际的损害后果产生，自然无须适用其他救济方式。从此种意义上说，生态损害法律救济以生态损害行政矫正方式为主，以其他救济方式为补充，只有当生态损害行政矫正不足或不能实现有效救济时方适用其他救济方式。随着《环境保护法》和一系列环保单行法的修订，环境执法被赋予了更严厉、执行力度更大的行政监管职权，环境行政部门成为"长了牙齿的老虎"后，可以期待行政矫正将在生态损害救济中发挥更大的作用。需要注意的是，不同的救济方式依责任追究的性质可以分为行政责任、民事责任与刑事责任，不同性质的责任其适用的条件不同，如果同一生态损害行为同时构成三种不同性质的责任，则应当同时适用，而不能相互替代。令人十分遗憾的是，在"康菲溢油案"中，就仅仅追究了肇事者的行政责任和民事责任，而未能依法追究其刑事责任。

其次，协调生态损害国家索赔机制与其他生态损害司法救济方式之间的关系。《海洋环境保护法》第九十条第二款规定：对破坏海洋生态、海洋水产资源、海洋保护区，给国家造成重大损失的，由依照本法规定行使海洋环境监督管理权的部门代表国家对责任者提出损害赔偿要求。2014 年《海洋生态损害国家损失索赔办法》也明确规定导致海洋环境污染或生态破坏造成国家重大损失的，海洋行政主管部门可以向责任者提出索赔要求，并应及时与责任者签订赔偿协议。这一做法在 2015 年出台的《生态环境损害赔偿制度改革试点方案》和2017 年出台的《生态环境损害赔偿制度改革方案》中被再次确认为以行政主体为赔偿权利人的磋商制度。"康菲溢油案"中的海洋生态损害索赔，是由海洋行政管理部门代表国家通过行政协商而非诉讼程序达成的。那么，行政主体代表国家对生态损害责任主体进行索赔的理论基础是什么？行政主体代表国家进行的行政磋商到底为行政行为还是民事行为？行政主体在行政磋商中的身份又是什么？行政主体的索赔是否能阻却其他主体提起的生态损害公益诉讼？

①行政主体代表国家对生态损害责任主体进行索赔的理论基础。虽然《民法典》第一千二百三十四条、第一千二百三十五条确立了"国家规定的机关或法律规定的组织"对造成生态损害的侵权人享有请求其承担民事责任的权利，但却未能明确该请求权行使的来源。学界关于生态损害国家索赔的请求权基础，存在着自然资源国家所有权说[1]、国家环境保护监督权说[2]之争。笔者认为，这些理论作为生态损

---

1 如主张"政府的索赔权来源于自然资源国家所有权，而自然资源国家所有权具备的私权属性决定了生态环境损害赔偿诉讼属于特殊的私益诉讼"。王树义，李华琪.论我国生态环境损害赔偿诉讼[J].学习与实践，2018（11）：68-75.

2 如提出生态损害国家索赔制度的"目的是建立'公法性质、私法操作'的公益保护请求权，来源是国家的环境保护义务"。张宝.生态环境损害政府索赔制度的性质与定位[J].现代法学，2020（2）：78-93.

害国家索赔的请求权基础，均存在着难以克服的障碍。

虽然生态损害国家索赔以自然资源国家所有权作为基础的观点曾一度得到学界和实务部门的广泛认可。然而，随着学界对生态损害赔偿研究的深入，该学说的缺陷日益明显。"一是适用范围过窄，索赔情形限定为可物权化的特定国有资源的受损。"如依《海洋环境保护法》的规定，我国海洋生态损害国家索赔的适用范围应当为国家管辖的全部海域，甚至依国际条约可能适用于国家管辖外的海环境污染行为。然而，依《海域使用管理法》第二条的规定，"海域"仅指我国内水、领海的水面、水体、海床和底土。对于我国领海之外的管辖海域，如毗连区、专属经济区等，我国并未享有"国家所有权"。因此，以自然资源国家所有权为请求权基础无法涵盖所有的海洋生态损害索赔。二是生态损害国家索赔若以自然资源国家所有权为请求权基础，则意味着代表国家拥有索赔权的环境监督管理权的部门，既可以行使该项权利，也可以放弃，因为所有权人对环境污染与生态破坏导致的生态损害之索赔权有处分的自由。如此则可能使该制度创设的公益保护目标落空。

意识到以自然资源国家所有权作为生态损害国家索赔请求权基础的"底气不足"，有学者提出，"政府作为索赔主体，其请求权基础或正当性来源与其说是行使自然资源所有权，不如说是其环境监管职责"。有学者进而认为"应以国家环境义务论为出发点构建生态环境损害赔偿制度"。即主张国家进行生态损害索赔，是政府履行环境保护监督管理职权的延伸，是"在传统执法手段之外，以诉的形式行使海洋监管职权的一种方式"。这一观点同样面临着无法回避的诘难。一是与《宪法》环保目标条款相对应的是环境监督管理部门的环境监督管理权而非生态损害国家索赔权。从国家或政府的环境保护义务只能推导出环境监督管理职责，而并不必然推导出政府对生态损害的填补救济也应当承担第一责任。这一结论如果成立则必须有一个前提，那就是公益救济的唯一机制是公法保护机制。[1] 很显然，这一前提与当前的客观事实不符。二是若生态损害索赔为行政部门的一项职责，则当生态损害发生，环境监督管理部门不启动索赔程序时，能否以该行政主体为被告提起环境行政公益诉讼呢？如果可以，则一个生态损害赔偿案件变为两个诉讼，即在以未及时索赔的行政主体为被告的环境行政公益诉讼之外，还需要提起一起环境民事公益诉讼方可实现对该生态损害的救济，这显然不符合诉讼救济的原则；如果不可以，那么如何监督行政主体行使作为另一项法定职责的索赔权呢？三是当责令停产、开工复产等行政决定权与生态损害的赔偿磋商决定权、诉讼权以及之后的生态修复执行权均集中于同一行政主体时，我们拿什么来保障公共利益在多大程度上被保护而不被牺牲呢？会不会人为增加权力寻租的空间？

回答行政主体代表国家对生态损害责任主体进行索赔的理论基础这一问题需要明确以下三点：其一，生态损害不等于国家利益之损害。在"康菲溢油案"这种公、私益交织的复杂案件中，生态损害行为同时造成了三种不同性质的利益损害：私益损害（渔民养殖的水产品被污染之损害、渔民的海洋使用权被侵害等）、生态利益损害（海域被污染等损害）、国家利益损害（归国家所有的海域所有权受损、天然渔业资源受损等）。其中，生态损害不等于国家利益之损害。对于这一点，学界存在着争议，但主流的观点认为，依我国宪法和民法的有关规定，海域、天然渔业资源这样的自然资源归国家所有，而在我国这样的社会主义国家，"全民所有"的国家利益事实上在法律层面上就可以还原为不特定多数人的利益。而生态利益的基本属性就是不特定的多数人利益，因此，生态利益等同于国家利益。但笔者认为，生

---

[1] 巩固教授将环境民事公益诉讼定位为"代位执法诉讼"的同时，将生态损害国家索赔诉讼也界定为"公权说"视野下的"公产诉讼"，"是现代政府以灵活方式履行环保义务、行使环境监管权力、扩展环境监管职责的表现"。实际上就是以公法保护机制为公益救济的唯一机制为理念预设的。巩固. 生态环境损害赔偿诉讼与环境民事公益诉讼关系探究——兼析《民法典》生态赔偿条款［J］. 法学论坛，2022（1）：129-139.

态利益不等于国家利益。一方面，自然资源可以成为国家所有权的客体，但自然资源所具有的生态价值却无法成为国家所有权的客体。如法律可以规定森林等自然资源归国家所有，但无法规定森林资源所具有的生态价值归国家所有，因为事实上一定区域内甚至整个地球上的所有居民都共同享受着森林资源的生态功能。自然资源能够成为国家财产的一个重要特征是自然资源可以被划归具体的个体排他性使用，而承载于自然资源之上的生态利益则不能。另一方面，与缺乏具体利益归属主体的生态利益不同，"全民所有"的国家利益即使在法律层面可以被还原为不特定的多数人利益，但这一利益已经有明确的代表者，且已纳入传统民法的保护范围。无论国家作为所有权的主体多么的特殊，但不可否认所有权包括国家所有权都属于私权，因所有权受损而提起的诉讼仍然属于私益诉讼的范围。巩固教授提出，"把生态环境整体视为一种'国家所有，即全民所有'的特殊资源，把资源国家所有权视为国家基于全民利益对自然资源进行保护和管理的公益性支配权力，则国家所有权与相关诉讼的公益性之间的张力即告消散。"然而，生态环境整体或生态系统怎么就能成为一种自然资源？生态损害能否等量代换为自然资源损害？生态环境整体如何能归国家所有？从行文来看这些论断的成立还不无疑问。自然资源国家所有权公权说也难以被学界认可。[1] 其二，因环境污染、生态破坏造成国家重大损失时，行政主体进行损害索赔的索赔权基础应当细分。一方面，行政主体可以作为国家所有权主体的代表提出损害赔偿，此时其损害赔偿的理论基础是国家所有权代表主体，其提起的诉讼属于私益诉讼，即使在结果上达致了生态损害救济的效果，亦属于传统环境侵权诉讼救济兼顾生态损害救济之情形。以自然资源国家所有权作为生态损害索

---

1 自然资源国家所有权公权说的具体论述参见巩固《自然资源国家所有权公权说》（载《法学研究》2013年第4期）、《自然资源国家所有权"非公权说"检视》（载《中国法律评论》2017年第4期）和《自然资源国家所有权公权说再论》（载《法学研究》2015年第2期）等论文。该观点提出之后即遭到了不少学者（包括民法学者）的反对。2022年曹明德教授对该观点进行了较全面的反驳［曹明德.《民法典》生态环境损害赔偿条款法理辨析［J］.法律科学（西北政法大学学报），2022（1）：58-72.］

赔的请求权基础，其实质是利用了同一环境要素同时承载了资源价值与生态价值这一事实。当生态损害行为在侵犯自然资源国家所有权的同时，也构成了生态损害，因此，在对归国家所有的自然资源损害进行救济的同时可能一并对承载于同一客体之上的生态损害进行救济，即通过对"有主"（归国家所有）的自然资源之保护的确可能兼顾对"无主"的生态环境之救济。换言之，目前进行的生态损害国家索赔制度抛开环境要素的载体，直接追究损害者的填补责任是没有法理依据的。[1] 另一方面，行政主体还是环境公益的代表主体，可以基于公共利益代表人的身份对生态损害责任主体提起损害赔偿。此时行政主体是直接以生态损害救济为诉求，也不是通过代表国家而代表公共利益，而是直接作为环境公益的代表而主张的。其三，在实践中，行政主体的这两重角色往往出现混同从而导致理论界定的模糊。在"塔斯曼海"轮船舶油污损害赔偿案中，区分了天津市海洋局提出的海洋生态损失和天津市渔政管理处提出的渔业资源损失，这是一种进步。前者提起生态损失赔偿的身份应是环境公益的代表主体，后者则是以归国家所有的天然渔业资源代表主体而出现，但我们一般笼统地将这两个主体都称为国家利益的代表主体。更重要的是，天然渔业资源同时承载着资源利益与生态利益，而就天津市渔政管理处的诉讼请求而言，显然其诉讼请求指向的仅仅是资源利益，生态利益损害被忽视，因而应归为私法救济的范围。若渔业管理处的诉讼请求也包括了生态损害在内，则可以合并审理一并实现对作为私益的资源利益和作为公益的生态利益之救济，但这两部分诉讼请求的请求权基础是不同的，学理上应当作出区分。

②生态损害国家索赔中行政磋商的性质。《生态环境损害赔偿制度改革方案》中确认了以行政主体为赔偿权利人的磋商制度，将其作为行政主体代表国家对生态损害责任主体进行索赔的方式之一。但对

---

[1]　自从生态损害赔偿制度改革试点开始一直到现在，学界都在努力为这项制度寻找合理性和理论基础，但到目前为止，这一努力并没有取得令人信服的成果。

生态损害国家索赔中行政磋商的性质，学界存在着争议，有的研究者认为该行为为行政行为，也有的认为是民事行为。笔者认为，应当将行政磋商界定为行政主体以自然资源国家所有权人的身份与责任主体进行协商的一种民事行为，与所有的环境侵权救济一样，行政磋商达成的协议以及协议的履行在救济财产权损害的同时也可能实现对承载于同一资源客体之上的生态损害救济。将行政磋商定位于一种行政行为，赋予行政机关主动与责任主体磋商之职权，的确可以解决政府代表环境公益进行磋商的权力来源问题，但却会有更多的问题接踵而至。其一，磋商是对损害赔偿的实质性处理权，如果将环境公益损害赔偿的磋商作为行政职权赋予行政主体（尤其是环保行政部门），会导致行政主体在生态损害救济中的权力过于集中而容易导致其恣意而为。在"康菲溢油案"中，对康菲公司进行日常监管的主体为行政机关，事故发生后作出停产处罚决定的权力主体也是行政机关，与责任方进行协商达成赔偿协议的实质性决定主体还是同一行政机关，而协议达成后的执行监督及事后作出同意责任方复产决定的主体仍然是该行政机关。在对行政行为缺乏强有力的监督机制的情况下，如何保证集行政处罚权和损害赔偿磋商权于一身的行政主体在生态损害救济中不出现不同性质的责任追究方式中的不当置换呢？如为了换取磋商协议的达成而对责任方不当降低行政处罚力度。其二，从社会参与环境治理的角度来看，若将生态损害赔偿的求偿权以法定职权的方式赋予行政主体，并将行政主体的生态损害行政磋商程序置于优先于其他主体的生态损害赔偿请求的第一顺位，则社会公众参与环境治理的狭小空间进一步被压缩，公民、环境团体以提起公益诉讼来参与环境治理的积极性会受到影响。其三，富有柔性色彩的生态损害行政磋商制度在美国、欧盟的确取得了良好的实施效果。这些域外国家在适用该制度时有两个显著特点：独立的司法审查给予了行政权的行使以极大的制衡；在行政协调程序的启动之初和协调的整个过程中保障了包括社会组织在内的其他主体广泛的参与权。而这两点是在我国目前的制度框架下还不具备的。因此，笔者认为，不应赋予行政主体代表环境公益与责任主体的行政磋商权力，行政磋商应为行政主体以自然资源国家所有权人的身份与责任主体进行协商的一种民事行为。一方面可以在一定程度上避免行政主体在生态损害救济中的权力过大；另一方面也可以避免行政主体在生态损害救济中出现动辄得咎的尴尬，因为如果将这种磋商定位为行政职权，那么，行政主体未主动与责任主体进行磋商则需要承担法律责任，任何行政职权既是权力又是法定义务。

　　③生态损害国家索赔机制与其他生态损害司法救济方式之协同。在明确行政主体代表国家对生态损害责任主体进行索赔的理论基础及生态损害国家索赔中行政磋商性质的基础上，生态损害国家索赔机制与其他生态损害司法救济方式之间的关系逐渐清晰起来。其一，行政主体可以以自然资源所有权代表主体的身份，代表国家向责任主体主张权利。此时行政主体既可以采用诉讼的方式，也可以采用行政磋商的方式。如在"康菲溢油案"中，国家海洋局代表国家对康菲公司提出停止侵害、消除影响、受损海域的修复、赔偿损失等请求，其中前三种请求均可以在救济受损的海域所有权的同时兼顾生态损害之救济。然而，这种通过环境侵权损害救济实现生态损害救济的权利行使主体并非仅有作为行政主体的国家海洋局。康菲公司的生态损害行为不仅构成了对海域所有权的损害，同时也构成了对渔民的海域使用权的损害。"康菲溢油案"中的养殖经营者就有权以海域使用权受损提出要求康菲停止侵权、消除危险并赔偿损失的请求。这两类主体均是以自己的利益受损为由主张权利，二者并不冲突，因此可以同时提起，只是在具体的请求类型重合的情况下，认可先受理权利主体的请求即可。其二，如果一定要赋予行政主体提起环境公益诉讼的起诉权的话，行政主体可以以环境公益代表主

体的身份对责任主体提起诉讼。宜将这种情形的适用限制在国家利益与生态利益同时受损的情况下，这样行政主体一并提起诉讼可以在同时实现国家利益与生态利益救济时减少诉累。除此情形，应该将生态损害的救济权赋予其他的主体。

最后，实现生态损害行政矫正与生态损害司法救济之间的协同。生态损害行政矫正与生态损害司法救济之间存在着密切的联系。一方面，生态损害司法救济可以弥补行政矫正功能之不足，可以监督包括环保行政部门在内的行政主体之行政行为，从而有助于生态损害行政矫正之功能发挥；另一方面，无论是生态损害民事公益诉讼中有关民事责任的落实，还是生态损害刑事责任追究中环境犯罪案件的移送，其关键点均取决于环境行政部门的行政权之运行状况。生态损害行政矫正直接影响着生态损害司法救济的实效。鉴于环保部门在权力体系中的弱势地位，应当进一步强化环境行政职权，充分发挥行政矫正在生态损害救济中的预防、制止与惩罚功能。同时尽快完善生态损害行政公益诉讼制度，将包括环保部门在内的可能导致生态损害的行政主体纳入监督的范围；并确立司法救济在生态损害填补救济中的优先顺位，以发挥生态损害司法救济的制度优势与独特功能，并有效弥补生态损害行政矫正之功能限度，为实现生态损害多元化救济制度之间的有效对接与功能互补奠定基础。

主要参考文献

（一）著作类

［1］罗斯科·庞德.通过法律的社会控制［M］.沈宗灵，译.北京：商务印书馆，2010.

［2］蔡守秋.调整论：对主流法理学的反思与补充［M］.北京：高等教育出版社，2003.

［3］梁剑琴.环境正义的法律表达［M］.北京：科学出版社，2011.

［4］E.博登海默.法理学：法律哲学与法律方法［M］.邓正来，译.北京：中国政法大学出版社，2004.

［5］史尚宽.债法总论［M］.葛支松，校勘.北京：中国政法大学出版社，2000.

［6］王明远.环境侵权救济法律制度［M］.北京：中国法制出版社，2001.

［7］竺效.生态损害的社会化填补法理研究［M］.北京：中国政法大学出版社，2007.

［8］沃克.牛津法律大辞典［M］.李双元，等译.北京：法律出版社，2003.

［9］陈志龙.法益与刑事立法［M］.台北：台湾大学丛书编辑委员会，1992.

［10］大冢仁.刑法概说（总论）［M］.东京：有斐阁，1992.

［11］张明楷.法益初论［M］.北京：中国政法大学出版社，2003.

［12］伊东研祐.法益概念史研究［M］.成文堂，1984.

［13］程燎原，王人博.赢得神圣——权利及其救济通论［M］.济南：山东人民出版社，1998.

［14］吕忠梅，高利红，余耀军.环境资源法学［M］.北京：中国法制出版社，2001.

［15］梁上上.利益衡量论［M］.北京：法律出版社，2013.

［16］张文显.法理学［M］.北京：高等教育出版社，1999.

［17］竺效.生态损害综合预防和救济法律机制研究［M］.北京：法律出版社，2016.

［18］亚历山大·基斯.国际环境法［M］.张若思，编译.北京：法律出版社，2000.

［19］南博方.行政法（第六版）［M］.杨建顺，译.北京：中国人民大学出版社，2009.

［20］薛克祥.经济法的定义——社会公共利益论［M］.北京：中国法制出版社，2003.

［21］戴维·沃克.牛津法律大辞典［M］.北京社会与科技发展研究所，译.北京：光明日报出版社，1988.

［22］韩德培.人权的理论与实践［M］.武汉：武汉大学出版社，1995.

［23］张树义.行政法学新论［M］.北京：时事出版社，1991.

［24］叶必丰.行政法学［M］.武汉：武汉大学出版社，1996.

［25］夏征农.辞海1999年版（缩印本）［M］.上海：上海辞书出版社，2000.

［26］韩志红，阮大强.新型诉讼——经济公益诉讼的理论与实践［M］.北京：法律出版社，1999.

［27］曾世雄.损害赔偿法原理［M］.北京：中国政法大学出版社，2001.

［28］王灿发.环境法学教程［M］.北京：中国政法大学出版社，1997.

［29］曼瑟尔·奥尔森.集体行动的逻辑［M］.陈郁，郭宇峰，李崇新，译.上海：上海人民出版社，1995.

［30］高铭暄．中华人民共和国刑法的孕育诞生和发展完善［M］．北京：北京大学出版社，2012.

［31］郑昆山．环境刑法之基础理论［M］．台北：五南图书出版公司，1998.

［32］迈克尔·福尔，冈特·海因．欧盟为保护生态动刑：欧盟各国环境刑事执法报告［M］．徐平，张浩，何茂桥，译．北京：中央编译出版社，2009.

［33］汪劲，田秦．绿色正义——环境的法律保护［M］．广州：广州出版社，2000.

［34］陈兴良．本体刑法学［M］．北京：商务印书馆，2001.

［35］加罗法洛．犯罪学［M］．耿伟，王新，译．北京：中国大百科全书出版社，1996.

［36］克劳斯·罗克辛．德国刑法学总论（第1卷）［M］．王世洲，译．北京：法律出版社，2005.

［37］焦艳鹏．刑法生态法益论［M］．北京：中国政法大学出版社，2012.

（二）论文类

［1］吕忠梅．环境司法理性不能止于"天价"赔偿：泰州环境公益诉讼案评析［J］．中国法学，2016（3）：244-264.

［2］李挚萍．我国生态损害救济立法亟需完善［J］．环境，2012（6）：18-20.

［3］白佳玉．船舶溢油海洋环境损害赔偿法律问题研究——以"塔斯曼海"轮溢油事故为视角［J］．中国海洋大学学报（社会科学版），2011（6）：12-17.

［4］文琦．渤海溢油污染事故生态损害赔偿的法律救济问题研究［D］．青岛：中国海洋大学，2013.

［5］巩固．私权还是公益？环境法学核心范畴探析［J］．浙江工商大学学报，2009（6）：22-27.

［6］徐祥民，朱雯．环境利益的本质特征［J］．法学论坛，2014（6）：

45-52.

［7］韩卫平，黄锡生.论"环境"的法律内涵为环境利益［J］.重庆理工大学学报（社会科学），2012（12）：43-46.

［8］史玉成.环境利益、环境权利与环境权力的分层建构——基于法益分析方法的思考［J］.法商研究，2013（5）：47-57.

［9］卢建军.论海洋环境污染的生态损害赔偿制度［D］.长沙：湖南师范大学，2012.

［10］竺效.论我国"生态损害"的立法定义模式［J］.浙江学刊，2007（3）：166-171.

［11］梅宏.生态损害预防的法理［D］.青岛：中国海洋大学，2007.

［12］王金南，刘倩，齐霁，等.加快建立生态环境损害赔偿制度体系［J］.环境保护，2016（2）：26-29.

［13］侯甬坚."生态环境"用语产生的特殊时代背景［J］.中国历史地理论丛，2007（1）：116-123.

［14］胡中华.论环境损害为环境法学的逻辑起点［J］.中国地质大学学报（社会科学版），2012（1）：40-45，138.

［15］杨群芳.论生态损害的救济及其特征［J］.学术交流，2011（12）：57-60.

［16］于宏.英美法上"救济"概念解析［J］.法制与社会发展，2013，（3）：141-149.

［17］刘芝祥.法益概念辨识［J］.政法论坛，2008，26（4）：95-105.

［18］徐昕.为什么私力救济［J］.中国法学，2003（6）：66-77.

［19］吕忠梅.论环境纠纷的司法救济［J］.华中科技大学学报（社会科学版），2004（4）：41-46.

［20］史玉成.生态利益衡平：原理、进路与展开［J］.政法论坛，2014（2）：28-37.

［21］李艳芳，金铭.风险预防原则在我国环境法领域的有限适用研究［J］.河北法学，2015（1）：43-52.

［22］王波.规制法的制度构造与学理分析［M］.北京：法律出版社，2016.

［23］宋雅琴.美国行政法的历史演进及其借鉴意义——行政与法互动的
视角［J］.经济社会体制比较，2009（1）：38-44.

［24］姜明安.新世纪行政法发展的走向［J］.中国法学，2002（1）：
61-72.

［25］杜辉.环境治理的制度逻辑与模式转变［D］.重庆：重庆大学，
2012.

［26］俞可平，李景鹏，毛寿龙，等.中国离"善治"有多远——"治理
与善治"学术笔谈［J］.中国行政管理，2001（9）：15-21.

［27］杜辉.论制度逻辑框架下环境治理模式之转换［J］.法商研究，
2013（1）：69-76.

［28］罗豪才，宋功德.行政法的治理逻辑［J］.中国法学，2011（2）：
5-26.

［29］张千帆."公共利益"的构成——对行政法的目标以及"平衡"的
意义之探讨［J］.比较法研究，2005（5）：5-18.

［30］胡建淼，邢益精.公共利益概念透析［J］.法学，2004（10）：3-8.

［31］李义松，苏胜利.环境公益诉讼的环保逻辑与法律逻辑［J］.青海
社会科学，2011（1）：61-66.

［32］谢玲.再辩"怠于行政职责论"——就环境公益诉讼原告资格与曹
树青先生商榷［J］.河北法学，2015（5）：123-132.

［33］王明远.论我国环境公益诉讼的发展方向：基于行政权与司法权关
系理论的分析［J］.中国法学，2016（1）：49-68.

［34］周珂，林潇潇.环境损害司法救济的困境与出路［J］.法学杂志，
2016（7）：55-60.

［35］胡德胜.论澳大利亚生态损害治理的补救措施行政决定制度［J］.
环境保护，2016（2）：52-55.

［36］况文婷，梅凤乔.论责令赔偿生态环境损害［J］.农村经济，2016
（5）：30-34.

［37］陈太清.行政罚款与环境损害救济——基于环境法律保障乏力的反
思［J］.行政法学研究，2012（3）：54-60.

［38］刘静.论生态损害救济的模式选择［J］.中国法学，2019（5）：

267–284.

［39］巩固.生态损害赔偿制度的模式比较与中国选择——《民法典》
生态损害赔偿条款的解释基础与方向探究［J］.比较法研究，
2022（2）：161–176.

［40］廖建凯.生态损害救济，环保组织扮演什么角色？［J］.环境
经济，2016（15）：95–99.

［41］张宝.生态环境损害政府索赔权与监管权的适用关系辨析［J］.法
学论坛，2017（3）：14–21.

［42］马腾.我国生态环境侵权责任制度之构建［J］.法商研究，2018
（2）：114–123.

［43］吴鹏.最高法院司法解释对生态修复制度的误解与矫正［J］.中国
地质大学学报（社会科学版），2015（4）：46–52.

［44］王岚.论生态环境损害救济机制［J］.社会科学，2018（6）：
104–111.

［45］林莉红.香港的行政救济制度［J］.中外法学，1997（5）：
33–41.

［46］林莉红.行政救济基本理论问题研究［J］.中国法学，1999（1）：
41–49.

［47］江必新.论行政规制基本理论问题［J］.法学，2012（12）：
17–29.

［48］柯坚.建立我国生态环境损害多元化法律救济机制——以康菲溢
油污染事件为背景［J］.甘肃政法学院学报，2012（1）：101–
107.

［49］谭冰霖.环境行政处罚规制功能之补强［J］.法学研究，2018
（4）:151–170.

［50］徐以祥.论生态环境损害的行政命令救济［J］.政治与法律，2019
（9）:82–92.

［51］李挚萍.行政命令型生态环境修复机制研究［J］.法学评论，2020
（3）:184–196.

［52］王泽鉴.危险社会、保护国家与损害赔偿法［J］.月旦法学，2005

（2）：73.

［53］宁金成，田土城.民法上之损害研究［J］.中国法学，2002（2）：104-112.

［54］张新宝，庄超.扩张与强化：环境侵权责任的综合适用［J］.中国社会科学，2014（3）：125-141，207.

［55］吕忠梅.环境侵权的遗传与变异——论环境侵害的制度演进［J］.吉林大学社会科学学报，2010（1）：124-131.

［56］蔡守秋.论环境公益诉讼的几个问题［J］.昆明理工大学学报（社会科学版），2009（9）：1-8.

［57］李承亮.侵权责任法视野中的生态损害［J］.现代法学，2010（1）：63-73.

［58］陈红梅.生态损害的司法救济［J］.中州学刊，2013（1）：55-61.

［59］巩固.《民法典》物权编绿色制度解读：规范再造与理论新识［J］.法学杂志，2020（10）：12-20，41.

［60］李承亮.损害赔偿与民事责任［J］.法学研究，2009（3）：135-149.

［61］蔡唱.民法典时代环境侵权的法律适用研究［J］.法商研究，2020（4）：158-172.

［62］吕忠梅.论生态健康保护的法律机制：环境公益诉讼［J］.前进论坛，2010（1）：29-30.

［63］别涛.环境公益诉讼的立法构想［J］.环境保护，2005（12）：29-33.

［64］巩固.公益诉讼专门立法必要性刍议［J］.人民检察，2022（5）：21-25.

［65］工小钢.论环境公益诉讼的利益和权利基础[J].浙江大学学报（人文社会科学版），2011（3）：50-57.

［66］张辉.美国公民诉讼之"私人检察总长理论"解析［J］.环球法律评论，2014（1）：164-175.

［67］巩固.环境民事公益诉讼性质定位省思［J］.法学研究，2019

（3）：127-147.

［68］陈杭平，周晗隽．公益诉讼"国家化"的反思［J］．北方法学，2019（6）：70-79.

［69］蒋小红．通过公益诉讼推动社会变革——印度公益诉讼制度考察［J］．环球法律评论，2006（3）：372-377.

［70］巩固．2015年中国环境民事公益诉讼的实证分析［J］．法学，2016（9）：16-33.

［71］胡卫．环境污染侵权与恢复原状的调适［J］．理论界，2014（12）：111-120.

［72］高吉喜，杨兆平．生态功能恢复：中国生态恢复的目标与方向［J］．生态与农村环境学报，2015（1）：1-6.

［73］陈亮．环境公益诉讼"零受案率"之反思［J］．法学，2013（7）：129-135.

［74］侯宇．美国公共信托理论的形成与发展［J］．中外法学，2009（4）：618-630.

［75］韩铁．新政以来美国行政法的发展与司法审查的新领域［J］．史学月刊，2008（6）：68-81.

［76］王曦．论环境公益诉讼制度的立法顺序［J］．清华法学，2016（6）：101-114.

［77］黄学贤．行政公益诉讼回顾与展望——基于"一决定三解释"及试点期间相关案例和《行政诉讼法》修正案的分析［J］．苏州大学学报（哲学社会科学版），2018（2）：41-53，191.

［78］余彦，黄金梓．对检察机关垄断行政公益诉讼起诉资格之质疑及正位：以环境行政公益诉讼为分析重点［J］．常州大学学报（社会科学版），2018（1）：12-19.

［79］高琪．检察机关提起环境公益诉讼：历程与评价［J］．南京工业大学学报（社会科学版），2020，19（1）：47-58，111-112.

［80］江必新．中国环境公益诉讼的实践发展及制度完善［J］．法律适用，2019（1）：5-12.

［81］晋松．困惑与突破：环境司法保护的诉讼模式——基于行政公益诉

讼制度构建的反思［J］.法律适用，2014（2）：69-74.

［82］焦艳鹏.生态文明视野下生态法益的刑事法律保护[J].法学评论，2013（3）：90-97.

［83］焦艳鹏.我国环境污染刑事判决阙如的成因与反思——基于相关资料的统计分析［J］.法学，2013（6）：74-83.

［84］何荣功.社会治理"过度刑法化"的法哲学批判［J］.中外法学，2015（2）：523-547.

［85］刘艳红.环境犯罪刑事治理早期化之反对［J］.政治与法律，2015（7）：2-13.

［86］王利.强化环境污染犯罪理念 破解污染治理困局——以江苏宣判首例"污染环境罪"环保刑事案件为例［J］.环境保护，2013（23）：45-47.

［87］谢青松.刑法伦理学研究的意义、使命及其学科属性［J］.云南社会科学，2008（4）：100-105.

［88］陈德敏，杜辉.论环境犯罪的伦理特征及其刑法控制基础［J］.江西社会科学，2009（5）：166-172.

［89］切萨雷·贝卡里亚.论犯罪与刑罚［J］.黄风，译.北京：北京大学出版社，2008：62.

［90］孙国祥.犯罪化和刑罚趋重化——从刑法修正案（九）看刑法立法走向［J］.清风苑，2015（10）：58.

［91］町野朔.环境刑法与环境伦理（上）[J].上智法学论集，1999(3)：95.

［92］王树义，冯汝.我国环境刑事司法的困境及其对策[J].法学评论，2014（3）：122-129.

［93］巩固.生态环境损害赔偿诉讼与环境民事公益诉讼关系探究——兼析《民法典》生态赔偿条款［J］.法学论坛，2022（1）：129-139.

［94］史玉成.生态环境损害赔偿制度的学理反思与法律建构［J］.中州学刊，2019（10）：85-92.

［95］王社坤，吴亦九.生态环境损害政府索赔的诉权基础：反思与重塑

［J］.江苏大学学报（社会科学版），2021（5）：34-47，67.

（三）外文类

［1］Peter Birks. Rights，Wrongs，and Remedies ［J］. Oxford Journal of Legal Studies，2000，20（1）：1-37.

［2］Philipp Heck.The Jurisprudence of Interests ［M］.Magdalena School （translated and edited）. Harvard University Press，1948.

［3］Joseph Raz. Ethics in the Public Domain—Essaysin the Morality of Law and Politics ［M］. Clarendon: The Clarendon Press, 1994.

［4］Joseph Raz. The Morality of Freedom ［M］. Clarendon: The Clarendon Press，1986.

［5］Sanford H. Kadish and Monrad G. Paulsen. Criminal Law and Its Processes ［M］. Boston：Little Brown. 1969.

（四）其他类

［1］国家海洋局.2011 年中国海洋环境状况公报［Z］.北京：国家海洋局，2012.

［2］最高人民法院、最高人民检察院、公安部、司法部.关于在全国试行社区矫正工作的意见［Z］.2009-09-02.

［3］梁慧星.开放纳税人诉讼 以私权制衡公权［N］.人民法院报，2001-04-13（3）.

［4］王明远.环境侵权的概念与特征辨析［A］.梁慧星.民商法论丛（第 13 卷）［C］.北京：法律出版社，2000.

［5］王治国，徐盈雁.检察机关提起公益诉讼制度的优越性逐步显现［N］.检察日报，2016-11-07（4）.

［6］喻文光.提起环境行政公益诉讼还需构建配套制度［N］.检察日报，2015-07-27（3）.

［7］贾阳.始终明确检察机关在公益诉讼中的定位［N］.检察日报，2015-07-07（1）.

［8］刘子阳.检察机关起诉行政机关不是"官告官"［N］.法治日报，

2015-07-03（5）.

［9］高鑫，王晓飞.吕忠梅接受专访 提议生态文明入宪［N］.京华时报，
2017-03-05（5）.

［10］喻海松，马剑.从 32 件到 1691 件——《关于办理环境污染刑事
案件适用法律若干问题的解释》实施情况分析［N］.中国青年报，
2016-04-06（5）.

［11］郄建荣.环境犯罪为何游离于刑事处罚之外［N］.法治日报，
2010-05-27（11）.

［12］王炜.环境污染犯罪若干重要问题辨析——从环保部门的角度解
读《关于办理环境污染刑事案件适用法律若干问题的解释》［N］.
中国环境报，2013-07-15（3）.

［13］方剑明，周晓霞，李铭扬.海洋环境损害赔偿制度与海洋公益诉讼
检察定位［N］.检察日报，2020-12-21（3）.